멀웨어
데이터 과학

: 공격 탐지 및 원인 규명 :

YoungJin.com Y.
영진닷컴

no starch
press

멀웨어 데이터 과학 공격 탐지 및 원인 규명

ISBN : 978-89-314-6329-3

독자님의 의견을 받습니다.

이 책을 구입한 독자님은 영진닷컴의 가장 중요한 비평가이자 조언가입니다. 저희 책의 장점과 문제점이 무엇인지, 어떤 책이 출판되기를 바라는지, 책을 더욱 알차게 꾸밀 수 있는 아이디어가 있으면 팩스나 이메일, 또는 우편으로 연락주시기 바랍니다. 의견을 주실 때에는 책 제목 및 독자님의 성함과 연락처(전화번호나 이메일)를 꼭 남겨 주시기 바랍니다. 독자님의 의견에 대해 바로 답변을 드리고, 또 독자님의 의견을 다음 책에 충분히 반영하도록 늘 노력하겠습니다.

이메일 : support@youngjin.com
주　소 : (우)08507 서울시 금천구 가산디지털1로 128 STX-V타워 4층 401호 (주) 영진닷컴 기획팀
파본이나 잘못된 도서는 구입하신 곳에서 교환해 드립니다.

STAFF

저자 Joshua Saxe, Hillary Sanders | **역자** 전인표 | **총괄** 김태경 | **진행** 김민경 | **디자인** 김효정 | **편집** 신혜미
영업 박준용, 임용수, 김도현 | **마케팅** 이승희, 김근주, 조민영, 이은정, 김예진 | **제작** 황장협 | **인쇄** 제이엠

저자 소개

Joshua Saxe는 유수의 보안 업체 Sophos에서 데이터 과학 연구팀을 이끄는 총괄 데이터 과학자(Chief Data Scientist)이다. 그는 수천만 명의 고객들을 멀웨어 감염으로부터 보호하는 Sophos의 신경망 기반 멀웨어 탐지기의 수석 개발자이기도 하다. Sophos에 합류하기 전, 그는 DARPA가 후원하는 미 정부 보안 데이터 연구 프로젝트를 5년간 지휘했다.

Hillary Sanders는 Sophos의 책임 소프트웨어 엔지니어이자 데이터 과학자로, 신경망, 머신러닝, 멀웨어 유사도 분석 기술의 발명과 상품화에 지대한 업적을 남겼다. 또한, Sophos에 입사하기 전, Premise Data Corporation의 데이터 과학자였다. 그녀는 Blackhat USA와 BSides Las Vegas의 보안 데이터 과학 학회에서 정기적으로 강연을 진행하고 있으며 UC Berkeley에서 통계학을 공부했다.

기술 검토자

Gabor Szappanos는 부다페스트의 Eotvos Lorand University에서 물리학 학위를 받았다. 그의 첫 번째 업무는 Computer and Automation Research Institute에서 원자력 발전소를 위한 진단 소프트웨어와 하드웨어를 개발하는 것이었다. 1995년, Gabor는 바이러스 백신 관련 업무를 시작했고 2001년에는 VirusBuster에서 매크로 바이러스와 스크립트 멀웨어를 담당했다. 2002년에는 바이러스 연구소의 책임자가 되었다. 2008년부터 2016년까지 Anti-Malware Testing Standards Organizations(AMTSO)의 임원이었고, 2012년에는 수석 멀웨어 연구원으로 Sophos에 입사했다.

번역가

전인표는 서울과학기술대학교 컴퓨터공학과를 졸업했다. 2012년부터 개발자로 일했으며 2018년에는 해커톤에 출전해 우승한 경력이 있다. 현재 (주)현대홈쇼핑에서 빅데이터 분석 및 기획 업무를 담당하고 있다.

목차

상세 목차

서문

멀웨어 데이터 과학을 선택한 것을 축하한다. 당신은 이제 사이버 보안 전문가가 되기 위해 필요한 기술들을 갖춰나가게 될 것이다. 이 책은 멀웨어 분석에 적용되는 데이터 과학에 대한 소개와 당신이 익혀야 할 필수적인 기술 및 도구 학습을 제공한다.

사이버 보안 분야에는 자격을 갖춘 지원자보다 훨씬 많은 일자리가 존재하므로 발을 들이기 수월하다는 장점이 있다. 반면에, 최신화를 위해 익혀야 할 기술들이 빠르게 변화한다는 단점도 있다. 필요는 발명의 어머니라는 말이 있다. 숙련된 사이버 보안 전문가에 대한 수요가 공급보다 훨씬 많은 상황에서 데이터 과학 알고리즘이 네트워크 위협에 대한 새로운 인사이트와 예측을 제공함으로써 그 간극을 메우고 있다. 테라바이트 단위의 데이터에서 위협 패턴을 찾기 위해 데이터 과학이 점점 더 많이 사용되고, 이에 따라 전통적인 네트워크 데이터 모니터링 모델은 빠르게 사장되고 있다.

경고가 가득한 화면을 모니터링하는 것은 주차장 감시 카메라를 모니터링하는 것만큼이나 따분하므로, 이는 매우 좋은 현상이라고 할 수 있다.

그렇다면 데이터 과학이란 정확히 무엇이며 어떻게 보안에 적용되는가? 소개에서도 다루겠지만, 보안에 적용되는 데이터 과학은 머신러닝, 데이터 마이닝, 그리고 시각화를 통해 네트워크 위협을 탐지하는 기술 및 과학을 포함한다. 마케팅을 위해 머신러닝과 인공지능에 대해 과장된 정보를 퍼뜨리기도 하지만, 이러한 기술을 활용한 훌륭한 사례들도 존재한다.

예를 들어, 멀웨어 탐지 분야에서는 멀웨어의 생산량과 공격자의 멀웨어 시그니처 변경에 따른 비용 때문에 시그니처 기반 접근방식이 사장되었다. 대신 바이러스 백신 회사들은 이들의 특성을 파악하기 위해 거대한 멀웨어 데이터셋을 이용해서 신경망 등의 머신러닝 알고리즘을 훈련시키고 있다. 매일 모델을 업데이트하지 않아도 새로운 종류의 멀웨어를 탐지할 수 있는 것이다. 시그니처 기반 탐지와 머신러닝 기반 탐지의 조합은 알려진 멀웨어와 알려지지 않은 멀웨어 모두에 적용될 수 있다. Josh와 Hillary는 이러한 방식의 탐지 기법에 능숙한 전문가들이다.

멀웨어 탐지는 데이터 과학의 활용 사례 중 하나일 뿐이다. 정교해진 현대의 공격자들 종종 실행 프로그램을 심는 대신 초기 접근을 위해 기존의 소프트웨어를 이용하고, 시스템 도구를 악용하여 얻은 사용자 권한을 통해 다른 컴퓨터로 피벗한다. 공격자의 관점에서 보면, 이 접근법을 통해 바이러스 백신 소프트웨어가 탐지할 수 있는 멀웨어와 같은 아티팩트를 남기지 않을 수 있다. 하지만 훌륭한 엔드포인트 로깅 시스템이나 엔드포인트 감지 및 대응(EDR) 시스템은 시스템 레벨의 활동을 포착하고, 분석가들이 침입자의 디지털 발자국을 결합할 수 있도록 클라우드로 텔레메트리를 전송한다. 방대한 데이터 흐름을 샅샅이 뒤지고 지속적으로 침입 패턴을 탐지하는 이 프로세스는 데이터 과학, 특히 통계 알고리즘과 데이터 시각화를 통한 데이터 마이닝에 적용될 수 있다. 데이터 마이닝과 인공지능 기술을 활용하는 Security Operations Center(SOC)가 점점 더 늘어날 것이다. 이는 실제 공격을 식별하기 위해 방대한 시스템 이벤트 데이터 뭉치를 검토할 수 있는 유일한 방법이다.

사이버 보안은 기술과 운영 면에서 큰 변화를 겪고 있으며, 데이터 과학이 그 변화를 주도하고 있다. Josh Saxe와 Hillary Sanders 같은 전문가들이 자신들의 전문지식을 공유할 뿐만 아니라 이토록 매력적이고 접근하기 쉬운 방법으로 제공한다는 것은 우리에게 큰 혜택이다. 그들의 지식을 익히고 실무에 적용할 수 있는 기회를 통해 당신은 기술의 변화보다 앞서 달려나가 적들을 물리칠 수 있을 것이다.

감사의 글

No Starch Press의 Annie Choi, Laurel Chun, Bill Pollock, 그리고 나의 카피에디터 Bart Reed에게 감사의 말을 전한다. 이들은 이 책의 공동저자나 마찬가지이다. 이 책의 인쇄, 운송, 판매를 담당하게 될 직원들과 디지털 저장, 전송 및 렌더링을 담당할 엔지니어들에게도 미리 감사의 말을 전한다. 프로젝트를 위해 자신의 뛰어난 재능을 제공해준 Hillary Sanders에게도 감사한다. 훌륭하고 정확한 기술 검토를 맡아준 Gabor Szappanos에게도 감사한다.

　프로젝트를 지연시켜 준 두 살짜리 딸 마야에게 감사한다. 지난 10년간 내게 멘토가 되어 준 Alen Capalik, Danny Hillis, Chris Greamo, Anup Ghosh, Joe Levy에게도 감사의 말을 전한다. 이 책의 상당 부분의 근거가 된 연구를 지원해 준 국방고등연구계획국(DARPA)과 Timothy Fraser에게도 깊은 감사를 표하고, 이 책에서 시연 목적으로 사용되는 APT1 멀웨어 샘플을 획득하고 큐레이팅해 준 Mandiant와 Mila Parkour에게도 감사의 말을 전한다. 오픈 소스 보안 및 데이터 과학 소프트웨어에 기여한 파이썬, NetworkX, matplotlib, numpy, sklearn, Keras, seaborn, pefile, icoutils, malwr.com, CuckooBox, capstone, pandas, sqlite의 제작자들에게도 감사를 표한다.

내게 컴퓨터를 소개해 주고, 나의 10대 해커 시절(그리고 이에 수반되는 모든 불법 행위)을 용인해주고, 무한한 사랑과 지원을 제공해 준 나의 부모님 Maryl Gearhart와 Geoff Saxe에게 감사한다. Gary Glickman의 귀중한 사랑과 지지에도 감사한다. 마지막 으로, 이 책을 집필할 당시 나를 주저 없이 완벽히 지지해 준 내 인생의 동반자, Ksenya Gurshtein에게도 감사의 말을 전한다.

Joshua Saxe

날 이 프로젝트에 포함시켜 준 Joshua에게 감사의 말을 전한다! 훌륭한 스승이 되어 준 Ani Adhikari에게도 감사한다. 이 책에 이름을 꼭 담고 싶어했던 Jacob Michelini에게도 감사의 말을 전한다.

Hillary Sanders

소개

만약 당신이 보안 분야에서 일하고 있다면, 아마도 알 게 모르게 데이터 과학을 사용하고 있을 것이다. 예를 들어, 바이러스 백신 제품은 데이터 과학 알고리즘을 사용하여 멀웨어를 탐지한다. 방화벽 업체는 의심스러운 네트워크 활동을 탐지하기 위해 데이터 과학 알고리즘을 사용할 것이다. 보안 정보 및 이벤트 관리자(SIEM) 소프트웨어 역시 데이터 과학을 사용하여 당신의 데이터에서 의심스러운 트렌드를 식별한다. 알게 모르게, 보안 산업은 보안 제품에 더 많은 데이터 과학을 적용하는 방향으로 나아가고 있다.

고급 IT 보안 전문가들은 맞춤형 머신러닝 알고리즘을 워크플로우에 통합하고 있다. 예를 들어, 최근 컨퍼런스 프리젠테이션과 뉴스 기사에서 Target, Mastercard, Wells Fargo의 보안 분석가들은 자신들이 보안 워크플로우의 일부로 사용하는 맞춤형 데이터

과학 기술의 개발에 대해 언급했다.[1]

만약 당신이 아직 데이터 과학 분야에 종사하고 있지 않다면, 지금이야말로 데이터 과학을 익혀 당신의 보안 관련 기술을 업그레이드할 적기이다.

데이터 과학이란 무엇인가?

데이터 과학은 통계, 수학, 데이터 시각화를 사용하여 데이터를 이해하고 예측하는 일련의 알고리즘 도구들이다. 보다 구체적인 정의가 존재하지만 일반적으로 데이터 과학은 머신러닝, 데이터 마이닝, 데이터 시각화라는 세 가지 하위 구성 요소를 가지고 있다.

보안 관련 머신러닝 알고리즘은 새로운 위협을 탐지하기 위해 훈련 데이터로부터 학습한다. 이러한 방식은 시그니처 같은 전통적인 탐지 기술의 감시를 피하는 멀웨어를 탐지하는 것으로 그 유효성이 입증되었다. 데이터 마이닝 알고리즘은 보안 데이터에서 조직에 대한 공격 캠페인을 식별하는 데 도움이 되는 흥미로운 패턴(위협 가해자들 간의 관계 등)을 탐색한다. 마지막으로, 데이터 시각화는 가독성이 떨어지는 표 형태의 데이터에서 의심스러운 트렌드를 쉽게 발견할 수 있도록 도식화한다. 이 책에서는 이 세 가지 영역을 모두 심층적으로 다루고 적용법을 알아본다.

데이터 과학이 보안에 중요한 이유

데이터 과학이 사이버 보안의 미래에 중요한 이유는 세 가지이다. 첫째, 보안은 데이터가 전부이다. 우리는 파일, 로그, 네트워크 패킷 등 아티팩트의 형태로 데이터를 분석하여 사이버 위협을 탐지한다. 보안 전문가들은 데이터 소스를 기반 탐지 수행에 있어 데이터 과학 기술을 사용하지 않았다. 대신 파일 해시, 시그니처와 같은 맞춤 규칙과 임의로 정의된 발견적 학습법을 사용했다. 이러한 기술들에도 장점이 있지만 공격 유형에 따른 개별 작업이 필요했기 때문에 변화하는 사이버 위협을 따라잡기 위해서는 많은 수작업이 필요했다. 최근 몇 년간 위협 탐지 능력의 강화를 위해 데이터 과학 기술의 중요성이 대두되었다.

둘째, 인터넷 상의 사이버 공격 횟수가 급격히 증가하면서 사이버 보안의 데이터 과학이 중요해졌다. 멀웨어의 성장을 예로 들어보자. 2008년, 보안 커뮤니티에 알려진 멀웨어 실행 파일은 약 100만 개였다. 2012년에는 1억 개로 늘어났다. 2018년, 보안 커뮤니티(https://www.av-test.org/en/statistics/malware/)에 알려진 악성 실행 파일은 7억 개 이상이며, 더욱 늘어날 것으로 보인다.

---

1. Target(https://www.rsaconference.com/events/us17/agenda/sessions/6662-applied-machinelearning-defeating-modern-malicious), Mastercard(https://blogs.wsj.com/cio/2017/11/15/artificialintelligence-transforms-hacker-arsenal/), and Wells Fargo(https://blogs.wsj.com/cio/2017/11/16/the-morning-download-first-ai-powered-cyberattacks-are-detected/).

멀웨어의 방대한 양을 감안할 때, 시그니처와 같은 수동 탐지 기술은 더 이상 합리적인 사이버 공격 탐지 방법이 될 수 없다. 데이터 과학 기술은 사이버 공격 탐지에 필요한 대부분의 작업을 자동화하고 필요한 메모리 사용량을 크게 감소시키므로, 사이버 위협의 증가에 따른 네트워크 및 사용자 보호를 위한 무한한 가능성을 지니고 있다.

마지막으로, 데이터 과학은 근 10년간 보안 산업 내외에서 기술적 트렌드로 자리매김했으며, 향후 10년 역시 이러한 추세가 유지될 가능성이 높다. 아마 당신도 데이터 과학이 적용된 개인 음성 비서(Amazon Echo, Siri, Google Home), 자율주행 자동차, 광고 추천 시스템, 웹 검색 엔진, 의료 이미지 분석 시스템, 피트니스 앱 등을 본 적 있을 것이다.

우리는 데이터 과학 기반 시스템이 법률 서비스, 교육 등 여러 분야에 큰 영향을 미치리라 기대할 수 있다. 데이터 과학이 기술 전 분야에 큰 영향을 끼치고 있기 때문에 대학교들, 주요 기업들(Google, Facebook, Microsoft, IBM)과 각국 정부는 데이터 과학 도구를 개선하기 위해 수십억 달러를 투자하고 있다. 이러한 투자 덕분에 데이터 과학 도구는 어려운 공격 탐지 문제 해결에 더욱 능숙해질 것이다.

멀웨어에 데이터 과학 적용

이 책은 멀웨어 즉, 멀웨어(악의적인 목적으로 작성된 실행 프로그램)에 적용되는 데이터 과학에 초점을 맞추고 있다. 이는 네트워크 위협 가해자가 목표를 달성하기 위한 주요 발판으로 멀웨어를 사용하기 때문이다. 예를 들어, 최근 랜섬웨어 공격은 공격자가 일반적으로 랜섬웨어 실행 파일(멀웨어)을 다운로드하는 첨부 파일이 포함된 이메일을 사용자의 컴퓨터로 발송하고, 이를 통해 사용자의 데이터를 암호화한 뒤 해독을 위한 몸값을 요구한다. 정부 산하에서 일하는 숙련된 공격자들은 종종 감시 시스템의 레이더를 피하기 위해 멀웨어 사용을 기피하기도 하지만, 여전히 멀웨어는 사이버 공격의 주요 기술로 사용되고 있다.

이 책은 보안 데이터 과학을 광범위하게 다루기 보다는 특정 응용에 주목함으로써, 주요 보안 문제에서 데이터 과학 기법의 적용에 대해 상세하게 보여주는 것을 목표로 한다. 멀웨어 데이터 과학을 이해한다면 네트워크 공격 탐지, 피싱 이메일 또는 의심스러운 사용자 행동 등 여타 보안 영역에도 데이터 과학을 적용할 수 있게 될 것이다. 실제로 이 책에서 학습하게 될 대부분의 기술들은 단순히 멀웨어만을 위한 것이 아니라 일반적으로 데이터 과학 탐지 및 정보 시스템을 구축하는 데 적용된다.

누가 이 책을 읽어야 하는가?

이 책은 컴퓨터 보안 문제에 데이터 과학을 적용하는 방법에 대해 학습하고자 하는 보안 전문가들을 대상으로 한다. 만약 컴퓨터 보안과 데이터 과학이 생소하다면 맥락을 이해하기 위해 종종 용어를 찾아봐야 할 수도 있지만, 책을 읽는 것에는 문제가 없을 것이다. 만약 당신이 데이터 과학에만 관심이 있고 보안에는 관심이 없다면, 이 책은 아마 당신이 찾던 것이 아닐 수도 있다.

이 책에 대해

이 책의 첫 번째 부분은 뒷부분에 등장하는 멀웨어 데이터 과학 기법을 이해하기 위해 필요한 기본적인 리버스 엔지니어링 개념을 다루는 세 개의 장으로 구성되어 있다. 멀웨어에 익숙하지 않을 경우 처음 세 챕터를 먼저 읽어보는 것이 좋다. 만약 멀웨어 리버스 엔지니어링에 관한 많은 경험을 가지고 있다면 이 챕터들은 건너뛰어도 좋다.

- **챕터 1: 기본 정적 멀웨어 분석**에서는 멀웨어 파일들을 판별하고 이들이 컴퓨터에서 어떻게 악의적인 목적을 달성하는지 알아내기 위한 정적 분석 기법을 다룬다.

- **챕터 2: 기본 정적 분석을 넘어 : x86 디스어셈블리**에서는 x86 어셈블리 언어와 멀웨어의 디스어셈블 및 리버스 엔지니어링 방법에 대한 간략한 개요를 제공한다.

- **챕터 3: 동적 분석 개요**에서는 동적 분석에 대해 논의하면서 리버스 엔지니어링 섹션을 마무리하며, 통제된 환경에서 멀웨어를 실행하여 행동양식을 학습한다.

챕터 4와 챕터 5는 멀웨어의 관계 분석에 초점을 맞추고 있으며, 이는 사이버 범죄자들이 사용하는 랜섬웨어처럼 조직에 가해지는 멀웨어 캠페인을 식별하기 위해 멀웨어 컬렉션 간의 유사점 및 차이점을 살펴보는 작업을 포함한다. 이 독립형 챕터들은 멀웨어 탐지뿐만 아니라 네트워크 공격자를 식별할 때 필요한 위협 인텔리전스를 추출하고자 하는 독자들을 위한 부분이다. 위협 인텔리전스보다는 데이터 과학 기반의 멀웨어 탐지에 더 관심이 있다면 이 챕터들은 건너뛰어도 좋다.

- **챕터 4: 멀웨어 네트워크를 이용한 캠페인 공격 식별**에서는 멀웨어 프로그램이 호출하는 호스트 이름과 같은 공유 속성을 기반으로 멀웨어를 분석하고 시각화하는 방법을 알아본다.

- **챕터 5: 공유 코드 분석**에서는 멀웨어 샘플 간의 공유 코드 관계를 식별하고 시각화하는 방법을 설명하며, 이는 멀웨어 샘플 그룹의 출처가 몇 개의 범죄 그룹인지 식별하는 데 도움이 된다.

다음 챕터들은 머신러닝 기반 멀웨어 탐지 시스템을 이해하고, 적용하고, 구현하는 데 필요한 모든 사항을 다룬다. 또한 이 챕터들은 다른 보안 관련 사안에 머신러닝을 적용하기 위한 기반을 제공한다.

- **챕터 6: 머신러닝 기반 멀웨어 탐지기**는 머신러닝의 기본 개념에 대한 쉽고, 직관적인 소개이다. 머신러닝 관련 경험이 있다면 이 챕터는 편안한 기분전환이 될 것이다.

- **챕터 7: 멀웨어 탐지 시스템 평가**에서는 최선의 접근 방법을 선택할 수 있도록 기본적인 통계 메서드들을 사용하여 머신러닝 시스템의 정확도를 평가하는 방법을 보여준다.

- **챕터 8: 머신러닝 탐지기 만들기**는 머신러닝 시스템 구축에 사용 가능한 오픈 소스 머신러닝 도구를 소개하고 사용법을 설명한다.

- **챕터 9: 멀웨어 트렌드 시각화**에서는 공격 캠페인과 트렌드를 파악하기 위해 파이썬을 사용하여 멀웨어 위협 데이터를 시각화하는 방법과 보안 데이터를 분석할 때 일상적인 워크플로우에 데이터 시각화를 통합하는 방법에 대해 다룬다.

마지막 세 챕터는 수학을 좀 더 포함하는 머신러닝의 진보된 영역, 딥러닝을 소개한다. 딥러닝은 보안 데이터 과학 분야에서 맹렬히 성장하고 있는 영역이며, 다음 챕터들을 통해 딥러닝을 시작할 수 있다.

- **챕터 10: 딥러닝 기초**는 딥러닝의 기초가 되는 기본 개념을 다룬다.

- **챕터 11: 케라스를 활용한 신경망 멀웨어 탐지기 만들기**에서는 오픈 소스 툴을 사용하여 파이썬에 딥러닝 기반 멀웨어 탐지 시스템을 구현하는 방법에 대해 설명한다.

- **챕터 12: 데이터 과학자 되기**에서는 데이터 과학자가 되기 위한 다양한 경로와 실무에 도움이 되는 소양을 공유하며 이 책을 마무리한다.

- **부록: 데이터셋 및 도구 개요**는 책에 첨부된 데이터와 예시 도구의 구현을 설명한다.

샘플 코드 및 데이터 사용 방법

스스로 활용하고 확장할 수 있는 샘플 코드 없이는 좋은 프로그래밍 기술서를 완성할 수 없다. 이 책의 각 챕터에 첨부된 샘플 코드와 데이터는 부록에 자세히 설명되어 있다. 모든 코드는 Linux, 파이썬 2.7 환경에서 작성되었다. 코드와 데이터에 액세스하려면 코드, 데이터, 오픈 소스 도구가 모두 세팅되어 있는 VirtualBox Linux 가상 머신을 다운로드하여 VirtualBox 환경에서 실행하도록 한다.

이 책의 데이터는 http://www.malwaredatascience.com/에서 다운로드할 수 있으며, VirtualBox는 https://www.virtualbox.org/wiki/Downloads에서 무료로 다운로드할 수 있다. 코드는 Linux 환경에서 테스트 되었지만 Linux VirtualBox 외부에서 작업을 수행하는 것도 가능하다.

자신의 Linux 환경에 코드와 데이터를 설치하고 싶다면 http://www.malwaredata-science.com/에서 다운로드할 수 있다. 다운로드 가능한 아카이브에서 각 챕터의 디렉토리를 찾을 수 있으며, 하위에 코드와 데이터가 포함된 code/와 data/ 디렉토리가 존재한다. 코드 파일은 각 챕터의 코드나 섹션에 부합하는 것을 사용하면 된다. 일부 코드 파일은 보기와 정확히 일치하지만 나머지는 보다 쉽게 사용할 수 있도록 매개변수를 비롯한 옵션들이 조금씩 변경되었다. 코드 디렉토리에는 pip requirements.txt 파일이 포함되어 있다. 이는 해당 챕터의 코드 실행을 위해 필요한 오픈 소스 라이브러리를 제공한다. 이러한 라이브러리들을 시스템에 설치하려면 각 챕터의 code/ 디렉토리에 pip -r require-ments.txt를 입력한다.

이제 이 책의 코드와 데이터를 사용할 수 있게 되었다. 시작해 보자.

1

기본 정적 멀웨어 분석

본 챕터에서는 정적 멀웨어 분석에 대해 살펴본다. 정적 분석은 프로그램 파일의 해체된 코드, 그래픽 이미지, 출력 가능한 문자열과 기타 디스크 리소스를 분석하는 방식으로 이루어진다. 이는 프로그램을 실제로 실행하지 않는 리버스 엔지니어링과도 같다. 정적 분석 기술에는 결점이 있지만 다양한 멀웨어를 이해하는 데에는 도움이 된다. 리버스 엔지니어링을 통해 멀웨어 바이너리가 대상을 점유한 뒤 공격자에게 제공하는 이점과 감염된 개체에 대한 지속적인 은폐 공격 방법을 이해할 수 있다. 본 챕터는 설명과 예제로 이루어져 있다. 각 섹션에서는 정적 분석 기술을 소개하고 실제 분석에서의 적용을 보여준다.

챕터 초반에는 대부분의 Windows 프로그램에서 사용하고 있는 Portable Executable (PE) 파일 포맷을 기술하고, 인기 있는 파이썬 라이브러리 pefile로 실제 멀웨어 바이너리를 해독하는 방법을 검토한다. 그리고 임포트 분석, 그래픽 이미지 분석과 문자열 분석과 같은 기술을 설명한다. 모든 케이스에 대해 실제 멀웨어에 분석 기술 적용하는 오픈 소스 툴 활용 방법을 설명한다. 마지막으로, 챕터 후반에는 멀웨어가 멀웨어 분석가들의 삶을 어렵게 만드는 방법들에 대해 소개하고 이러한 문제들을 완화할 수 있는 몇 가지 방법에 대해 다룬다.

챕터의 예제들에 사용된 멀웨어 샘플은 이 책의 데이터 중 /ch1 디렉토리 하위에서 찾을 수 있다. 본 챕터에서 다루는 기술을 시연하기 위해서 시험용 Internet Relay Chat(IRC) 봇인 ircbot.exe를 일반적으로 자주 관찰되는 멀웨어의 예시로 사용한다. 따라서, 이 프로그램은 IRC 서버에 연결되어있는 동안 대상 컴퓨터에 상주하도록 설계되었다. ircbot.exe가 대상을 확보한 뒤 공격자는 IRC를 통해 대상 컴퓨터에 대한 제어권을 갖게 되며, 이는 웹캠을 켜서 캡쳐를 하거나 대상의 지리적 위치 비디오 피드를 은밀하게 추출하거나 바탕 화면의 스크린샷을 찍거나 대상 개체의 파일을 추출하거나 하는 등의 행위를 가능하게 한다. 본 챕터를 통해 정적 분석 기술이 어떻게 이 멀웨어의 능력을 알아낼 수 있는지 보여준다.

마이크로소프트 Windows Portable Executable 포맷

정적 멀웨어 분석을 수행하기 위해서는 .exe, .dell과 .sys 파일과 같은 Windows 프로그램 파일들의 구조를 기술하고 데이터 저장 방식을 정의하는 Windows PE 포맷을 이해할 필요가 있다. PE 파일은 x86 명령, 이미지나 텍스트와 같은 데이터, 그리고 프로그램이 실행되기 위해 필요한 메타데이터를 포함한다.

PE 포맷은 원래 다음 내용을 수행하도록 설계되었다.

Windows에게 프로그램을 메모리에 적재하는 방법 알려주기 PE 포맷은 파일의 어느 청크가 메모리의 어느 부분에 적재되어야 하는지 기술한다. 또한, Windows가 프로그램 코드 중 어느 부분에서 프로그램 실행을 시작해야 하는지와 어느 동적 링크 코드 라이브러리가 메모리에 적재되어야 하는지 알려준다.

동작 중인 프로그램이 실행 과정에서 사용할 수 있는 미디어(또는 리소스) 지원 이러한 리소스들은 이미지 또는 비디오와 GUI 대화상자나 콘솔 출력에서 볼 수 있는 문자열을 포함한다.

디지털 코드 서명과 같은 보안 데이터 지원 Windows는 이러한 보안 데이터를 사용하여 신뢰할 수 있는 출처에서 온 코드인지 확인한다.

PE 포맷은 그림 1-1에 보이는 일련의 구조를 활용하여 상기한 내용을 완수한다.

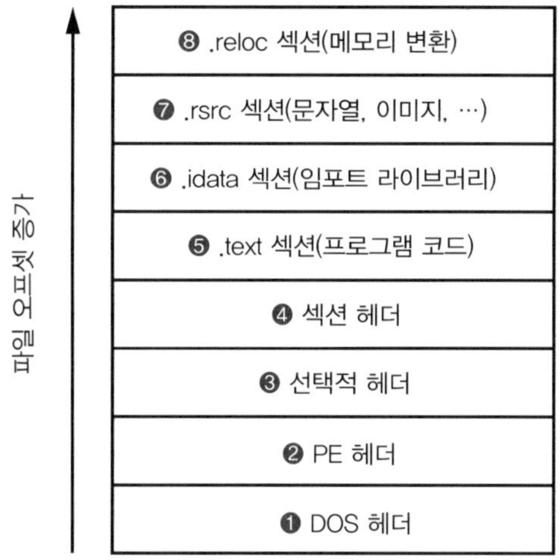

그림 1-1 PE 파일 포맷

그림에서 보여지는 것처럼 PE 포맷은 프로그램을 메모리에 적재하는 방법을 운영체제에 알려주는 일련의 헤더가 포함되어 있다. 실제 프로그램 데이터가 포함된 일련의 섹션 또한 포함한다. Windows는 섹션들을 메모리에 적재하여 해당 메모리 오프셋이 디스크에서의 위치와 대응하도록 한다. PE 헤더를 필두로 이러한 파일 구조에 대해 더욱 자세히 알아보도록 하자. 1980년대 마이크로소프트 DOS 운영체제의 잔영이며 오로지 호환성 때문에 아직까지 존재하는 DOS 헤더에 대해서는 제외하고 넘어가도록 한다.

PE 헤더

그림 1-1 하단에 보이는 DOS 헤더❶ 위의 PE 헤더❷는 바이너리 코드, 이미지, 압축 데이터, 기타 프로그램 속성들과 같은 프로그램의 일반적인 속성들을 정의한다. 이는 프로그램이 32 비트와 64 비트 중 어떤 시스템에 맞게 설계되었는지도 알려준다. PE 헤더는 멀웨어 분석가에게 기본적이지만 유용한 문맥 정보를 제공한다. 예를 들어, 헤더에는 멀웨어 작성자가 파일을 컴파일한 시간을 알려주는 타임스탬프 필드가 포함된다. 이는 멀웨어 작성자가 종종 이 필드를 가짜 값으로 바꾸는 것을 잊었을 때 발생한다.

선택적 헤더

선택적 헤더❸는 그 이름과는 반대로 근래의 PE 실행 프로그램에 항상 등장한다. 이는 프로그램 적재 후 첫 번째로 실행되는 명령을 참조하는 PE 파일 내 프로그램의 진입점 위치를 정의한다. 덧붙여 PE 파일, Windows 하위 시스템, 프로그램 대상(Windows GUI 또는 Windows 커맨드 라인), 기타 프로그램에 대한 고급 세부사항을 적재함에 따라 Windows가 메모리에 적재하는 데이터의 사이즈를 정의하기도 한다.

프로그램의 진입점은 리버스 엔지니어링의 시작점을 알려주는 것이기 때문에 이 헤더에 들어 있는 정보는 리버스 엔지니어들에게 매우 귀중하다.

섹션 헤더

섹션 헤더❹는 PE 파일에 포함된 데이터 섹션을 기술한다. PE 파일 내부의 섹션은 운영체제가 프로그램을 적재할 때 메모리에 매핑되거나 프로그램이 메모리에 적재되는 방식에 대한 명령을 포함하는 데이터 조각이다. 다시 말해, 섹션은 디스크의 바이트 시퀀스로서 메모리 내 연속된 바이트 문자열이 되거나 운영체제에 로딩 프로세스의 일면을 알린다.

또한, 섹션 헤더는 Windows에 섹션에 어떤 권한을 부여해야 하는지를 알리는데, 이는 프로그램이 실행 중일 때 읽기, 쓰기 또는 실행가능 등의 권한을 포함한다. 예를 들어, x85 코드를 포함한 .text 섹션은 일반적으로 읽기와 실행가능 권한을 가지지만 프로그램 코드가 실행 과정에서 실수로 수정되지 않도록 쓰기 권한은 갖지 않는다.

.text와 .rsrc와 같은 섹션들이 그림 1-1에 표시되어 있다. 이들은 PE 파일이 실행될 때 메모리에 매핑되고, .reloc 섹션과 같은 기타 특수한 섹션들은 메모리에 매핑되지 않는다. 이 섹션들에 대해서도 알아볼 것이다. 그림 1-1에 있는 섹션들을 살펴보도록 하자.

.text 섹션

각 PE 프로그램은 적어도 1개 이상의 섹션 헤더에 실행가능으로 표시된 x86 코드 섹션을 포함한다. 이 섹션들은 거의 항상 .text❺로 명명된다. 챕터 2에서 프로그램 해체와 리버스 엔지니어링을 수행할 때 .text 섹션의 데이터를 해체할 것이다.

.idata 섹션

.idata 섹션❻은 imports라고도 불리는데, 동적으로 링크된 라이브러리와 그 내부의 함수를 나열하는 임포트 주소 테이블(IAT)를 포함한다. IAT가 분석을 위해 PE 바이너리에 최초 접근할 때 검사해야 하는 가장 중요한 PE 구조 중 하나인 이유는, 프로그램이 호출하는 라이브러리를 드러내 멀웨어의 고급 기능을 무효화하기 때문이다.

데이터 섹션

PE 파일 내의 데이터 섹션은 마우스 커서 이미지, 버튼 이미지, 오디오, 기타 프로그램에서 사용되는 미디어 등의 아이템을 보관하는 .rsrc, .data, .rdata와 같은 섹션들을 포함할 수 있다. 예를 들어, 그림 1-1에 있는 .rsrc 섹션❼은 프로그램이 텍스트를 문자열로 렌더링하기 위해 필요한 출력 가능한 문자열을 포함한다.

.rsrc(리소스) 섹션에 들어있는 정보는 멀웨어 분석가들에게 매우 중요할 수 있는데, PE 파일 내 출력 가능한 문자열, 그래픽 이미지와 기타 자산을 검사하여 파일의 기능성에 관한 중요 단서를 얻을 수 있기 때문이다. 7페이지의 "멀웨어 이미지 검사"에서는 멀웨어 바이너리의 리소스 섹션으로부터 그래픽 이미지를 추출하기 위한 icoutils 도구모음 (icotool과 wrestool 포함)의 사용법을 배운다. 그리고 8페이지의 "멀웨어 문자열 검사"에서는 멀웨어 리소스 섹션에서 출력 가능한 문자열을 추출하는 방법을 배운다.

.reloc 섹션

PE 바이너리 코드는 위치 독립 코드가 아니기 때문에 의도한 메모리 위치에서 새로운 메모리 위치로 이동하면 정상적으로 실행되지 않는다. .reloc 섹션❽은 코드를 분해하지 않고 이동할 수 있도록 허가함으로써 이를 우회한다. 이는 코드가 이동하면 Windows 운영체제가 PE 파일 내의 메모리 주소를 전송하도록 알려서 코드가 계속 정상적으로 동작하도록 한다. 이러한 변환은 일반적으로 메모리 주소에서 오프셋을 더하거나 빼는 과정을 포함한다.

 PE 파일의 .reloc 섹션에 멀웨어 분석에 사용하고자 하는 정보가 담겨있을 수도 있지만, 이 책에서는 재배치 검사를 포함하는 하드코어한 리버스 엔지니어링이 아니라 멀웨어에 머신러닝과 데이터 분석을 적용하는 것에 초점을 두기 때문에 더 자세히 다루지는 않을 것이다.

pefile을 이용한 PE 포맷 해부

Ero Carerra에 의해 작성되고 관리되는 pefile 파이썬 모듈은 PE 파일을 해부하기 위한 업계 표준 멀웨어 분석 라이브러리로 자리잡았다. 이 섹션에서는 pefile을 이용해서 ircbot.exe를 해부하는 방법을 보여준다. ircbot.exe은 이책과 함께 제공되는 가상 머신 내 ~/malware_data_science/ch1/data 디렉토리에서 찾을 수 있다. 코드 1-1에서는 ircbot. exe가 현재 작업 디렉토리에 위치한다고 가정한다.

 파이썬에서 임포트 할 수 있도록 다음을 입력하여 pefile 라이브러리를 설치한다.

```
$ pip install pefile
```

 이제 코드 1-1의 명령을 사용하여 파이썬을 구동하고 pefile 모듈을 임포트한 뒤, pefile을 통해 PE 파일인 ircbot.exe을 열어 파싱한다.

```
$ python
>>> import pefile
>>> pe = pefile.PE("ircbot.exe")
```

코드 1-1 pefile 모듈 로딩과 PE 파일 파싱(ircbot .exe)

PE 모듈에 의해 구현되는 핵심 클래스인 pefile.PE를 인스턴스화 해보자. 이는 PE 파일들을 파싱해서 속성을 검사할 수 있도록 한다. PE 생성자를 호출함으로서 특정 PE 파일을 로드하고 파싱하며 이 예시에서는 ircbot.exe가 그 파일이 된다. 이제 파일을 로드하고 파싱했으니 코드 1-2를 실행하여 ircbot.exe의 PE 필드에서 정보를 꺼내온다.

```
# based on Ero Carrera's example code (pefile library author)
for section in pe.sections:
    print (section.Name, hex(section.VirtualAddress),
        hex(section.Misc_VirtualSize), section.SizeOfRawData )
```

코드 1-2 PE 파일의 섹션을 반복하고 그것들에 대한 정보를 출력

보기 1-3은 출력된 값을 나타낸다.

```
('.text\x00\x00\x00', ❶'0x1000', ❷'0x32830', ❸207360)
('.rdata\x00\x00', '0x34000', '0x427a', 17408)
('.data\x00\x00\x00', '0x39000', '0x5cff8', 10752)
('.idata\x00\x00', '0x96000', '0xbb0', 3072)
('.reloc\x00\x00', '0x97000', '0x211d', 8704)
```

보기 1-3 파이썬의 pefile 모듈을 이용하여 ircbot.exe 데이터 꺼내오기

보기 1-3에서 볼 수 있듯이 PE 파일의 다섯 가지 서로 다른 섹션에서 데이터를 꺼내왔다. .text, .rdata, .data, 그리고 .reloc. 출력값은 각 PE 섹션에서 꺼내온 다섯 개의 튜플로 주어진다. 각 행의 첫 번째 항목으로 PE 섹션을 식별한다(\x00 널 바이트 항목들은 단순히 널 종료자를 가지는 문자열이므로 무시해도 좋다). 나머지 필드는 각 섹션이 메모리에 적재되었을 때의 메모리 사용량과 적재되는 메모리 상의 위치를 알려준다.

예를 들어, 0x1000❶은 섹션이 적재될 기준 가상 메모리 주소이다. 이를 섹션의 기준 메모리 주소로 여긴다. 가상 크기 필드의 0x32830❷은 섹션이 적재될 때 필요한 메모리의 용량을 특정한다. 세 번째 필드의 207360❸은 해당 메모리 청크에서 차지할 섹션의 데이터 양을 나타낸다.

pefile을 사용하면 프로그램의 섹션을 파싱하는 것뿐만 아니라 바이너리가 로드할 DLL들을 나열할 수도 있고 그 내부에서 요청할 함수 호출도 나열할 수 있다. 이를 위해서는 PE 파일의 IAT를 덤프하면 된다. 코드 1-4는 pefile을 사용하여 ircbot.exe의 IAT를 덤프하는 방법을 보여준다.

```
$ python
pe = pefile.PE("ircbot.exe")
for entry in pe.DIRECTORY_ENTRY_IMPORT:
    print entry.dll
    for function in entry.imports:
        print '\t',function.name
```

코드 1-4 ircbot.exe로부터 임포트 추출

코드 1-4로 보기 1-5에 보이는 출력 결과를 만들어야 한다(하단 생략).

```
KERNEL32.DLL
        GetLocalTime
        ExitThread
        CloseHandle
      ❶ WriteFile
      ❷ CreateFileA
        ExitProcess
      ❸ CreateProcessA
        GetTickCount
        GetModuleFileNameA
--snip--
```

보기 1-5 멀웨어가 사용하는 라이브러리 함수가 드러나는 ircbot.exe의 IAT 내용

보기 1-5에서 볼 수 있듯이 이 출력값은 멀웨어가 선언하고 참조할 다양한 함수를 나열하는 것이기 때문에 멀웨어 분석에 매우 중요하다. 예를 들어, 출력값의 처음 몇 줄은 멀웨어가 WriteFile❶을 이용해서 파일에 쓰기를 하고 CreateFileA을 호출❷해서 파일들을 열고 CreateProcessA❸를 이용해서 새로운 프로세스를 생성한다는 것을 알려준다. 이는 멀웨어에 대한 아주 기초적인 정보이지만 멀웨어의 동작에 대해 더욱 자세하게 이해하기 위한 첫걸음이라고 할 수 있다.

멀웨어 이미지 검사

멀웨어가 어떤 설계를 통해 대상을 공략하는지 이해하기 위해 .rsrc 섹션에 포함된 아이콘들을 살펴보자. 예를 들어, 멀웨어 바이너리들은 종종 워드 문서, 게임 설치 파일, PDF 파일 등으로 위장해서 사용자의 클릭을 유도하도록 설계된다. 또한, 네트워크 공격 도구나 공격자가 손상된 장치를 원격 제어하기 위해 실행하는 프로그램 등을 제안하는 이미지도 있다. 지하드의 바탕 화면 아이콘이나 악랄해 보이는 사이버펑크 만화 캐릭터 또는 칼라시니코프 소총 이미지를 포함한 바이너리들은 찾아볼 수 없다. 샘플 이미지 분석을 위해 보안 업체 Mandiant에 의해 식별된, 중국 정부가 후원하는 해킹 그룹에 의해 만들어진 멀웨어 샘플을 살펴보자. 이 멀웨어 샘플은 본 챕터의 데이터 디렉터리 내에서 fakepdfmalware.exe라는 이름으로 찾을 수 있다. 이 샘플은 어도비 아크로뱃 아이콘을 이용해 사용자가 이 악의적인 PE 실행 파일을 어도비 아크로뱃 문서로 인식하게 만든다.

Linux 커맨드 라인 도구인 wrestool을 이용하여 fakepdfmalware.exe 바이너리에서 이미지들을 추출하기 전에, 일단 추출할 이미지들을 담을 디렉터리를 생성해야 한다. 코드 1-6은 그 방법을 보여준다.

```
$ mkdir images
$ wrestool –x fakepdfmalware.exe –output=images
$ icotool –x –o images images/*.ico
```

코드 1-6 멀웨어 샘플에서 이미지를 추출하는 쉘 명령어들

먼저 mkdir images를 입력해서 추출된 이미지를 저장할 디렉토리를 생성한다. 그리고, wrestool을 사용하여 fakepdfmalware.exe에서 /images로 이미지 리소스(-x)를 추출한 뒤 icotool을 사용하여 어도비 .ico 아이콘 포맷을 가진 모든 리소스를 .png 그래픽으로 변환하여(-o) 표준 이미지 뷰어 도구를 통해 그것들을 볼 수 있도록 한다. wrestool이 시스템에 설치되어 있지 않다면 http://www.nongnu.org/icoutils/에서 다운로드할 수 있다.

일단 wrestool을 이용해서 대상 실행 파일 내의 이미지들을 PNG 포맷으로 변경하고 나면 선호하는 이미지 뷰어에서 파일을 열어 다양한 해상도의 어도비 아크로뱃 아이콘을 볼 수 있다. 예제에서 알 수 있듯이 PE 파일에서 이미지와 아이콘을 추출하는 작업은 비교적 수월하며, 멀웨어 바이너리로부터 흥미롭고 유용한 정보를 빠르게 알아낼 수 있다. 멀웨어로부터 더 많은 정보를 얻기 위해 비슷한 방식을 통해 출력 가능한 문자열을 손쉽게 추출해낼 수 있다.

멀웨어 문자열 검사

문자열은 프로그램 바이너리 내 인쇄 가능한 문자의 연속이다. 멀웨어 분석가는 종종 악의적인 샘플 내의 문자열을 통해 내부에서 일어나는 일을 신속하게 파악한다. 이 문자열들은 종종 웹 페이지와 파일들을 다운로드하는 HTTP와 FTP 명령, 멀웨어가 연결되는 주소를 알려주는 IP 주소와 호스트 이름 등을 포함한다. 위장일 수도 있지만 가끔 문자열에 사용되는 언어로도 멀웨어 바이너리의 원산지를 유추할 수 있다. 심지어 문자열에서 이 악의적인 바이너리의 목적을 설명하는 암호같은 텍스트를 발견할 수도 있다.

문자열은 바이너리의 기술적 정보에 대해서 말해주기도 한다. 예를 들어, 작성에 이용된 컴파일러와 바이너리가 작성된 프로그래밍 언어, 내장된 스크립트나 HTML 등에 대한 정보를 찾을 수도 있다. 멀웨어 작성자가 이 모든 흔적을 난독화, 암호화, 압축할 수 있음에도 불구하고 고급 멀웨어 작성자조차 종종 일부 흔적을 남기기 때문에 멀웨어를 분석할 때 특히 문자열 덤프를 검사하는 것이 중요하다.

문자열 프로그램 사용

파일 내의 모든 문자열을 보는 보편적인 방법은 다음의 구문을 사용하는 커맨드 라인 툴 문자열을 사용하는 것이다.

```
$ strings filepath | less
```

이 명령은 파일 내 모든 문자열을 한 행씩 터미널에 출력한다. 끝부분에 | less를 추가하여 문자열이 터미널을 스크롤해서 지나가버리는 것을 방지한다. 기본적으로 문자열 명령은 4바이트 이상의 출력 가능한 모든 문자열을 찾아내지만, 최소 길이를 다르게 설정할 수도 있고 명령어 매뉴얼 페이지에 적혀있는 대로 다양한 매개변수를 변경할 수도 있다. 간단히 기본 최소 문자열 길이인 4를 사용할 것을 권장하지만 -n 옵션을 이용해서

최소 문자열 길이를 바꿀 수 있다. 예를 들어, strings -n 10 filepath는 최소 길이가 10바이트인 문자열들만 추출한다는 의미이다.

문자열 덤프 분석

멀웨어 프로그램의 출력 가능한 문자열을 덤프했으니 이제 그 문자열들이 의미하는 바를 이해해야 한다. 예를 들어, 본 챕터의 초반에 pefile 라이브러리를 이용해서 살펴보았던 ircbot.exe을 위해 ircbotstring.txt 파일에 문자열을 덤프한다고 가정해 보자.

```
$ strings ircbot.exe > ircbotstring.txt
```

ircbotstring.txt의 내용에는 수천 행의 텍스트가 포함되지만 일부 행은 특징이 있을 것이다. 보기 1-7은 DOWNLOAD라는 단어로 시작하는 문자열 덤프에서 추출 된 행들을 보여준다.

```
[DOWNLOAD]: Bad URL, or DNS Error: %s.
[DOWNLOAD]: Update failed: Error executing file: %s.
[DOWNLOAD]: Downloaded %.1fKB to %s @ %.1fKB/sec. Updating.
[DOWNLOAD]: Opened: %s.
--snip--
[DOWNLOAD]: Downloaded %.1f KB to %s @ %.1f KB/sec.
[DOWNLOAD]: CRC Failed (%d != %d).
[DOWNLOAD]: Filesize is incorrect: (%d != %d).
[DOWNLOAD]: Update: %s (%dKB transferred).
[DOWNLOAD]: File download: %s (%dKB transferred).
[DOWNLOAD]: Couldn't open file: %s.
```

보기 1-7 멀웨어가 대상 개체에 공격자가 특정한 파일들을 다운로드 할 수 있다는 증거를 보여주는 문자열 출력

이 행들은 ircbot.exe가 공격자가 대상 개체에 특정한 파일들의 다운로드를 시도할 것이라는 사실을 암시한다.

또한, 보기 1-8에 보여지는 문자열 덤프는 ircbot.exe가 대상 개체에서 공격자로부터의 연결을 받기 위해 대기하는 웹 서버로 동작할 수 있다는 점을 암시한다.

```
❶ GET
❷ HTTP/1.0 200 OK
   Server: myBot
   Cache-Control: no-cache,no-store,max-age=0
   pragma: no-cache
   Content-Type: %s
   Content-Length: %i
   Accept-Ranges: bytes
   Date: %s %s GMT
   Last-Modified: %s %s GMT
   Expires: %s %s GMT
   Connection: close
   HTTP/1.0 200 OK
❸ Server: myBot
```

```
Cache-Control: no-cache,no-store,max-age=0
pragma: no-cache
Content-Type: %s
Accept-Ranges: bytes
Date: %s %s GMT
Last-Modified: %s %s GMT
Expires: %s %s GMT
Connection: close
HH:mm:ss
ddd, dd MMM yyyy
application/octet-stream
text/html
```

보기 1-8 멀웨어가 공격자가 연결할 수 있는 HTTP 서버를 가지고 있다는 것을 보여주는 문자열 출력

보기 1-8은 ircbot.exe가 HTTP 서버를 구현하기 위해 사용하는 다양한 HTTP 보일러플레이트를 보여준다. 이 HTTP 서버는 공격자가 대상 개체에 HTTP를 통해 연결하여 피해자의 바탕화면 스크린샷을 찍어서 공격자에게 보내는 것과 같은 명령을 수행할 수 있도록 한다. 목록을 통해 HTTP 기능성의 증거를 확인할 수 있다. 예를 들어, GET 메서드❶는 인터넷 리소스에서 데이터를 요청한다. HTTP/1.0 200 OK 행❷은 상태 코드 200을 반환하는 HTTP 문자열로 HTTP 네트워크 트랜잭션 등 모든 것이 제대로 동작했다는 것을 암시하며, Server: myBot❸은 HTTP 서버의 이름이 myBot이라는 것을 나타내는 것으로 ircbot.exe가 빌트인 HTTP 서버를 갖고 있다는 것을 알려준다.

이 모든 정보는 특정 멀웨어 샘플이나 악의적인 캠페인을 이해하고 막아내는 데 유용하다. 예를 들어, 멀웨어 샘플이 해당 멀웨어에 연결되었을 때 특정 문자열을 출력하는 HTTP 서버를 갖고 있다는 것을 알면 네트워크를 식별하고 감염된 호스트를 찾을 수 있다.

요약

본 챕터에서는 실제로 멀웨어 프로그램을 실행하지 않고 검사하는 정적 멀웨어 분석에 대한 고급 개요를 다루었다. Windows .exe와 .dll 파일들을 정의하는 PE 파일 포맷에 대해 배웠고 파이썬 라이브러리 pefile을 이용해서 실제 멀웨어 ircbot.exe 바이너리를 해석하는 방법을 배웠다. 또한, 이미지 분석과 문자열 분석과 같은 정적 분석 기술을 이용하여 멀웨어 샘플에서 더 많은 정보를 추출했다. 챕터 2에서는 멀웨어에서 복구할 수 있는 어셈블리 코드의 분석에 초점을 맞추어 정적 멀웨어 분석에 대한 논의를 이어가도록 한다.

2

기본 정적 분석을 넘어:
x86 디스어셈블리

악성 프로그램을 철저히 이해하기 위해서는 섹션, 문자열, 임포트, 이미지에 대한 기본적인 정적 분석 이상의 작업이 필요한 경우가 있다. 이는 프로그램의 어셈블리 코드에 대한 리버스 엔지니어링을 포함한다. 디스어셈블리와 리버스 엔지니어링은 멀웨어 샘플에 대한 심층적인 정적 분석의 핵심이라고 할 수 있다.

리버스 엔지니어링은 예술, 기술, 과학의 영역이기 때문에 이를 자세히 탐구하는 것은 이 챕터의 범위를 벗어난다. 우리의 목표는 리버스 엔지니어링을 멀웨어 데이터 과학에 적용하는 것이다. 머신러닝과 데이터 분석을 멀웨어에 성공적으로 적용하려면 이 방법론을 반드시 이해해야 한다.

이 챕터는 x86 디스어셈블리를 이해하기 위해 필요한 개념들로 시작된다. 챕터 후반에는 멀웨어 작성자들의 디스어셈블리 우회 시도와 이러한 분석 및 탐지 방지 기술에 대응하는 방법을 알아본다. 하지만 먼저 x86 어셈블리 언어의 기본과 일반적인 디스어셈블리 방법들을 살펴보자.

디스어셈블리 방법

디스어셈블리는 멀웨어의 바이너리 코드를 유효한 x86 어셈블리 언어로 번역하는 과정이다. 멀웨어 작성자는 일반적으로 C, C++과 같은 고급 언어로 멀웨어를 작성하고 컴파일러를 통해 소스 코드를 x86 바이너리 코드로 컴파일한다. 어셈블리 언어는 바이너리 코드를 인간이 읽을 수 있도록 표현한 것이다. 따라서 멀웨어 프로그램의 행동양식을 핵심부터 이해하려면 어셈블리 언어로 디스어셈블해야 한다.

안타깝게도, 멀웨어 작성자들이 리버스 엔지니어들을 좌절시키기 위해 종종 속임수를 사용하기 때문에 리버스 엔지니어링은 쉬운 일이 아니다. 고의적인 난독화에 대한 완벽한 디스어셈블리는 아직 컴퓨터 과학이 해결하지 못한 문제이다. 아직까지는 오류 발생 가능성이 있는 방법들만 존재한다.

예를 들어, 자체 수정 코드, 즉 실행되면서 스스로 수정하는 바이너리 코드의 경우를 생각해 보자. 이 코드를 제대로 디스어셈블하는 유일한 방법은 자체 수정 코드가 담긴 프로그램의 로직을 이해하는 것이지만, 이는 매우 복잡하다.

완전한 디스어셈블리는 불가능하기 때문에 우리는 불완전한 방법을 사용해야 한다. 우리가 사용할 방법은 선형 디스어셈블리로, x86 프로그램 코드에 대응하는 Portable Executable(PE) 파일에서 바이트의 연속 시퀀스를 식별한 뒤 해당 바이트 시퀀스를 디코딩한다. 이 접근법의 가장 큰 한계는 프로그램 실행 과정에서 CPU가 명령어를 디코딩하는 미묘한 방식을 무시한다는 것이다. 또한, 멀웨어 작성자들이 분석을 어렵게 하기 위해 사용하는 다양한 난독화에 대응하지 못한다.

여기서는 다루지 않지만 IDA Pro와 같은 산업용 디스어셈블러가 사용하는 더욱 복잡한 디스어셈블리 방법도 있다. 이러한 고급 방법들은 실제로 프로그램 실행을 시뮬레이션하거나 추론하여 프로그램이 일련의 조건부 분기의 결과로 어떤 어셈블리 명령어에 도달할 수 있는지를 판단한다.

이러한 유형의 디스어셈블리가 선형 디스어셈블리보다 더 정확할 수는 있지만, 훨씬 CPU가 집약적이기 때문에 수천, 수백만 개의 프로그램을 디스어셈블해야 하는 데이터 과학의 목적에 적합하지 않다. 선형 디스어셈블리를 통한 분석을 시작하기 전에 어셈블리 언어의 기본 구성요소에 대해 알아보자.

x86 어셈블리 언어 기초

어셈블리 언어는 주어진 아키텍처에서 인간이 읽을 수 있는 가장 낮은 수준의 프로그래밍 언어로써 특정 CPU 아키텍처의 바이너리 명령 형식에 가깝게 매핑된다. 어셈블리 언어의 단일 행은 단일 CPU 명령과 거의 항상 동일하다. 어셈블리는 아주 낮은 레벨의 언어이기 때문에 적절한 도구를 사용한다면 멀웨어 바이너리에서 쉽게 어셈블리를 찾아낼 수 있다.

디스어셈블된 멀웨어의 x86 코드를 읽기 위한 기초적인 숙련도를 쌓는 것은 어렵지 않다. 대부분의 멀웨어 어셈블리 코드는 실행과 동시에 프로그램 메모리에 로드되는 윈도 운영 체제의 동적 링크 라이브러리(DLL)들을 통해 운영체제로 호출하는데 대부분의 시간을 소비하기 때문이다. 멀웨어 프로그램은 DLL을 사용하여 시스템 레지스트리 수정, 파일 이동 및 복사, 네트워크 연결 및 네트워크 프로토콜 수행 등 대부분의 작업을 수행한다. 따라서 멀웨어 어셈블리 코드를 이해하기 위해서는 어셈블리에서 어떤 기능이 호출되고 DLL 호출이 어떤 작업을 수행하는지 이해해야 한다. 물론 훨씬 복잡해질 수도 있지만 이 정도만 숙지하고 있어도 멀웨어에 대해 많은 것을 알 수 있다.

다음 섹션에서는 어셈블리 언어의 중요한 개념 몇 가지를 소개한다. 또한, 제어 흐름 및 제어 흐름 그래프와 같은 추상적인 개념들에 대해서도 설명한다. 마지막으로, rcbot.exe 프로그램을 디스어셈블하고 어셈블리와 제어 흐름을 통해 프로그램 목적에 대한 인사이트를 얻는다.

x86 어셈블리 언어는 크게 Intel과 AT&T 두 가지 종류로 나뉜다. 이 책에서 모든 주요 디스어셈블러들에서 볼 수 있는 Intel의 구문을 사용한다. 이는 x86 CPU의 공식 Intel 설명서에 사용되는 구문이기도 하다.

먼저 CPU 레지스터부터 살펴보자.

CPU 레지스터

레지스터는 x86 CPU가 계산을 수행하는 작은 데이터 저장 유닛이다. 레지스터는 CPU 자체에 위치하기 때문에 레지스터 액세스는 메모리 액세스보다 훨씬 빠르다. 때문에 산술, 조건 테스트와 같은 주요 연산들은 모두 레지스터에서 수행된다. CPU가 실행 중인 프로그램의 상태 정보를 저장하기 위해 레지스터를 사용하는 것도 이 때문이다. x86 어셈블리 프로그래머들이 사용할 수 있는 많은 레지스터가 있지만, 우리는 중요한 몇 가지에만 초점을 맞추도록 한다.

범용 레지스터

어셈블리 프로그래머에게 범용 레지스터는 스크래치 공간과 같다. 32비트 시스템에서 각 레지스터는 산술 연산, 비트 연산, 바이트 치환 연산을 수행할 수 있는 32, 16, 8비트 공간을 포함한다.

일반적인 계산 워크플로우에서 프로그램은 데이터를 메모리나 외부 하드웨어 장치에서 레지스터로 옮기고, 데이터에 대해 임의의 작업을 수행한 뒤, 다시 메모리로 옮겨서 저장한다. 예를 들어, 긴 리스트를 정렬하기 위해 프로그램은 일반적으로 메모리 집합에서 리스트 아이템을 꺼내 레지스터에서 비교한 뒤, 그 결과를 다시 메모리에 기록한다.

Intel 32비트 아키텍처에서 활용되는 범용 레지스터 모델을 이해하려면 그림 2-1을 참조한다.

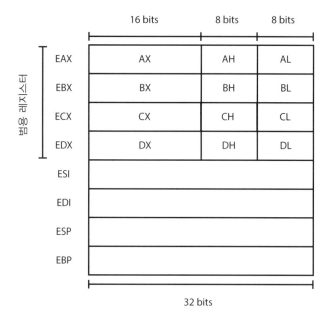

그림 2-1 x86 아키텍처의 레지스터

세로축은 범용 레지스터의 레이아웃을 나타내고, 가로축은 EAX, EBX, ECX, EDX 의 분할 방식을 나타낸다. EAX, EBX, ECX, EDX는 더 작은 16비트 레지스터(AX, BX, CX, DX)를 포함하는 32비트 레지스터이다. 그림에서 볼 수 있듯이, 16비트 레지스터는 8비트 레지스터(AH, AL, BH, BL, CH, CL, DH, DL)로 세분화할 수 있다.

EAX, EBX, ECX, EDX 내의 서브디비전을 참조하는 것이 유용할 때도 있지만, 일반적으로 EAX, EBX, ECX, EDX를 직접 참조한다.

스택 및 제어 흐름 레지스터

스택 관리 레지스터는 함수의 지역 변수, 함수에 전달된 인자, 프로그램 제어 흐름과 관련된 제어 정보를 담당하는 프로그램 스택에 관한 중요한 정보를 저장한다. 이 레지스터를 살펴보도록 하자.

ESP 레지스터는 현재 실행 중인 함수에 대해 스택의 상단을 가리키지만 EBP 레지스터는 스택의 하단을 가리킨다. 이는 오늘날의 프로그램에 중요한 정보이다. 절대 주소가 아니라 스택에 상대적인 데이터를 참조함으로써 절차적, 객체 지향적 코드가 지역 변수에 보다 우아하고 효율적으로 접근할 수 있다는 것을 의미한다.

x86 어셈블리 코드에서 EIP 레지스터를 직접 참조하는 경우는 없지만, 이는 보안 분석, 특히 취약성 연구와 버퍼 오버플로 악용 개발에 중요한 의미를 갖는다. 현재 실행 중인 명령의 메모리 주소가 EIP에 포함되어 있기 때문이다. 공격자는 버퍼 오버플로 악용을 통해 간접적으로 EIP 레지스터의 값을 훼손하고 프로그램 실행을 장악할 수 있다.

이외에도 EIP는 멀웨어가 배치하는 악성 코드의 분석에 중요한 역할을 한다. 디버거를 통해 언제든 EIP의 값을 검사할 수 있으며, 이를 통해 우리는 특정 시간에 어떤 코드 멀웨어가 실행되고 있는지 파악할 수 있다.

EFLAGS는 현재 실행 중인 프로그램의 상태 정보를 저장하는 비트들인 CPU 플래그들을 포함하는 상태 레지스터이다. EFLAGS 레지스터는 x86 프로그램 내에서 조건부 분기를 만드는 프로세스 또는 if/then 형태의 프로그램 로직으로 인한 실행 흐름 변화에 중심적인 역할을 한다. 특히 x86 어셈블리 프로그램이 어떤 값이 0보다 큰지 작은지 확인하고 결과에 따라 함수로 점프할 때, EFLAGS 레지스터는 19페이지의 "기본 블록 및 제어 흐름 그래프"에 자세히 설명된 것처럼 활성화하는 역할을 수행한다.

산술 명령어

명령어는 범용 레지스터에서 동작한다. 산술 명령어를 사용하면 범용 레지스터로 간단한 계산을 수행할 수 있다. 멀웨어 리버스 엔지니어링에서 자주 접하게 될 산술 명령어로는 add, sub, inc, dec, mul이 있다. 표 2-1는 기본 명령어들과 각 명령어의 구문 예시를 나열한다.

표 2-1 산술 명령어

명령어	설명
add ebx, 100	EBX의 값에 100을 더하고 결과를 EBX에 저장
sub ebx, 100	EBX의 값에서 100을 빼고 결과를 EBX에 저장
inc ah	AH의 값을 1 증가
dec al	AL의 값을 1 감소

add 명령어는 두 개의 정수를 더하고, 이어지는 구문에 따라 메모리 위치나 레지스터로 지정된 첫 번째 피연산자에 결과를 저장한다. 하나의 인자만 메모리 위치가 될 수 있다는 것을 명심하라. sub 명령어는 정수에 빼기 연산을 수행한다는 것을 제외하면 add와 비슷하다. inc 명령어는 레지스터나 메모리 위치의 정수 값을 증가시키고, dec은 감소시킨다.

데이터 이동 명령어

x86 프로세서는 레지스터와 메모리 간의 데이터 이동을 위한 강력한 명령어를 제공한다. 이 명령어들은 데이터를 조작할 수 있는 기초 메커니즘을 제공한다. 주요한 메모리 이동 명령어는 mov이다. 표 2-2는 mov 명령어를 사용하여 데이터를 이동하는 방법을 나타낸다.

표 2-2 데이터 이동 명령어

명령어	설명
mov ebx,eax	EAX 레지스터의 값을 EBX로 이동
mov eax, [0x12345678]	메모리 주소 0x12345678의 데이터를 EAX 레지스터로 이동
mov edx, 1	값 1을 레지스터 EDX로 이동
mov [0x12345678], eax	EAX의 값을 메모리 주소 0x12345678로 이동

mov 명령어와 관련하여 lea 명령어는 메모리 위치에 포인터를 가져오는 데 사용된 레지스터 내에 지정된 절대 메모리 주소를 로드한다. 예를 들어, lea edx, [esp-4]는 ESP 내의 값에서 4를 빼고 그 결과 값을 EDX에 로드한다.

스택 명령어

x86 어셈블리의 스택은 값을 넣거나(push) 꺼낼(pop) 수 있는 데이터 구조이다. 이것은 접시를 쌓아올리는 것과 비슷하다.

제어 흐름은 x86 어셈블리의 C형 함수 호출을 통해 표현되는 경우가 많고, 이러한 함수 호출은 스택을 사용하여 인자를 전달하고, 지역 변수를 할당하고, 함수의 실행이 끝나면 프로그램의 어떤 부분으로 돌아가야 하는지 기억하기 때문에 스택과 제어 흐름을 함께 이해해야 한다.

push 명령어는 프로그래머가 레지스터 값을 스택에 저장하고자 할 때 프로그램 스택에 해당 값을 밀어넣고, pop 명령은 스택에서 값을 삭제하여 지정된 레지스터에 배치한다.

push 명령어는 다음의 구문을 사용하여 작업을 수행한다.

push 1

이 예시에서 프로그램은 스택 포인터(레지스터 ESP)를 새로운 메모리 주소로 가리킴으로서 이제 스택의 상단에 저장된 값(1)이 들어갈 자리를 만든다. 그리고 이 값을 인자로부터 복사해서 CPU가 방금 스택의 상단에 만들어낸 메모리 위치에 붙여넣는다.

이를 pop과 비교해 보자.

pop eax

프로그램은 pop을 사용하여 스택의 상단 값을 꺼내고 지정된 레지스터로 이동시킨다. 이 예시에서 pop eax는 스택의 상단 값을 꺼내고 eax로 이동시킨다.

x86 프로그램의 스택에 관해 직관적이지는 않지만 이해하고 넘어가야 하는 중요한 사항이 있다. 스택은 메모리에서 아래쪽으로 증가하기 때문에 스택에서 가장 높은 값이 스택 메모리에서는 가장 낮은 주소에 저장된다는 것이다.

스택에 저장된 데이터를 참조하는 어셈블리 코드를 분석할 때 스택의 메모리 레이아웃을 모를 경우 혼동을 일으킬 수 있기 때문에 이것을 반드시 기억해야 한다.

x86 스택은 메모리에서 아래쪽으로 증가하기 때문에 push 명령어가 프로그램 스택의 공간에 새로운 값을 할당하면 ESP의 값을 감소시켜 메모리의 낮은 위치를 가리키게 하고 스택 상단 주소의 메모리 위치로 값을 복사한다. 이와 반대로, pop 명령은 스택의 최상단 값을 실제로 복사하고 ESP 값을 증가시켜 더 높은 메모리 위치를 가리키게 한다.

제어 흐름 명령어

x86 프로그램의 제어 흐름은 프로그램이 수신하는 데이터, 장치 상호작용 등의 입력에 따라 프로그램이 실행할 수 있는 명령어 실행 시퀀스의 네트워크를 정의한다. 제어 흐름 명령어는 프로그램의 제어 흐름을 정의한다. 스택 명령보다는 복잡하지만 직관적인 편에 속한다. 제어 흐름은 x86 어셈블리의 C형 함수 호출을 통해 표현되는 경우가 많기 때문에 스택과 제어 흐름은 밀접한 연관성을 가지고 있다. 이러한 함수 호출은 스택을 사용하여 인자를 전달하고, 로컬 변수를 할당하고, 함수의 실행이 끝나면 프로그램의 어떤 부분으로 돌아가야 하는지 기억하기 때문에 그 연관성이 더욱 부각된다.

call과 ret 제어 흐름 명령어는 프로그램이 x86 어셈블리에서 함수를 호출하고 해당 함수의 실행이 끝난 뒤 복귀하는 것에 중요한 역할을 수행한다.

call 명령어는 함수를 호출한다. 이것을 call 명령어가 일어나고 함수의 실행이 끝난 뒤 프로그램이 명령어로 돌아갈 수 있도록 하는 C와 같은 고급 언어로 작성된 함수라고 생각해 보자. 다음 구문을 사용하여 call 명령어를 일으킬 수 있고, 여기서 주소는 함수의 코드가 시작되는 메모리 위치를 나타낸다.

```
call address
```

call 명령어는 두 가지 작업을 수행한다. 첫 번째, 함수 호출이 끝난 뒤 실행될 명령어의 주소를 스택의 상단에 넣고 호출된 함수의 실행이 끝난 뒤 프로그램이 돌아갈 주소를 알린다. 두 번째, call은 EIP의 현재 값을 주소 피연산자가 지정한 값으로 대체한다. CPU는 EIP로 가리킨 새로운 메모리 위치에서 실행 작업을 시작한다.

call은 함수 호출을 시작하고 ret 명령은 이를 완료한다. 다음과 같이 매개변수 없이 자체적으로 ret 명령어를 사용할 수 있다.

```
ret
```

ret은 스택의 상단 값, 즉 call 명령어가 스택에 넣었던 저장된 프로그램 카운터 값 (EIP)을 꺼낸다. 그리고 이 값을 EIP에 재배치한 뒤 실행을 재개한다.

역시 중요한 제어 흐름 구조인 jmp 명령어는 call보다 더 단순하게 동작한다. jmp는 EIP 저장은 신경쓰지 않고 CPU에게 매개변수로 지정된 메모리 주소로 이동하여 실행을 시작하라고 지시한다. 예를 들어, jmp 0x12345678은 다음 명령어에서 메모리 위치 0x12345678에 저장된 프로그램 코드를 실행하도록 CPU에 지시한다.

아마 "프로그램이 네트워크 패킷을 수신하면 다음 함수를 실행하라"와 같은 조건문으로 jmp와 call 명령어를 실행할 수 있을지 궁금할 것이다. 결론부터 말하자면, x86 어셈블리에는 if, then, else, else if와 같은 고급 구조가 없다. 프로그램 코드 내에서 특정 주소로 분기하려면 일반적으로 두 가지 명령어가 필요하다. 일부 테스트 값에 대해 레지스터 내의 값을 검토하고 테스트 결과를 EFLAGS 레지스터에 저장하는 cmp 명령어와 조건부 분기 명령어이다.

대부분의 조건부 분기 명령어들은 프로그램이 메모리 주소로 점프할 수 있도록 하는 j로 시작되고, 테스트 중인 조건을 나타내는 글자들이 뒤따른다. 예를 들어, jge는 프로그램에게 크거나 같으면 점프하라고 지시한다. 이는 테스트 중인 레지스터의 값이 테스트 값보다 크거나 같아야 한다는 것을 의미한다.

cmp 명령어는 다음과 같은 구문을 사용한다.

---

cmp register, memory location, or literal, register, memory location, or literal

---

앞서 설명했듯이 cmp는 지정된 범용 레지스터의 값을 value와 비교하고 그 결과를 EFLAGS 레지스터에 저장한다.

이후 다양한 조건부 jmp 명령어들이 다음과 같이 실행된다.

---

j* address

보다시피 어떠한 조건부 테스트 명령어에도 접두사로 j를 붙일 수 있다. 예를 들어, 테스트한 값이 레지스터의 값보다 크거나 같은 경우에만 점프하려면 다음 명령어를 사용한다.

---

jge address

---

call, ret 명령어와는 달리 jmp 명령어 집합은 절대로 프로그램 스택을 건드리지 않는다는 점에 주의하라. jmp 명령어 집합은, x86 프로그램이 스스로 실행 흐름을 추적하고 방문한 주소와 일련의 명령 실행을 마친 뒤 돌아가야 하는 위치에 대한 정보의 저장과 삭제를 책임진다.

기본 블록 및 제어 흐름 그래프

텍스트 편집기에서 코드를 스크롤하면 x86 프로그램이 순차적인 것처럼 보이지만 실제로는 루프, 조건부 분기, 무조건 분기(제어 흐름)를 가지고 있다. 이들은 x86 프로그램에 네트워크 구조를 제공한다. 코드 2-1의 간단한 장난감 어셈블리 프로그램을 통해 이에 대해 알아보도록 하자.

```
setup: # symbol standing in for address of instruction on the next line
❶ mov eax, 10
loopstart: # symbol standing in for address of the instruction on the next line
❷ sub eax, 1
❸ cmp 0, eax
jne $loopstart
loopend: # symbol standing in for address of the instruction on the next line
mov eax, 1
# more code would go here
```

코드 2-1 제어 흐름 그래프의 이해를 위한 어셈블리 프로그램

이 프로그램은 레지스터 EAX에 저장된 값 10에 대한 카운터를 초기화한다❶. 다음으로, EAX의 값을 1씩 감소시키는 루프를 수행한다❷. EAX의 값이 0에 도달하면 프로그램은 루프를 빠져 나온다❸.

제어 흐름 그래프 분석의 관점에서 보면, 이 명령어들은 세 개의 기본 블록으로 구성되어 있다고 할 수 있다. 기본 블록은 우리가 항상 연속적으로 실행하는 일련의 명령어들이다. 이 블록은 항상 분기 명령어나 분기의 대상이 되는 명령어로 끝나며, 프로그램의 첫 번째 명령어인 프로그램의 진입점 또는 분기 대상 중 하나로 시작된다.

그림 2-2에서 이 간단한 프로그램의 기본 블록의 시작과 끝 부분을 확인할 수 있다. 첫 번째 기본 블록은 setup: 아래 move eax로 구성된다. 두 번째 기본 블록은 loopstart: 아래 sub eax, 1로 시작되고 jne $loopstart:로 끝난다. 세 번째 기본 블록은 loopend: 아래 mov eax, 1로 시작된다. 우리는 그림 2-2의 그래프를 통해 기본 블록 간의 관계를 시각화할 수 있다(우리는 네트워크의 동의어로 그래프를 사용한다. 컴퓨터 과학에서 이러한 용어들은 상호 교환이 가능하다).

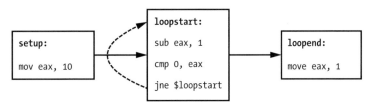

그림 2-2 단순 어셈블리 프로그램 제어 흐름 그래프의 시각화

기본 블록이 다른 기본 블록으로 흐를 수 있다면 그림 2-2와 같이 연결한다. setup 기본 블록이 loopstart 기본 블록으로 이어지며, loopend 기본 블록으로 전환되기 전에 10회 반복된다. 실제 프로그램도 이와 같은 제어 흐름 그래프를 가지고 있지만, 수천 개의 기본 블록과 수천 개의 상호연결로 이루어져 있기 때문에 훨씬 더 복잡하다.

pefile과 capstone을 이용한 ircbot.exe 디스어셈블

이제 어셈블리 언어의 기본을 이해했으니 선형 디스어셈블리를 통해 ircbot.exe의 어셈블리 코드 중 처음 100바이트를 디스어셈블해 보자. 이를 위해 오픈 소스 파이썬 라이브러리인 pefile과 32비트 x86 바이너리 코드를 디스어셈블하는 오픈 소스 디스어셈블 라이브러리인 capstone을 사용한다. 두 라이브러리 모두 다음과 같이 pip를 이용해서 설치할 수 있다.

```
pip install pefile
pip install capstone
```

이 두 라이브러리가 설치되면 코드 2-2를 이용하여 ircbot.exe를 디스어셈블할 수 있다.

```
#!/usr/bin/python
import pefile
from capstone import *

# load the target PE file
pe = pefile.PE("ircbot.exe")

# get the address of the program entry point from the program header
entrypoint = pe.OPTIONAL_HEADER.AddressOfEntryPoint

# compute memory address where the entry code will be loaded into memory
entrypoint_address = entrypoint+pe.OPTIONAL_HEADER.ImageBase

# get the binary code from the PE file object
binary_code = pe.get_memory_mapped_image()[entrypoint:entrypoint+100]

# initialize disassembler to disassemble 32 bit x86 binary code
disassembler = Cs(CS_ARCH_X86, CS_MODE_32)

# disassemble the code
for instruction in disassembler.disasm(binary_code, entrypoint_address):
    print "%s\t%s" %(instruction.mnemonic, instruction.op_str)
```

코드 2-2 ircbot.exe 디스어셈블

이제 다음과 같은 출력이 생성된다.

```
❶ push   ebp
  mov    ebp, esp
```

```
    push    -1
    push    0x437588
    push    0x41982c
❷   mov     eax, dword ptr fs:[0]
    push    eax
    mov     dword ptr fs:[0], esp
❸   add     esp, -0x5c
    push    ebx
    push    esi
    push    edi
    mov     dword ptr [ebp - 0x18], esp
❹   call    dword ptr [0x496308]
    --snip--
```

디스어셈블리 출력의 모든 명령어를 이해할 필요는 없다. 그것은 이 책에서 다루는 어셈블리 이해의 범위를 벗어난다. 하지만 이러한 명령어들에 익숙해지고 이들의 역할도 어느 정도는 파악해야 한다. 예를 들어, 멀웨어는 레지스터 EBP의 값을 스택에 넣음으로써❶ 그 값을 저장한다. 그리고 ESP의 값을 EBP로 이동하고 일부 숫자 값을 스택에 넣는다. 이 프로그램은 메모리에 있는 데이터 일부를 EAX 레지스터로 옮기고❷, ESP 레지스터의 값에 -0x5c를 더한다❸. 마지막으로, 프로그램은 call 명령어를 사용하여 메모리 주소 0x496308에 저장된 함수를 호출한다❹.

이 책은 리버스 엔지니어링에 관한 책이 아니기 때문에 코드의 의미에 대해 더 깊이 알아보지는 않을 것이다. 지금까지 학습한 것은 어셈블리 언어의 동작 원리를 이해하기 위한 시작점이라고 생각하면 된다. 어셈블리 언어에 대한 자세한 내용은 http://www.intel.com/content/www/us/en/processors/architectures-software-developer-manuals.html 에 있는 Intel 프로그래머 매뉴얼을 참조하라.

정적 분석을 제한하는 인자들

챕터 1과 챕터 2에서는 새롭게 발견된 악성 바이너리의 목적 및 기능 파악에 정적 분석 기법을 활용하는 여러 가지 방법을 알아보았다. 안타깝게도, 정적 분석은 특정 상황에서 효용성이 떨어지는 한계를 가지고 있다. 예를 들어, 멀웨어 작성자는 방어보다 훨씬 구현하기 쉬운 공격 전략들을 활용할 수 있다. 이러한 공격 전략들을 살펴보고 방어 방안을 알아보자.

패킹

멀웨어 패킹은 멀웨어 작성자가 악성 프로그램의 대부분을 압축, 암호화 또는 분할하여 악성 프로그램 분석가로 하여금 프로그램을 이해할 수 없도록 만드는 프로세스이다. 실행될 때 스스로 언패킹하고 실행을 시작한다. 멀웨어 패킹을 확실하게 우회하는 방법은 안전한 환경에서 멀웨어를 실행하는 것인데, 바로 챕터 3에서 다룰 동적 분석 기법이다.

소프트웨어 패킹은 정상적인 소프트웨어에서도 합법적인 이유로 사용된다. 정상적인 소프트웨어 작성자들은 설치 프로그램의 크기를 줄이기 위해 프로그램 자원을 압축할 때 패킹을 사용한다. 이는 경쟁사의 리버스 엔지니어링 시도를 방지해 주기도 하고 설치 파일 내에 많은 프로그램 자원을 담을 수 있도록 해 주기도 한다.

자원 난독화

멀웨어 작성자가 사용하는 또 다른 탐지 및 분석 방지 기법으로 자원 난독화가 있다. 문자열이나 그래픽 이미지와 같은 프로그램 자원이 디스크에 저장되는 방식을 난독화한 뒤, 런타임에 이를 되돌리는 방식으로 악성 프로그램이 자원을 사용할 수 있도록 한다. 간단한 난독화의 예를 들면, PE 리소스 섹션에 저장된 이미지와 문자열의 모든 바이트에 1을 더한 뒤 런타임에 다시 1을 빼는 방법이 있다. 물론 이외에도 수많은 난독화 방법이 존재하고, 이들은 정적 분석을 사용하여 멀웨어 바이너리를 이해하는 멀웨어 분석가들의 삶을 고달프게 만든다.

패킹과 마찬가지로 리소스 난독화를 방지하는 한 가지 방법은 안전한 환경에서 멀웨어를 실행하는 것이다. 이것이 불가능하다면 자원 난독화의 유일한 우회 방법은 멀웨어가 자원을 난독화시킨 방법을 찾아내고 수동으로 되돌리는 것인데, 이는 전문 멀웨어 분석가들이 종종 선택하는 해결책이다.

디스어셈블리 방지 기법

멀웨어 작성자가 사용하는 세 번째 탐지 및 분석 방지 기법은 디스어셈블리 방지 기법이다. 이 기법은 최첨단 디스어셈블리 기법의 한계를 활용하여 멀웨어 분석가로부터 코드를 숨기거나 디스크에 저장된 코드 블록이 실제와 다른 명령어들을 포함하고 있는 것처럼 보이도록 만든다.

디스어셈블리 방지 기법의 예로는 멀웨어 작성자의 디스어셈블러가 다른 명령어로 해석하는 메모리 위치로 분기하는 방법이 있는데, 이는 기본적으로 리버스 엔지니어링 수행자로부터 멀웨어의 진짜 명령어를 숨기는 것이다. 디스어셈블리 방지 기법은 커다란 잠재력을 가지고 있고 이를 방어할 완벽한 방법은 없다. 두 가지 주요 방어 방법은 동적 환경에서 멀웨어 샘플을 실행하는 것과 멀웨어 샘플 내에서 디스어셈블리 방지 전략이 사용되는 위치 및 우회 방법을 수동으로 파악하는 것이다.

동적으로 다운로드한 데이터

멀웨어 작성자들이 사용하는 분석 방지 기법의 최종 클래스는 외부 소싱 데이터와 코드를 이용한다. 예를 들면, 멀웨어가 시작될 때, 멀웨어 샘플은 외부 서버로부터 동적으로 코드를 로드할 수 있다. 이 경우 코드에 대한 정적 분석은 의미가 없어진다. 이와 비슷하게 멀웨어는 시작할 때 외부 서버에서 암호 해독 키를 소싱하여 멀웨어 실행에 사용될 데이터나 코드를 해독할 수도 있다.

멀웨어가 아주 강력한 암호화 알고리즘을 사용하고 있다면 정적 분석으로 암호화된 데이터와 코드를 복구하는 것은 어렵다. 이러한 분석 및 탐지 방지 기술은 상당히 강력하며, 이를 우회하는 유일한 방법은 외부 서버의 코드, 데이터 또는 개인 키를 획득하여 분석에 활용하는 것이다.

요약

이 챕터에서는 x86 어셈블리 코드 분석을 소개하고 오픈 소스 파이썬 도구를 사용하여 ircbot.exe에서 디스어셈블리 기반 정적 분석을 수행하는 방법을 살펴보았다. x86 어셈블리에 대한 완벽한 밑그림은 아니었지만, 이제 주어진 멀웨어 어셈블리 덤프에서 무슨 일이 일어나고 있는지 대충 판단할 수 있을 만큼은 익숙해졌을 것이다. 당신은 멀웨어 작성자가 디스어셈블리 및 기타 정적 분석 기법을 방어할 수 있는 방법과 이러한 분석 및 탐지 방지 전략을 우회할 수 있는 방법을 학습했다. 챕터 3에서는 정적 멀웨어 분석의 약점들을 보완한 동적 멀웨어 분석 수행 방법을 학습한다.

3

동적 분석 개요

챕터 2에서 멀웨어에서 복구된 어셈블리 코드를 분해하는 고급 정적 분석 기법을 학습했다. 정적 분석은 디스크에 있는 다양한 컴포넌트를 연구하여 멀웨어에 대한 유용한 정보를 얻는 효과적인 방법이지만 멀웨어의 행동은 관찰할 수 없다.

이 챕터에서는 동적 멀웨어 분석의 기초를 학습한다. 파일 형태의 멀웨어에 초점을 맞추는 정적 분석과는 달리, 동적 분석은 안전하게 고립된 환경에서 멀웨어를 실행하여 행동을 관찰하는 작업으로 구성된다. 이는 위험한 박테리아 변종이 다른 세포에 미치는 영향을 관찰하기 위해 밀폐된 환경을 조성하는 것과 같다.

동적 분석을 통해 패킹이나 난독화와 같은 일반적인 정적 분석의 한계를 우회하고 주어진 멀웨어 샘플의 목적에 관한 직접적인 인사이트를 얻을 수 있다. 기본적인 동적 분석 기법, 멀웨어 데이터 과학과의 관련성, 실적용에 대해 탐구하는 것으로 학습을 시작한다. malwr.com과 같은 오픈 소스 도구를 사용하여 동적 분석의 실례를 연구한다. 이는 주제에 관한 개론일 뿐 포괄적인 학습 과정은 아니다.

왜 동적 분석을 사용하는가?

동적 분석의 중요성을 이해하기 위해 패킹된 멀웨어의 문제를 생각해 보자. 멀웨어 패킹 이란 프로그램의 의도를 감추기 위해 멀웨어의 x86 어셈블리 코드를 압축하거나 난독화 하는 것을 의미한다. 패킹된 멀웨어 샘플은 대상 시스템을 감염시킬 때 스스로 패킹을 풀고 코드가 실행되도록 한다.

챕터 2에서 다루었던 정적 분석 도구를 사용하여 패킹되거나 난독화된 멀웨어 샘플 의 디스어셈블을 시도해볼 수 있지만, 이는 험난한 과정을 수반한다. 정적 분석을 사용 하려면 먼저 멀웨어 파일에서 난독화된 코드의 위치를 찾아야 한다. 그리고 코드가 실행 될 수 있도록 이 코드를 해독하는 해독 서브루틴의 위치를 찾아야 한다. 서브루틴을 찾 고 나면 이 해독 절차가 어떻게 코드에 적용되는지 알아내야 한다. 그런 다음에 멀웨어 를 리버스 엔지니어링하는 실질적인 과정을 시작할 수 있다.

이 프로세스의 간단하지만 현명한 대안은 샌드박스라고 불리는 안전하게 고립된 환 경에서 멀웨어를 실행하는 것이다. 샌드박스에서 멀웨어를 실행하면 실제 대상을 감염 시킬 때와 마찬가지로 스스로 패킹을 해제할 수 있다. 멀웨어를 실행하는 것만으로도 주 어진 멀웨어 바이너리가 어떤 서버에 접속하는지, 어떤 시스템 구성 매개변수가 변경되 는지, 어떤 장치 I/O(입/출력)를 수행하려고 하는지 알 수 있다.

멀웨어 데이터 과학을 위한 동적 분석

동적 분석은 멀웨어 리버스 엔지니어링뿐만 아니라 멀웨어 데이터 과학에도 유용하다. 동적 분석은 멀웨어 샘플이 무엇을 하는지 보여주기 때문에 다른 멀웨어 샘플의 행동과 비교할 수 있다. 예를 들면, 멀웨어 샘플이 디스크에 쓰는 파일을 확인하고 이 데이터를 활용하여 유사한 파일명을 디스크에 쓰는 멀웨어 샘플을 연결할 수 있다. 이러한 단서들 은 우리가 일반적인 특징을 근거로 악성 프로그램 샘플을 분류할 수 있도록 해준다. 나 아가 동일한 그룹에 의해 작성되었거나 동일한 캠페인의 일부인 멀웨어 샘플을 식별하 는 작업에도 도움을 줄 수 있다.

무엇보다도, 동적 분석은 머신러닝 기반 멀웨어 탐지기를 구축할 때 유용하다. 우리 는 탐지기를 훈련시켜 동적 분석 중 행동 관찰을 통해 악성 또는 정상 바이너리를 구분 해낼 수 있다. 예를 들어, 머신러닝 시스템이 멀웨어와 정상 파일에서 수천 개의 동적 분 석 로그를 관찰한 뒤, msword.exe가 powershell.exe라는 이름의 프로세스를 실행하는 동 작은 악의적 의도를 갖고 있지만 Internet Explorer를 실행하는 것은 무해하다는 결론을 도출할 수 있다. 챕터 8에서는 정적, 동적 분석에 기반한 데이터를 사용하여 멀웨어 탐 지기를 구축하는 방법에 대해 자세히 알아본다.

정교한 멀웨어 탐지기를 만들기 전에 동적 분석을 위한 몇 가지 기본 도구를 살펴보자.

동적 분석을 위한 기본 툴

온라인에서 동적 분석을 위한 많은 무료 오픈 소스 도구를 찾을 수 있다. 이 섹션은 malwr.com과 CuckooBox에 초점을 맞추고 있다. malwr.com 사이트에는 바이너리를 올리면 무료 동적 분석을 받을 수 있는 웹 인터페이스가 있다. CuckooBox는 지역적으로 바이너리를 분석할 수 있도록 자신만의 동적 분석 환경을 만드는 소프트웨어 플랫폼이다. malwr.com도 CuckooBox 플랫폼의 창시자들이 운영하고 있으며, 백단에서 CuckooBox를 사용한다. 따라서 malwr.com에서 결과 분석을 학습하면 CuckooBox의 결과 역시 이해할 수 있을 것이다.

NOTE 이 책 집필 시점에는 malwr.com의 CuckooBox 인터페이스가 유지보수를 위해 서비스를 중지한 상태였다. 아마 이 섹션을 읽을 때쯤이면 사이트는 재개되었을 것이다. 그렇지 않다면, 이 챕터에 제공된 정보를 https://cuckoosandbox.org/의 지침에 따라 설치할 수 있는 CuckooBox 인스턴스의 출력에 적용한다.

일반적인 멀웨어 행동

다음은 멀웨어 샘플이 실행되면 수행할 수 있는 주요 작업들이다.

파일 시스템 수정   디스크에 장치 드라이버 쓰기, 시스템 설정 파일 변경, 파일 시스템에 새 프로그램 추가, 레지스트리 키 수정을 통해 프로그램 자동 시작 등
시스템 구성을 변경하도록 Windows 레지스트리 수정   방화벽 설정 변경 등
장치 드라이버 로드   사용자 키를 기록하는 장치 드라이버 로드 등
네트워크 작업   도메인 이름 확인 및 HTTP 요청 등

malwr.com에 있는 멀웨어 샘플과 보고서를 통해 이와 같은 작업들에 대해 더욱 자세히 알아보도록 한다.

malwr.com에 파일 업로드

malwr.com을 통해 멀웨어 샘플을 실행하려면 https://malwr.com/으로 이동하여 Submit 버튼을 클릭하고 분석할 바이너리 파일을 업로드하라. 이 챕터의 데이터 디렉토리에서 찾을 수 있는 SHA256 해시가 d676d95로 시작되는 바이너리 파일을 사용할 것이다. 이 바이너리를 malwr.com에 업로드하고 직접 결과를 검토하는 것을 권장한다. 업로드 페이지는 그림 3-1과 같다.

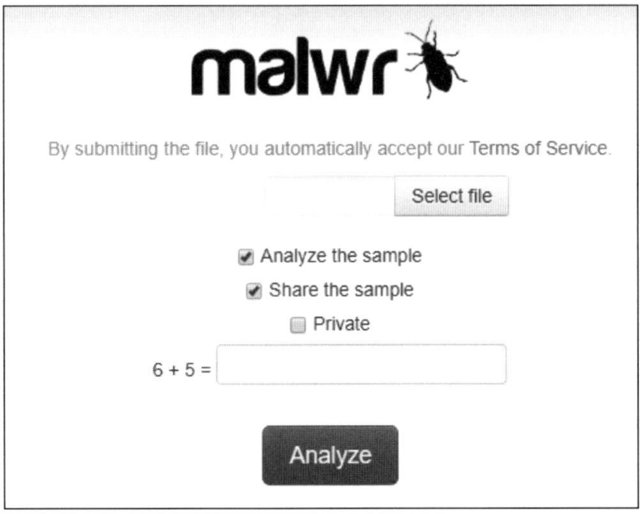

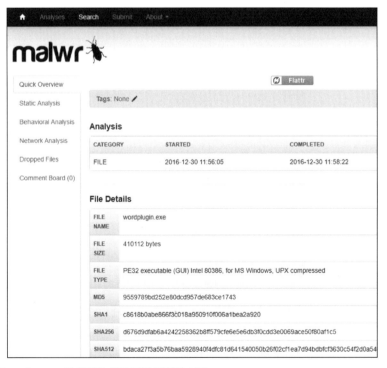

그림 3-1 멀웨어 샘플 업로드 페이지

이 양식을 통해 샘플을 업로드하면 사이트는 분석이 완료될 때까지 기다리라는 메시지를 표시하며, 보통 5분 정도 소요된다. 결과가 로드되면 동적 분석 환경에서 파일이 실행되었을 때 수행하는 작업을 검토할 수 있다.

malwr.com의 결과 분석

샘플의 결과 페이지는 그림 3-2와 비슷하다.

그림 3-2 malwr.com의 멀웨어 샘플 결과 페이지 상단

이 파일로부터 도출된 결과는 우리가 뒤에서 살펴볼 동적 분석의 주요 측면 몇 가지를 보여 준다.

시그니처 패널

결과 페이지에 표시되는 처음 두 개의 패널은 Analysis(분석)과 File Details(파일 세부정보)이다. 이 패널들에는 파일이 실행된 시간과 파일에 대한 기타 정적 세부 정보가 포함되어 있다. 여기서 초점을 맞출 패널은 그림 3-3에 표시된 시그니처 패널이다. 이 패널은 동적 분석 환경에서 실행되었을 때 파일 자체와 파일의 행동에서 파생된 고급 정보를 포함하고 있다. 각 시그니처가 무엇을 의미하는지 알아보자.

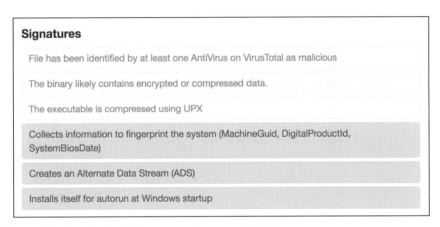

그림 3-3 멀웨어 샘플의 행동과 일치하는 malwr.com 시그니처

그림에 표시된 처음 세 개의 시그니처는 정적 분석(행동이 아닌 멀웨어 파일 자체의 속성에 따른 분석)으로 생성된다. 첫 번째 시그니처는 유명한 안티바이러스 포털 VirusTotal.com에 실려있는 안티바이러스 엔진들 다수가 이 파일을 멀웨어로 표시했다는 것을 알려준다. 두 번째는 이 바이너리가 난독화의 일반적인 특징인 압축 또는 암호화된 데이터를 포함하고 있음을 나타낸다. 세 번째는 이 바이너리가 유명한 UPX 패커로 압축되었다는 것을 말해준다. 이러한 정적 지표들만으로 이 파일이 하는 일을 알아낼 수는 없지만, 악의적일 가능성이 있다는 것은 알 수 있다. (색상은 정적, 동적 범주를 구분하는 것이 아니라 각 규칙의 심각도를 나타낸다. 여기서 어두운 회색으로 표현된 빨간색은 노란색보다 의심스러운 경우를 의미한다.)

다음 세 개의 시그니처는 파일의 동적 분석으로 생성된다. 첫 번째 시그니처는 프로그램이 시스템의 하드웨어와 운영 체제 식별을 시도한다는 것을 나타낸다. 두 번째는 프로그램이 표준 파일 시스템 검색 도구로 멀웨어를 발견할 수 없도록 디스크의 데이터를 숨기는 대체 데이터 스트림(ADS)이라는 치명적인 기능을 사용한다는 것을 나타낸다. 세 번째 시그니처는 파일이 Windows 레지스트리를 변경하여 시스템이 재부팅될 때 지정된 프로그램이 자동으로 실행되도록 한다는 것을 나타낸다. 이를 통해 사용자가 시스템을 재부팅할 때마다 멀웨어가 재시작된다.

이렇게 자동으로 트리거된 시그니처 수준에서도 동적 분석을 통해 파일의 의도된 행동을 상당 부분 확인할 수 있다.

스크린샷 패널

시그니처 패널 아래에는 스크린샷 패널이 있다. 이 패널은 멀웨어가 실행되는 동적 분석 환경 데스크탑의 스크린샷을 보여준다. 그림 3-4는 그 예시이다.

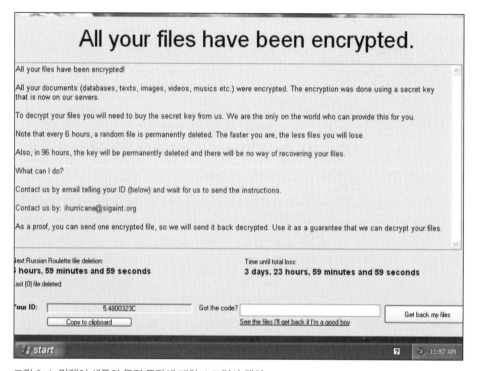

그림 3-4 멀웨어 샘플의 동적 동작에 대한 스크린샷 캡쳐

우리가 다루고 있는 멀웨어가 랜섬웨어라는 것을 알 수 있는데, 이는 대상의 파일을 암호화하고 데이터를 되돌리려면 돈을 지불해야 하는 멀웨어의 일종이다. 리버스 엔지니어링을 하지 않고도 단순히 멀웨어를 실행하는 것만으로 그 목적을 알아낼 수 있다.

수정된 시스템 오브젝트 패널

Screenshots(스크린샷) 아래의 제목 행은 멀웨어 샘플의 네트워크 활동을 나타낸다. 이 바이너리는 네트워크 통신은 실행하지 않지만 만약 실행한다면 접촉한 호스트들을 해당 항목에서 확인할 수 있다. 그림 3-5는 Summary(요약) 패널이다.

그림 3-5 멀웨어 샘플이 수정한 파일을 보여주는 Summary 패널의 Files 탭

이 패널은 파일(Files), 레지스트리 키(Registry Keys), 뮤텍스(Mutexes) 등 멀웨어가 수정한 시스템 개체를 보여준다.

그림 3-6의 파일 탭을 보면, 이 랜섬웨어 멀웨어가 디스크의 사용자 파일을 암호화했다는 것을 확인할 수 있다.

```
C:\Perl\win32\cpan.ico
C:\Perl\win32\D3BAFC2EA6A713B05444C65E75689DA2.locked
C:\Perl\win32\onion.ico
C:\Perl\win32\D3CDFF5FA6D613B12F44BD5F75199DD1FAB3.locked
C:\Perl\win32\perldoc.ico
C:\Perl\win32\D0B9FF54A1DD13B22F31C65C756899A5FACECDED14AE.locked
C:\Perl\win32\perlhelp.ico
C:\Perl\win32\D0B9FF54A1DD13B22F46C62D751E9ED2FEB2CD9C14DB4F25.locked
```

그림 3-6 샘플이 랜섬웨어라는 것을 나타내는 Summary 패널 내 Files 탭의 파일 경로

각 파일 경로가 .locked 확장자를 가지면 암호화된 버전의 파일이라는 것을 유추할 수 있다.

다음으로 레지스트리 키(Registry Keys) 탭을 살펴보자.

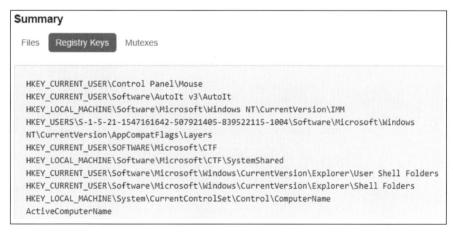

그림 3-7 멀웨어 샘플이 수정한 레지스트리 키를 보여 주는 Summary 패널의 Registry Keys 탭

레지스트리는 Windows가 구성 정보를 저장하기 위해 사용하는 데이터베이스이다. 설정 매개변수는 값을 가진 레지스트리 키로 저장된다. Windows 파일 시스템의 파일 경로처럼 레지스트리 키 역시 역슬래시로 구분된다. malwr.com은 멀웨어가 수정한 레지스트리 키를 보여준다. 그림 3-7에는 없지만 malwr.com의 전체 보고서를 보면 멀웨어가 변경한 주요 레지스트리 키가 HKEY_LOCAL_MACHINE₩SOFTWARE₩ Microsoft₩Windows₩CurrentVersion₩Run이라는 것을 알 수 있다. 이는 사용자가 로그온할 때마다 프로그램을 실행하도록 Windows에 알리는 레지스트리 키이다. 재부팅 시 감염이 진행되도록 멀웨어가 이 레지스트리를 수정했기 때문에 Windows 시스템이 부팅될 때마다 멀웨어를 재구동할 가능성이 높다.

malwr.com 보고서의 Mutexes 탭에는 그림 3-8과 같이 생성된 멀웨어의 이름이 포함되어 있다.

그림 3-8 생성된 멀웨어 샘플의 뮤텍스를 보여주는 Summary 패널의 Mutexes 탭

뮤텍스는 프로그램이 특정 자원을 점유 중이라는 것을 알려주는 잠금 파일이다. 멀웨어는 시스템을 두 번 감염시키지 않기 위해 뮤텍스를 사용한다. 보안 커뮤니티는 최소 한 개 이상의 뮤텍스가 멀웨어와 관련된 것으로 확인한다(CTF.TimListCache. FMPDefaultS-1-5-21-1547161642-507921405-839522115-1004MUTEX.DefaultS-1-5-21-1547161642-507921405-839522115-1004ShimCacheMutex).

API 호출 분석

그림 3-9처럼 malwr.com UI의 왼쪽 패널에서 Behavioral Analysis(행동 분석) 탭을 클릭하면 멀웨어 바이너리의 행동에 관한 자세한 정보가 표시된다.

이는 멀웨어가 시작한 각 프로세스에 의해 수행된 API 호출과 인자 및 반환 값을 보여준다. 이 정보를 사용하려면 많은 시간이 소요되고 Windows API에 대한 전문적인 지식이 필요하다. 멀웨어의 API 호출 분석은 이 책에서 다루는 범위를 벗어나지만 개별 API 호출에 대해 찾아보면 그 효과를 더 자세히 확인할 수 있다.

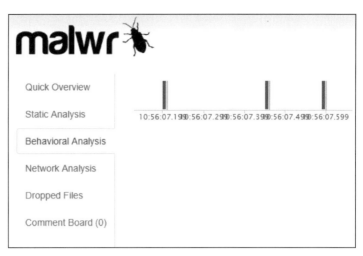

그림 3-9 멀웨어 샘플에 대한 malwr.com 보고서의 동작 분석 창, 동적 실행 중에 API 호출이 수행된 시기를 표시

malwr.com은 개별 멀웨어 샘플을 동적으로 분석할 때 사용성이 훌륭하지만 다수의 샘플에 대한 동적 분석을 수행하기에는 적합하지 않다. 멀웨어 샘플의 동적 실행 패턴 간 관계를 식별하는 것은 머신러닝과 데이터 분석에서 중요한 부분이다. 동적 실행 패턴을 기반으로 멀웨어 인스턴스를 탐지할 수 있는 머신러닝 시스템을 만들기 위해서는 수천 개의 멀웨어 샘플을 실행해야 한다.

이러한 제약뿐만 아니라 malwr.com은 멀웨어 분석 결과를 XML, JSON과 같은 파싱 가능한 형식으로 제공하지 않는다. 이러한 문제들을 해결하기 위해서는 자신만의 CuckooBox를 설치하고 실행해야 한다. 다행히 CuckooBox는 무료로 설치할 수 있으며 고유한 동적 분석 환경을 설정하기 위한 단계별 지침도 제공된다. 자세한 방법은 http://cuckoosandbox.org/에서 확인할 수 있다. 지금까지 CuckooBox를 사용하는 malwr.com의 동적 멀웨어 결과 해석 방법을 익혀보았다. 이제 CuckooBox를 실행해서 결과를 분석하는 방법도 이해할 수 있을 것이다.

기본 동적 분석의 한계

동적 분석은 강력한 도구지만 멀웨어 분석의 만병통치약은 아니다. 사실 동적 분석에는 심각한 한계가 있다. 멀웨어 작성자들 역시 CuckooBox와 같은 동적 분석 프레임워크들에 대해 알고 있기 때문에, 멀웨어가 CuckooBox에서 실행되고 있다는 것을 탐지하면 실행되지 못하게 함으로써 감시망을 벗어난다. CuckooBox의 관리자들도 멀웨어 작성자들의 이러한 수법에 대해 인지하고 이 상황을 타개하려 노력한다. 이 고양이와 쥐 게임은 지속적으로 일어나고 있으며, 일부 악성 프로그램 샘플은 자신이 동적 분석 환경에서 실행되고 있음을 감지하여 실행이 되지 않을 수 있다.

또한, 동적 분석으로는 중요한 멀웨어 행동을 파악하지 못할 수 있다. 실행 시 원격 서버에 연결되어 명령 실행을 기다리는 멀웨어 바이너리를 예로 해당 바이너리는 멀웨어 샘플에게 공격 대상 호스트에서 특정 파일을 찾거나 키 입력을 기록하거나 웹캠을 켜라고 지시하는 명령을 전달할 수 있다. 이 경우 원격 서버가 명령을 전송하지 않거나 실행을 멈출 경우 악의적인 행동이 전혀 드러나지 않는다. 이러한 제약 때문에 동적 분석은 멀웨어 분석을 위한 완벽한 해결책이 될 수 없다. 전문 멀웨어 분석가들은 동적 분석과 정적 분석을 조합해서 최선의 결과를 도출한다.

요약

이 챕터에서는 malwr.com을 통해 랜섬웨어 멀웨어 샘플에 대한 동적 분석을 실행하고 결과를 분석했다. 동적 분석의 장단점에 대해서도 살펴보았다. 기본 동적 분석 수행 방법을 학습했으니 이제 멀웨어 데이터 과학에 대해 자세히 알아볼 준비가 되었다.

이 책의 나머지 부분은 정적 분석 기반 멀웨어 데이터에 대한 멀웨어 데이터 과학 적용에 초점을 맞추고 있다. 정적 분석의 결과 도출이 동적 분석에 비해 더 간단하고 쉬워서 멀웨어 데이터 과학을 시작하기 좋은 출발점이 되기 때문이다. 각 후속 챕터에서는 동적 분석 기반 데이터에 데이터 과학 방법을 적용할 수 있는 방법도 설명한다.

4

멀웨어 네트워크를 이용한 캠페인 공격 식별

멀웨어 네트워크 분석은 멀웨어 데이터셋을 귀중한 위협 정보로 변환하고 공격 캠페인과 보편적인 멀웨어 전술, 그리고 멀웨어 샘플 소스에 대해 알 수 있게 해준다. 이 접근법은 멀웨어 샘플 그룹들이 IP 주소나 호스트 이름, 출력 가능한 문자열, 그래픽과 같은 공유 속성으로 연결되어 있는 방식을 분석하는 것으로 구성된다.

예를 들어, 그림 4-1은 본 챕터에서 학습하게 될 기술로 몇 초 만에 생성한 차트를 통해 멀웨어 네트워크 분석의 힘을 보여준다.

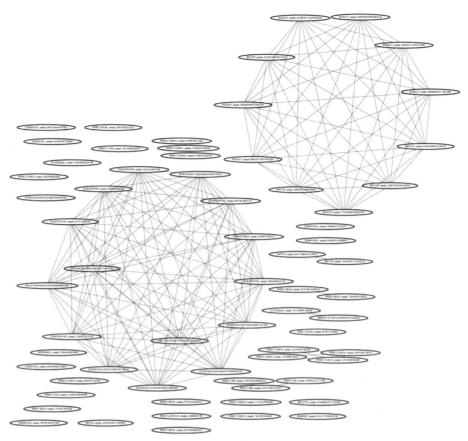

그림 4-1 공유 속성 분석으로 밝혀낸 네이션 스테이트 멀웨어의 소셜 네트워크 연결

　위 그림은 네이션 스테이트 수준 멀웨어 샘플(타원형 노드) 그룹과 그것들의 "소셜(사회적)" 연결 고리들(노드를 연결하는 선)을 보여준다. 연결은 이 샘플들이 동일한 호스트 이름과 IP 주소로 "콜백"한다는 것을 나타내며, 이는 이들이 같은 공격자로부터 배포되었다는 것을 의미한다. 본 챕터에서는 이 연결들을 이용해서 기관에 대한 특정된 공격과 악의적 공격자들의 각종 배열을 구분하는 방법을 학습한다.

　본 챕터를 통해 학습하게 될 것은

- 멀웨어에서 위협 정보를 추출하는 것과 연관된 네트워크 분석 이론의 기초

- 멀웨어 샘플 간 관계 식별을 위해 시각화를 이용하는 방법

- 파이썬과 데이터 분석, 시각화를 위한 여러 오픈 소스 툴킷들을 활용하여 멀웨어 네트워크로부터 정보를 만들고 시각화하고 추출하는 방법

- 실제 멀웨어 데이터셋 내의 공격 캠페인을 밝혀내고 분석하기 위해 이 모든 지식을 하나로 묶는 방법

노드와 엣지

멀웨어에 대한 공유 속성 분석을 수행하기에 앞서 네트워크의 기본적인 특성들을 이해할 필요가 있다. 네트워크는 연결된 오브젝트(노드라고 부른다)들의 집합이다. 이 노드들의 연결은 엣지라고 불린다. 추상적인 산술 객체로서 네트워크 내의 노드는 무엇이든 될 수 있으며 그것들의 엣지 또한 마찬가지이다. 우리의 목적에 따라 신경써야 할 부분은 멀웨어의 세부 정보를 밝혀주는 이 노드들과 엣지들 사이의 상호 연결이다.

멀웨어 분석을 위해 네트워크를 이용할 때 개별 멀웨어 파일들을 노드로, 이해관계(공유 코드 또는 네트워크 행동과 같은)를 엣지로 취급할 수 있다. 유사한 멀웨어 파일들은 엣지를 공유하기 때문에 강제 지정 네트워크를 적용할 때 결합한다(추후 구체적으로 어떻게 이런 현상이 일어나는지 볼 수 있다). 또는 멀웨어 샘플과 속성을 모두 노드 자체로 처리할 수 있다. 예를 들면, 콜백 IP 주소에는 노드가 있으며 멀웨어 샘플도 있다. 멀웨어 샘플이 특정 IP 주소로 다시 호출될 때마다 해당 IP 주소 노드에 연결된다.

멀웨어 네트워크는 단순한 노드 집합과 엣지 집합보다 더 복잡할 수 있다. 정확히 말하면, 두 개의 연결된 샘플이 공유하는 코드 비율과 같은 속성을 노드 또는 엣지에 부여할 수 있다. 흔한 엣지 속성으로 가중치가 있는데, 샘플 사이의 연결이 강할 수록 가중치가 더 크다. 노드는 그들이 나타내는 멀웨어 샘플의 파일 크기와 같은 고유 속성을 가질 수 있지만, 이것들은 보통 속성으로만 참조된다.

이분 네트워크

이분 네트워크는 노드가 두 개의 파티션(그룹)으로 나뉠 수 있는 네트워크이며, 두 파티션은 내부 연결을 포함하지 않는다. 이러한 유형의 네트워크는 멀웨어 샘플 간의 공유 속성을 보여주기 위해 사용할 수 있다.

그림 4-2는 멀웨어 샘플 노드가 하단 파티션에 위치하는 이분 네트워크와 다른 파티션으로 가기 위해 샘플이 "콜백"하는(공격자와 통신하기 위해) 도메인 이름의 예시이다. 이분 네트워크의 특징으로, 콜백들은 서로 직접 연결되지 않으며 멀웨어 샘플들 역시 서로 직접 연결되지 않는다.

이와 같이 단순한 시각화로도 중요한 정보를 알 수 있다. 멀웨어 샘플의 공유 콜백 서버를 토대로 sample_014와 sample_37D가 동일한 공격자에 의해 배치되었을 것이라고 추측할 수 있다. 또한, sample_37D와 sample_F7F가 동일한 공격자를 공유하며, sample_014와 sample_F7F가 sample_37D로 연결되어 있으므로 이들도 동일한 공격자를 공유한다고 추측할 수 있다(그림 4-2에 표시된 샘플들의 출처는 실제로 동일한 중국 공격자 그룹인 "APT1"이다).

NOTE APT1 샘플을 큐레이팅하여 연구 커뮤니티에 공유해준 Mandiant와 Mila Parkour에게 감사의 말을 전한다.

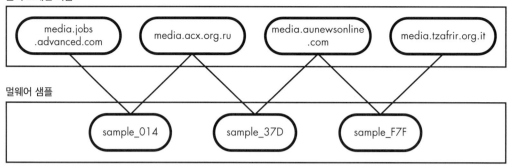

콜백 도메인 이름

멀웨어 샘플

그림 4-2 이분 네트워크. 상단의 노드(속성 파티션)는 콜백 도메인 이름이고, 하단 노드(멀웨어 파티션)는 멀웨어 샘플이다.

네트워크의 노드와 연결 수가 증가함에 따라 모든 속성 연결을 면밀히 검사하지 않고 멀웨어 샘플의 연관성을 확인할 필요가 있다. 다른 파티션(속성 파티션)에 공통적인 노드가 존재할 경우 네트워크의 한 파티션에 있는 노드들을 연결하는 이분 네트워크의 단순화 버전인 이분 네트워크 프로젝션(영사)을 생성하여 멀웨어 샘플 유사성을 검토할 수 있다. 예시로 그림 4-1에 보이는 멀웨어 샘플들의 경우, 콜백 도메인 이름을 공유하면 상호 연결 네트워크를 만들 수 있다.

그림 4-3은 앞서 언급한 중국 APT1 데이터셋 전체의 공유 콜백 서버들로부터 영사된 네트워크를 보여준다.

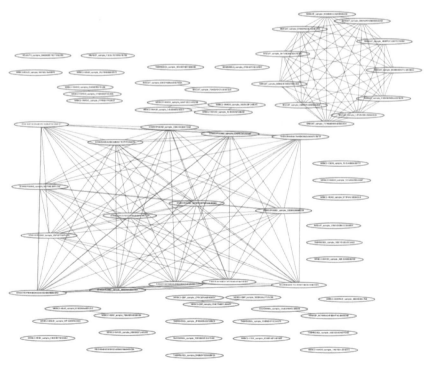

그림 4-3 APT1 데이터셋의 멀웨어 샘플 프로젝션. 멀웨어 샘플이 한 개 이상의 서버를 공유할 경우에만 멀웨어 샘플 간의 연결을 표시한다. 두 개의 대규모 클러스터가 서로 다른 공격 캠페인에 사용되었다.

그림 4-3의 노드들은 콜백 서버를 하나 이상 공유할 경우 연결되는 멀웨어 샘플들이다. 콜백 서버를 공유하는 경우에만 상호 연결을 표시함으로써, 이러한 멀웨어 샘플들의 개괄적인 "소셜 네트워크"를 확인할 수 있다. 그림 4-3를 보면 두 개의 큰 그룹이 존재하는데(좌측 중앙의 큰 제곱 클러스터와 상단 우측의 원형 클러스터), 추가 검토를 통해 이들이 APT1 그룹이 10년간 진행한 두 캠페인이라는 것이 밝혀졌다.

멀웨어 네트워크 시각화

네트워크를 통해 멀웨어의 공유 속성 분석을 수행해보면 위와 같은 네트워크를 생성하기 위해 네트워크 시각화 소프트웨어에 크게 의존한다는 것을 알 수 있다. 이 섹션에서는 알고리즘적 관점에서 이러한 네트워크 시각화의 생성 방법을 소개한다.

네트워크 시각화의 가장 중요한 과제는 네트워크 레이아웃으로, 네트워크 내의 각 노드를 필요에 따라 2차원 또는 3차원 좌표 공간에서 어느 위치에 렌더링할 것인지 결정하는 프로세스이다. 네트워크에 노드를 배치할 때 가장 이상적인 방법은 이들을 좌표 공간에 배치하여 시각적인 거리가 노드 간 최단 경로 거리에 비례하도록 하는 것이다. 예를 들면, 두 홉 떨어진 노드는 약 2인치, 세 홉 떨어진 노드는 약 3인치 간격으로 배치할 수 있다. 이렇게 하면 유사한 노드 클러스터들을 실제 관계와 동일하게 시각화할 수 있게 된다. 하지만 노드가 세 개 이상이라면 이러한 방식의 효용성이 떨어진다. 다음 섹션에서 이에 대해 다루도록 한다.

왜곡 문제

네트워크 레이아웃 문제를 완벽하게 해결하는 것은 종종 불가능할 수도 있다. 그림 4-4는 바로 이 난점을 보여준다.

이 단순한 네트워크에서 노드는 모두 동일한 가중치 1의 엣지로 상호 연결된다. 이상적인 레이아웃은 페이지에서 모든 노드를 서로 같은 거리로 배치하는 것이다. 그러나 보다시피 (c)와 (d)처럼 4개 노드, 5개 노드로 이루어진 네트워크를 만들면서 길이가 다른 엣지들로 인해 점차 왜곡이 두드러지게 나타나기 시작한다. 안타깝게도 우리는 이러한 왜곡을 제거할 수는 없고 최소화만 가능하며, 이것이 네트워크 시각화 알고리즘의 주요 목표 중 하나가 된다.

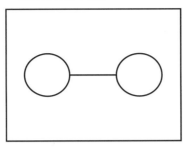

a) 연결된 두 노드, 왜곡 없음,
모든 노드 간격 동일

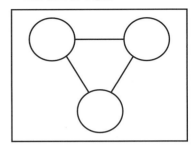

b) 연결된 세 노드, 왜곡 없음,
모든 노드 간격 동일

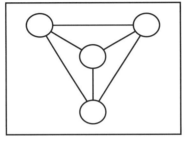

c) 연결된 네 노드, 약간의 왜곡,
노드 간격 불균일

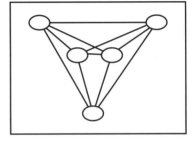

d) 연결된 다섯 노드, 더 많은 왜곡,
다양한 노드 간격

그림 4-4 일반적으로 실제 멀웨어 네트워크에서 완벽한 네트워크 레이아웃은 불가능하다. (a), (b)처럼 단순한 케이스는 모든 노드를 동일한 거리에 배치할 수 있다. 하지만 (c)에서 왜곡이 늘어나며(엣지의 길이가 동일하지 않음), (d)는 더 많은 왜곡을 보여준다.

힘-방향 알고리즘

컴퓨터 과학자들은 배치 왜곡을 효율적으로 최소화하기 위해 종종 힘-방향 레이아웃 알고리즘을 사용한다. 힘-방향 알고리즘은 자력과 같은 스프링 형태의 힘에 대한 물리적 시뮬레이션을 기반으로 한다. 시뮬레이션된 스프링이 노드와 엣지 사이의 길이가 균등해지도록 밀고 당기기 때문에 네트워크 엣지를 물리적 스프링으로 시뮬레이션하면 노드 위치가 보정될 수 있다. 스프링의 움직임을 이해하면 이 개념을 더욱 효과적으로 시각화할 수 있다. 스프링은 압축되거나 늘어날 때, 평형 상태로 길이를 되돌리려 시도한다. 이러한 특성은 네트워크의 모든 엣지를 동일한 길이로 만들고자 하는 우리의 니즈에 부합한다. 이 챕터에서는 힘-방향 알고리즘에 초점을 맞춘다.

NetworkX를 통한 네트워크 구축

멀웨어 네트워크의 기본을 이해했으니 오픈 소스 파이썬 네트워크 분석 라이브러리 NetworkX와 오픈 소스 네트워크 시각화 도구 키트 GraphViz를 사용해서 멀웨어 관계 네트워크를 생성하는 방법을 학습해 보자.

이제 멀웨어 관련 데이터를 프로그램으로 추출하고 이를 활용하여 네트워크를 구축, 시각화, 분석하여 멀웨어 데이터셋을 나타내는 방법을 알아보도록 한다.

Los Alamos National Laboratory와 파이썬의 실질적인 네트워크 처리 라이브러리(이 챕터의 코드와 데이터 디렉토리, 그리고 install -r requirements.txt 커맨드를 통해 이 챕터의 라이브러리 종속성을 설치할 수 있다)를 중심으로 하는 팀에 의해 유지보수되는 오픈 소스 프로젝트 NetworkX를 시작해 보자. 만약 파이썬에 익숙하다면 NetworkX는 놀라울 정도로 쉬울 것이다. 코드 4-1를 사용하여 NetworkX를 임포트하고 네트워크를 인스턴스화한다.

```python
#!/usr/bin/python
import networkx

# instantiate a network with no nodes and no edges.
network = networkx.Graph()
```

코드 4-1 네트워크 인스턴스화

이 코드는 NetworkX Graph 생성자에 대한 하나의 함수 호출만 사용하여 NetworkX에 네트워크를 생성한다.

NOTE 컴퓨터 과학에서 그래프와 네트워크는 유의어로 쓰이기 때문에 NetworkX 라이브러리는 종종 네트워크 대신 그래프라는 용어를 사용한다. 두 용어 모두 엣지로 연결된 노드 집합을 나타낸다.

노드와 엣지 추가

네트워크를 인스턴스화했으니 이제 노드를 추가해 보자. 모든 파이썬 오브젝트는 NetworkX 네트워크의 노드가 될 수 있다. 다음은 네트워크에 다양한 유형의 노드를 추가하는 방법이다.

```python
nodes = ["hello","world",1,2,3]
for node in nodes:
    network.add_node(node)
```

네트워크에 "hello", "world", 1, 2, 3 다섯 개의 노드를 추가했다.

이제 엣지를 추가하기 위해 다음과 같이 add_edge()를 호출한다.

```python
❶ network.add_edge("hello","world")
network.add_edge(1,2)
network.add_edge(1,3)
```

다섯 개의 노드들 중 일부를 엣지를 통해 연결한다. 예를 들어, 코드의 첫 번째 줄❶은 "hello"와 "world" 노드 사이에 엣지를 만들어 연결한다.

속성 추가

NetworkX를 통해 노드와 엣지에 쉽게 속성을 부여할 수 있다. 노드에 속성을 부여하려면(그리고 추후 해당 속성에 접근하려면), 노드를 네트워크에 추가할 때 다음과 같이 키워드 인자로 속성을 추가하면 된다.

```
network.add_node(1,myattribute="foo")
```

추후 속성을 추가하려면 다음 구문을 사용하여 네트워크의 node 사전에 접근한다.

```
network.node[1]["myattribute"] = "foo"
```

그리고 노드에 접근하기 위해 node 사전에 접근한다.

```
print network.node[1]["myattribute"] # prints "foo"
```

노드와 마찬가지로 처음 엣지를 추가할 때에도 키워드 인자를 사용하여 속성을 추가할 수 있다.

```
network.add_edge("node1","node2",myattribute="attribute of an edge")
```

마찬가지로, edge 사전을 사용하여 네트워크에 추가한 뒤 엣지에 속성을 추가할 수 있다.

```
network.edge["node1"]["node2"]["myattribute"] = "attribute of an edge"
```

edge 사전은 코드 4-2와 같이 노드 참조 순서에 대해 신경쓰지 않고 마법처럼 노드 속성에 접근할 수 있다.

```
❶ network.edge["node1"]["node2"]["myattribute"] = 321
❷ print network.edge["node2"]["node1"]["myattribute"]  # prints 321
```

코드 4-2 edge 사전을 사용하여 순서와 관계없이 노드 속성 접근

첫 번째 행은 node1과 node2를 연결하는 엣지에 myattribute를 설정하고❶, 두 번째 행은 node1과 node2의 참조가 뒤집혔음에도 불구하고 myattribute에 접근한다❷.

디스크에 네트워크 저장

NetworkX의 네트워크를 시각화하기 위해서는 디스크에 .dot 형식으로 저장해야 한다. .dot 형식은 네트워크 분석 분야에서 흔히 사용되며, 다양한 네트워크 시각화 툴킷에서 불러들일 수 있다. 네트워크를 .dot 형식으로 저장하려면 코드 4-3처럼 NetworkX의 write_dot() 함수를 호출하면 된다.

```
#!/usr/bin/python
import networkx
from networkx.drawing.nx_agraph import write_dot

# instantiate a network, add some nodes, and connect them
nodes = ["hello","world",1,2,3]
network = networkx.Graph()
for node in nodes:
    network.add_node(node)
network.add_edge("hello","world")
write_dot(❶network, ❷"network.dot")
```

코드 4-3 write_dot()를 사용하여 디스크에 네트워크를 저장

이와 같이 코드 끝부분에서 write_dot() 함수를 사용하여 저장하고자 하는 네트워크와
❶ 경로 또는 파일명을 지정한다❷.

GraphViz를 통한 네트워크 시각화

NetworkX 함수 write_dot()을 사용하여 디스크에 네트워크를 작성한 뒤 GraphViz를 통
해 결과 파일을 시각화할 수 있다. GraphViz는 네트워크를 시각화하기 위한 최고의 커
맨드 라인 패키지이다. AT&T의 연구원이 지원하는 이 패키지는 데이터 분석가들이 사
용하는 네트워크 분석 툴박스 표준의 일부가 되었다. 네트워크를 배치하고 렌더링하
기 위해 사용할 수 있는 여러 커맨드 라인 네트워크 레이아웃 도구가 포함되어 있다.
GraphViz는 이 책과 함께 제공되는 가상 시스템에 설치되어 있으며 https://graphviz.git-
lab.io/download/에서도 다운로드할 수 있다. GraphViz 커맨드 라인 도구는 .dot 형식으
로 저장된 네트워크와 호환되며, 다음 구문을 사용하여 네트워크를 .png 파일로 렌더링
할 수 있다.

```
$ <toolname> <dotfile> -T png –o <outputfile.png>
```

fdp 힘-방향 그래프 렌더러는 GraphViz 네트워크 시각화 도구 중 하나이다. 다음과 같
이 다른 GraphViz 도구들과 동일한 기본 커맨드 라인 인터페이스를 사용한다.

```
$ fdp apt1callback.dot –T png –o apt1callback.png
```

fdp 도구를 사용할 것임을 알리고, 이 책에 첨부된 데이터의 ~/ch3/ 디렉토리에서 찾
을 수 있는 네트워크 .dot 파일인 apt1callback.dot을 지정한다. 사용할 형식(PNG)을 나
타내기 위해 -T png를 입력한다. 마지막으로, -o apt1callback.png를 사용하여 출력 파일
을 저장할 위치를 지정한다.

매개변수를 사용하여 네트워크 조정

GraphViz 도구에는 네트워크 도식 방법을 조정하는 다양한 매개변수가 포함되어 있다. 이들 대부분은 다음과 같이 -G 커맨드 라인 플래그를 사용하여 설정된다.

```
G<parametername>=<parametervalue>
```

특히 유용한 두 가지 매개변수는 overlap과 splines이다. overlap을 false로 설정하여 GraphViz에게 노드가 중첩되지 않도록 하라고 알린다. splines 매개변수를 사용하여 GraphViz에게 네트워크의 엣지를 더 쉽게 따라갈 수 있도록 직선이 아니라 곡선을 그리도록 지시한다. 다음은 GraphViz에서 overlap과 splines 매개변수를 설정하는 몇 가지 방법이다.

노드가 중첩되지 않도록 하려면 다음을 사용한다.

```
$ <toolname> <dotfile> -Goverlap=false -T png -o <outputfile.png>
```

네트워크 가독성을 향상시키기 위해 엣지를 곡선(splines)으로 그린다.

```
$ <toolname> <dotfile> -Gsplines=true -T png -o <outputfile.png>
```

엣지를 곡선(splines)으로 그림으로써 네트워크 가독성을 개선하고 노드가 시각적으로 중첩되지 않도록 한다.

```
$ <toolname> <dotfile> -Gsplines=true –Goverlap=false -T png -o <outputfile.png>
```

하나의 매개변수 다음에 다음 매개변수를 나열한다. **-Gsplines=true -Goverlap=false** (순서는 상관 없음), **-T png -o 〈outputfile.png〉**

다음 섹션에서는 가장 유용한 GraphViz 툴들(fdp 외에)을 살펴본다.

GraphViz 커맨드 라인 도구

가장 유용한 몇 가지 GraphViz 도구와 각 도구 사용에 적절한 시기를 알아보자.

fdp

40페이지의 "힘-방향 알고리즘"에 설명한 것처럼, 힘-방향 레이아웃을 만들 때 사용했던 fdp 배치 툴을 사용했다. 500개 미만의 노드로 멀웨어 네트워크를 생성할 때 fdp를 활용하면 효율적으로 네트워크 구조를 밝혀낼 수 있다. 하지만 노드의 갯수가 500개 이상일 경우, 특히 노드 간 연결이 복잡할 때에는 fdp의 성능이 빠르게 저하된다.

그림 4-3의 APT1 공유 콜백 서버 네트워크에서 fdp를 시도하려면 이 책에 첨부된 데이터의 ch4 디렉토리에서 다음을 입력한다(GraphViz 설치 필수).

$ fdp callback_servers_malware_projection.dot -T png -o fdp_servers.png –Goverlap=false

---

이 커맨드는 그림 4-5와 같은 네트워크를 보여주는 .png 파일(fdp_servers.png)을 생성한다.

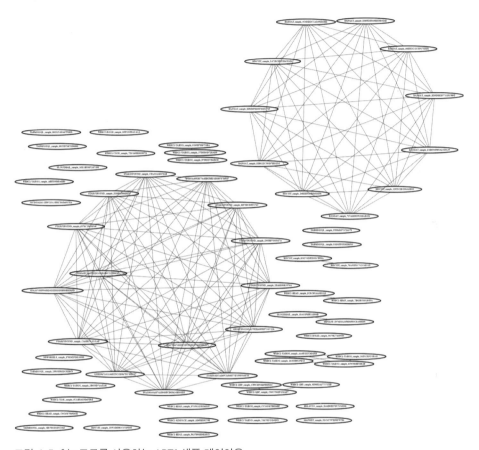

그림 4-5 fdp 도구를 사용하는 APT1 샘플 레이아웃

fdp 레이아웃은 위 그림의 테마들을 생성한다. 첫째, 두 개의 큰 샘플 클러스터는 우측 상단과 좌측 하단에 보이는 것처럼 상호 연관성이 높다. 둘째, 우측 하단에 보이는 여러 쌍의 샘플은 연관되어 있다. 마지막으로, 많은 샘플들은 서로 명확한 관계를 갖지 않으며 다른 노드와 연결되지 않는다. 이 도식은 노드 간 공유 콜백 서버 관계를 기반으로 한다는 점을 기억하자. 연결되지 않은 샘플들은 챕터 5에서 살펴볼 공유 코드 관계와 같은 다른 종류의 관계를 통해 다른 샘플과 연관될 수 있다.

sfdp

sfdp 도구는 fdp와 비슷한 방식을 사용하지만, 근접성을 바탕으로 노드들을 슈퍼노드로 병합하는 코스닝(coarsenings)이라는 단순화 계층을 생성하기 때문에 더욱 효과적으로 확장된다. 코스닝을 완료한 뒤, sfdp 도구는 훨씬 적은 수의 노드와 엣지를 가진 병합 버전의 그래프를 배치하여 레이아웃 프로세스를 극적으로 가속화한다. 이를 통해 sfdp는 네트워크의 최적화 배치를 찾기 위해 필요한 계산을 줄일 수 있다. 결론적으로, sfdp는 평범한 노트북에 수만 개의 노드를 배치할 수 있으므로 아주 큰 멀웨어를 배치하기 위한 최고의 알고리즘이라고 할 수 있다.

하지만 이러한 확장성에는 대가가 따른다. sfdp는 종종 같은 크기의 fdp 네트워크의 레이아웃보다 명확하지 못한 레이아웃을 생산한다. 그림 4-6의 sfdp 네트워크와 그림 4-5의 fdp 네트워크를 비교해 보자.

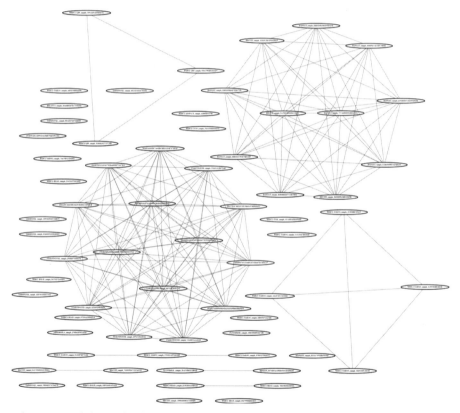

그림 4-6 sfdp 커맨드를 사용하는 APT1 샘플의 공유 콜백 서버 네트워크 레이아웃

보다시피 그림 4-6의 클러스터에는 약간의 노이즈가 추가되어 무슨 일이 일어나고 있는지 알기가 좀 더 어려워진다.

이 네트워크를 생성하려면 이 책에 첨부된 데이터의 ch4 디렉토리를 입력하고 다음 코드를 입력하여 그림 4-6의 sfdp_servers.png 이미지 파일을 생성한다.

```
$ sfdp callback_servers_malware_projection.dot -T png -o sfdp_servers.png –Goverlap=false
```

이 코드의 첫 번째 아이템이 이전의 fdp와 달리 sfdp를 사용한다고 명시하는 것에 주목하자. 나머지는 동일하고, 출력 파일명을 저장한다.

neato

neato 도구는 GraphViz로 모든 노드(연결되지 않은 노드 포함) 사이에 시뮬레이션된 스프링을 생성하여 이상적인 위치로 분포하는 힘-방향 네트워크 레이아웃 알고리즘이지만, 추가적인 계산이 필요하다. neato가 주어진 네트워크에 가장 적합한 레이아웃을 만드는 시점은 알기 어렵다. fdp와 병행해보고 어떤 레이아웃이 더 마음에 드는지 직접 비교해볼 것을 권장한다. 그림 4-7은 APT1 공유 콜백 서버 네트워크에서의 neato 레이아웃을 나타낸다.

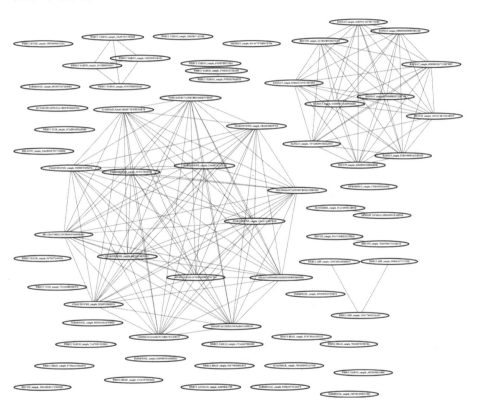

그림 4-7 neato 레이아웃을 사용한 APT1 공유 콜백 서버 네트워크 레이아웃

여기서 neato는 fdp나 sfdp와 유사한 네트워크 레이아웃을 생성하지만 일부 데이터셋에서는 neato가 더 낮거나 나쁜 레이아웃을 생성한다. 이는 데이터셋을 사용해 보면서 확인하면 된다. 이 책에 첨부된 데이터의 ch4 디렉토리에서 다음을 입력하면 그림 4-7의 neato_servers.png 네트워크 이미지 파일이 생성될 것이다.

```
$ neato callback_servers_malware_projection.dot -T png -o neato_servers.png –Goverlap=false
```

이 네트워크를 생성하기 위해 그림 4-6에서 사용했던 코드를 수정하여 neato를 사용한다는 것을 명시하고 neato_servers.png를 저장한다. 이제 이러한 네트워크 시각화의 생성 방법을 알았으니 이를 개선할 수 있는 방법을 살펴보자.

노드와 엣지에 시각적 속성 추가

일반적인 네트워크 레이아웃 외에 개별 노드와 엣지의 렌더링 방법도 지정할 수 있다면 효용성이 높아진다. 예를 들어, 두 노드 간 연결 강도에 따라 엣지 두께를 설정하거나, 각 멀웨어 샘플 노드의 연관성을 기반으로 노드 색상을 설정하여 멀웨어 클러스터를 더 효과적으로 시각화할 수 있다. NetworkX와 GraphViz는 속성 집합에 값을 할당하는 것만으로 노드와 엣지의 시각적 속성을 지정할 수 있도록 해 준다. 이어지는 섹션들에서는 이러한 특성 중 몇 가지만 다루지만, 이는 책 한 권을 가득 채울 정도로 깊은 주제이다.

엣지 두께

GraphViz가 노드를 주변에 그리는 테두리 또는 엣지를 나타내는 선의 두께를 설정하려면, 코드 4-4와 같이 노드와 엣지의 penwidth 속성을 설정한다.

```
#!/usr/bin/python
import networkx
from networkx.drawing.nx_agraph import writedot

❶ g = networkx.Graph()
g.add_node(1)
g.add_node(2)
g.add_edge(1,2,❷penwidth=10) # make the edge extra wide
write_dot(g,'network.dot')
```

코드 4-4 penwidth 속성 설정

엣지로 연결된 노드 두 개로 이루어진 간단한 네트워크를 만들고❶, 엣지의 penwidth 속성을 10으로 설정한다❷ (기본값은 1이다).

이 코드를 실행하면 그림 4-8과 같은 이미지가 나타난다.

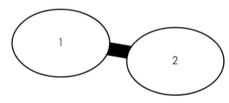

그림 4-8 엣지가 10인 간단한 네트워크

그림 4-8에서 볼 수 있듯이 10의 너비는 아주 두꺼운 엣지를 만들어 낸다. 엣지의 두께(노드의 penwidth를 설정했을 경우, 노드의 테두리 두께)는 penwidth 속성의 값에 비례하여 조정되므로 이를 고려하여 설정한다.

예를 들어, 엣지 강도 값이 1~1000으로 이루어져 있다면 모든 엣지를 보기 위해 엣지 강도 값의 로그 스케일링에 기반하여 penwidth 속성을 할당한다.

노드 및 엣지 색상

노드의 테두리 또는 엣지의 색상을 설정하려면 color 속성을 사용한다. 코드 4-5는 이 과정을 나타낸다.

```
#!/usr/bin/python

import networkx
from networkx.drawing.nx_agraph import write_dot

g = networkx.Graph()
g.add_node(1,❶color="bluc") # make the node outline blue
g.add_node(2,❷color="pink") # make the node outline pink
g.add_edge(1,2,❸color="red") # make the edge red
write_dot(g,'network.dot')
```

코드 4-5 노드 및 엣지의 색상 설정

코드 4-4와 동일하게 두 개의 노드와 이들을 연결하는 엣지로 구성된 간단한 네트워크를 만들었다. 생성하는 각 노드에 대해 color 값(❶과 ❷)을 설정했다. 엣지를 만들 때에도 색상 값❸을 설정했다.

그림 4-9는 코드 4-5의 결과를 보여준다. 예상대로 첫 번째 노드(엣지)와 두 번째 노드가 각각 고유한 색을 가진다는 것을 알 수 있다. 전체 가용 색상 목록은 http://www.graphviz.org/doc/info/colors.html을 참조하라.

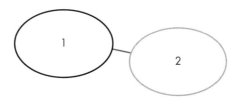

그림 4-9 노드와 엣지의 색상을 설정하는 방법을 보여주는 간단한 네트워크

색상은 노드와 엣지의 다른 클래스를 나타내기 위해 사용할 수 있다.

노드 모양

노드의 모양을 설정하려면 http://www.GraphViz.org/doc/info/shapes.html에 정의된 것처럼 shape 속성에 모양을 지정하는 문자열을 사용한다. 흔히 사용되는 값은 box, ellipse, circle, egg, diamond, triangle, pentagon, hexagon이다. 코드 4-6은 노드의 shape 속성을 설정하는 방법을 보여준다.

```
#!/usr/bin/python

import networkx
from networkx.drawing.nx_agraph import write_dot

g = networkx.Graph()
g.add_node(1,❶shape='diamond')
g.add_node(2,❷shape='egg')
g.add_edge(1,2)

write_dot(g,'network.dot')
```
코드 4-6 노드 모양 설정

노드의 색상을 설정하는 방식과 마찬가지로 add_node() 함수의 shape 키워드 인자를 사용하여 각 노드의 모양을 지정하면 된다. 우리는 첫 번째 노드를 다이아몬드 모양으로 ❶, 두 번째 노드를 달걀 모양으로 설정했다❷. 이 코드의 결과는 그림 4-10에서 볼 수 있다.

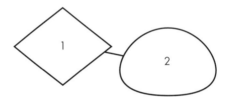

그림 4-10 노드 모양을 설정하는 방법을 보여주는 간단한 네트워크

결과는 다이아몬드 모양의 노드와 달걀 모양의 노드를 보여주며, 이는 우리가 코드 4-6에서 지정한 모양을 반영한다.

텍스트 레이블

마지막으로, GraphViz를 사용하여 레이블 속성으로 노드와 엣지에 레이블도 추가할 수 있다. 노드는 할당된 ID(예를 들면, 123으로 추가된 노드의 레이블은 123이 됨)에 따라 자동으로 레이블이 지정되지만, label=〈my label attribute〉을 사용하여 레이블을 지정할 수 있다. 노드와 달리 엣지는 기본적으로 레이블이 지정되지 않지만 label 속성을 사용하여 레이블을 할당할 수 있다. 코드 4-7은 이제 익숙한 2-노드 네트워크를 생성하는 방법을 보여주며, 두 노드와 노드 사이의 엣지에 label 속성이 부여되어 있다.

```
#!/usr/bin/python

import networkx
from networkx.drawing.nx_agraph import write_dot

g = networkx.Graph()
g.add_node(1,❶label="first node")
g.add_node(2,❷label="second node")
```

```
g.add_edge(1,2,❸label="link between first and second node")

write_dot(g,'network.dot')
```

코드 4-7 노드 및 엣지 레이블 지정

노드에 각각 first node❶, second node❷이라는 레이블을 붙인다. 또한 이들을 연결하는 엣지에는 link between first and second node라는 레이블을 붙인다❸. 그림 4-11은 우리가 기대하는 도식을 보여준다.

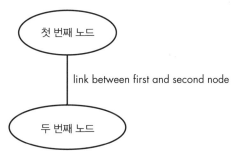

그림 4-11 노드와 엣지에 레이블을 지정하는 방법을 보여주는 간단한 네트워크

이제 노드와 엣지의 기본 속성을 조작하는 방법을 알게 되었으니 네트워크를 기초부터 구축할 수 있는 준비가 되었다.

멀웨어 네트워크 구축

그림 4-1의 공유 콜백 서버 예제를 복제하고 확장하여 멀웨어 네트워크 구축에 대한 논의를 시작하고 멀웨어의 공유 이미지 분석을 수행한다.

다음 프로그램은 멀웨어 파일에서 콜백 도메인 이름을 추출하고 멀웨어 샘플의 이분 네트워크를 구축한다. 다음으로, 네트워크 프로젝션을 수행하여 공통 콜백 서버를 공유하는 멀웨어 샘플을 보여주고 또 다른 프로젝션을 수행하여 공통 멀웨어 샘플에 의해 호출되는 콜백 서버를 보여준다. 마지막으로, 프로그램은 GraphViz를 사용하여 시각화할 수 있도록 세 개의 네트워크(원본 이분 네트워크, 멀웨어 샘플 프로젝션, 콜백 서버 프로젝션)를 파일로 저장한다.

차근차근 프로그램에 대해 알아보자. 전체 코드는 이 책에 포함된 데이터, 파일 경로 ch4/callback_server_network.py에서 찾을 수 있다.

코드 4-8는 필수 모듈을 임포트하고 시작하는 방법을 보여준다.

```
#!/usr/bin/python

import pefile❶
import sys
```

```
import argparse
import os
import pprint
import networkx ❷
import re
from networkx.drawing.nx_agraph import write_dot
import collections
from networkx.algorithms import bipartite
```

코드 4-8 모듈 임포트

임포트한 필수 모듈 중 가장 눈에 띄는 것은 대상 PE 바이너리 파싱에 사용하는 pefile PE 파싱 모듈❶과 멀웨어 속성 네트워크를 만들 때 사용하는 networkx 라이브러리이다 ❷.

다음으로, 코드 4-9를 추가하여 커맨드 라인 인자를 파싱한다.

```
args = argparse.ArgumentParser("Visualize shared DLL import relationships between a directory of
malware samples")
args.add_argument(❶"target_path",help="directory with malware samples")
args.add_argument(❷"output_file",help="file to write DOT file to")
args.add_argument(❸"malware_projection",help="file to write DOT file to")
args.add_argument(❹"resource_projection",help="file to write DOT file to")
args = args.parse_args()
```

코드 4-9 커맨드 라인 인자 파싱

이러한 인자들에는 target_path❶(분석 중인 멀웨어의 디렉토리 경로), output_file❷ (전체 네트워크를 작성하는 경로), malware_projection❸(축소 버전의 그래프를 작성하고 어떤 멀웨어 샘플이 속성을 공유하는지 보여주는 경로), resource_projection❹(축소 버전의 그래프를 작성하고 어떤 속성들이 멀웨어 샘플 내에서 함께 발견되는지 보여주는 경로)이 포함된다.

이제 프로그램의 핵심으로 들어갈 준비가 되었다. 코드 4-10은 프로그램의 네트워크를 만들기 위한 코드이다.

```
#!/usr/bin/python

   import pefile
❶  import sys
   import argparse
   import os
   import pprint
   import networkx
   import re
   from networkx.drawing.nx_agraph import write_dot
   import collections
   from networkx.algorithms import bipartite

   args = argparse.ArgumentParser(
   "Visualize shared hostnames between a directory of malware samples"
   )
```

```
args.add_argument("target_path",help="directory with malware samples")
args.add_argument("output_file",help="file to write DOT file to")
args.add_argument("malware_projection",help="file to write DOT file to")
args.add_argument("hostname_projection",help="file to write DOT file to")
args = args.parse_args()
network = networkx.Graph()

valid_hostname_suffixes = map(
lambda string: string.strip(), open("domain_suffixes.txt")
)
valid_hostname_suffixes = set(valid_hostname_suffixes)
❷ def find_hostnames(string):
    possible_hostnames = re.findall(
    r'(?:[a-zA-Z0-9](?:[a-zA-Z0-9\-]{,61}[a-zA-Z0-9])?\.)+[a-zA-Z]{2,6}',
    string)
    valid_hostnames = filter(
            lambda hostname: hostname.split(".")[-1].lower() \
            in valid_hostname_suffixes,
            possible_hostnames
    )
    return valid_hostnames

# search the target directory for valid Windows PE executable files
for root,dirs,files in os.walk(args.target_path):
    for path in files:
        # try opening the file with pefile to see if it's really a PE file
        try:
            pe = pefile.PE(os.path.join(root,path))
        except pefile.PEFormatError:
            continue
        fullpath = os.path.join(root,path)
        # extract printable strings from the target sample
❸       strings = os.popen("strings '{0}'".format(fullpath)).read()

        # use the search_doc function in the included reg module
        # to find hostnames
❹       hostnames = find_hostnames(strings)
        if len(hostnames):
            # add the nodes and edges for the bipartite network
            network.add_node(path,label=path[:32],color='black',penwidth=5,
            bipartite=0)
        for hostname in hostnames:
❺           network.add_node(hostname,label=hostname,color='blue',
                penwidth=10,bipartite=1)
            network.add_edge(hostname,path,penwidth=2)
        if hostnames:
            print "Extracted hostnames from:",path
            pprint.pprint(hostnames)
```

코드 4-10 네트워크 생성

먼저, networkx.Graph() 생성자를 호출하여 새로운 네트워크를 만든다❶. 그리고 문자열에서 호스트 이름을 추출하는 find_hostnames() 함수를 정의한다❷.

이 기능의 원리에 대해서는 크게 신경쓰지 않아도 된다. 간단히 말해, 정규식과 도메인을 식별하는 문자열 필터링 코드라고 할 수 있다.

다음으로, 대상 디렉토리의 모든 파일을 반복하면서 pefile.PE 클래스가 이들을 로드할 수 있는지 확인하여(로드할 수 없다면, 파일을 분석하지 않는다) PE 파일 여부를 확인한다. 마지막으로, 먼저 파일에서 출력 가능한 모든 문자열을 추출하고❸ 내장된 호스트 이름 리소스의 문자열을 검색하여❹ 현재 파일에서 호스트 이름 속성을 추출한다. 발견하면 네트워크의 노드로 추가하고 현재 멀웨어 샘플의 노드에서 호스트 이름 리소스 노드로 이어지는 엣지를 추가한다❺.

이제 코드 4-11처럼 프로그램을 마무리할 준비가 되었다.

```
# write the dot file to disk
❶ write_dot(network, args.output_file)
❷ malware = set(n for n,d in network.nodes(data=True) if d['bipartite']==0)
❸ hostname = set(network)-malware

# use NetworkX's bipartite network projection function to produce the malware
# and hostname projections
❹ malware_network = bipartite.projected_graph(network, malware)
  hostname_network = bipartite.projected_graph(network, hostname)

# write the projected networks to disk as specified by the user
❺ write_dot(malware_network,args.malware_projection)
  write_dot(hostname_network,args.hostname_projection)
```

코드 4-11 파일에 네트워크 쓰기

커맨드 라인 인자에 지정된 위치의 디스크에 네트워크를 쓰는 것으로 시작한다❶. 그리고 멀웨어 관계와 호스트 이름 리소스 관계를 보여 주는 두 개의 축소된 네트워크(챕터 앞부분에서 소개한 "프로젝션")를 생성한다. 이를 위해 멀웨어 노드의 ID들을 포함할 파이썬 집합과❷ 리소스 노드의 ID들을 포함할 파이썬 집합을 생성한다❸. 그리고 NetworkX 지정 projected_graph() 함수를 사용하여❹ 멀웨어와 리소스 세트의 프로젝션을 수행하고 이 네트워크를 지정된 위치의 디스크에 쓴다❺.

이제 됐다! 당신은 이 프로그램을 이 책의 모든 멀웨어 데이터셋에 사용하여 파일에 포함된 공유 호스트 이름 리소스 간 멀웨어 관계를 확인할 수 있다. 이 분석 모드를 통해 어떤 위협 인텔리전스를 수집할 수 있는지 당신만의 데이터셋에 사용해볼 수도 있다.

공유 이미지 관계 네트워크 구축

공유 콜백 서버를 기반으로 하는 멀웨어 분석 외에도 공유 아이콘과 같은 기타 그래픽 자원 사용에 기반하여 멀웨어를 분석할 수도 있다. 예를 들어, 그림 4-12는 ch4/data/Trojans에서 찾을 수 있는 트로이 목마에 대한 공유 이미지 분석 결과 일부를 보여준다.

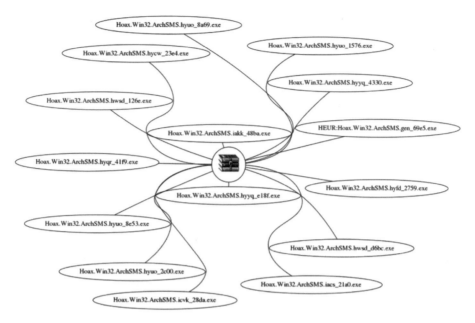

그림 4-12 트로이 목마들의 공유 이미지 자원 네트워크 시각화

이 트로이 목마들은 실행 파일임에도 불구하고 마치 압축 파일인 것처럼 압축 파일과 동일한 아이콘(그림 중앙)을 사용한다. 이들이 사용자를 속이기 위해 정확히 같은 이미지를 사용한다는 사실은 이들이 모두 같은 공격자로부터 왔을 가능성을 보여준다. 카스퍼스키 바이러스 백신 엔진을 통해 멀웨어 샘플을 실행시키면, 엔진은 이들에게 동일한 패밀리 이름(ArchSMS)을 할당한다.

다음으로, 멀웨어 샘플 간 공유 이미지 관계를 확인하기 위해 그림 4-12와 같은 시각화를 생성하는 방법을 알아보자. 멀웨어에서 이미지를 추출하기 위해 헬퍼 라이브러리인 image를 사용하며, 이는 image_network.py 프로그램을 생성하기 위해 wrestool(챕터 1에서 언급)에 의존한다. wrestool은 Windows 실행 파일에서 이미지를 추출한다.

그림 4-12에 있는 코드를 통해 공유 이미지 네트워크 생성 과정을 살펴보자.

```
#!/usr/bin/python

import pefile
import sys
import argparse
import os
import pprint
import logging
import networkx
import collections
import tempfile
```

```
from networkx.drawing.nx_agraph import write_dot
from networkx.algorithms import bipartite

# Use argparse to parse any command line arguments

args = argparse.ArgumentParser(
"Visualize shared image relationships between a directory of malware samples"
)
args.add_argument("target_path",help="directory with malware samples")
args.add_argument("output_file",help="file to write DOT file to")
args.add_argument("malware_projection",help="file to write DOT file to")
args.add_argument("resource_projection",help="file to write DOT file to")
args = args.parse_args()
network = networkx.Graph()
```

❶
```
class ExtractImages():
    def __init__(self,target_binary):
        self.target_binary = target_binary
        self.image_basedir = None
        self.images = []

    def work(self):
        self.image_basedir = tempfile.mkdtemp()
        icondir = os.path.join(self.image_basedir,"icons")
        bitmapdir = os.path.join(self.image_basedir,"bitmaps")
        raw_resources = os.path.join(self.image_basedir,"raw")
        for directory in [icondir,bitmapdir,raw_resources]:
            os.mkdir(directory)
        rawcmd = "wrestool -x {0} -o {1} 2> \
                /dev/null".format(
                self.target_binary,raw_resources
                )
        bmpcmd = "mv {0}/*.bmp {1} 2> /dev/null".format(
        raw_resources,bitmapdir
        )
        icocmd = "icotool -x {0}/*.ico -o {1} \
                2> /dev/null".format(
                raw_resources,icondir
                )
        for cmd in [rawcmd,bmpcmd,icocmd]:
            try:
                os.system(cmd)
            except Exception,msg:
                pass
        for dirname in [icondir,bitmapdir]:
            for path in os.listdir(dirname):
                logging.info(path)
                path = os.path.join(dirname,path)
                imagehash = hash(open(path).read())
                if path.endswith(".png"):
                    self.images.append((path,imagehash))
                if path.endswith(".bmp"):
                    self.images.append((path,imagehash))
```

```
        def cleanup(self):
            os.system("rm -rf {0}".format(self.image_basedir))

# search the target directory for PE files to extract images from
image_objects = []
for root,dirs,files in os.walk(args.target_path):(2)
    for path in files:
        # try to parse the path to see if it's a valid PE file
        try:
            pe = pefile.PE(os.path.join(root,path))
        except pefile.PEFormatError:
            continue
```

코드 4-12 공유 이미지 네트워크 프로그램의 초기 인자 및 파일 로딩 코드 파싱

프로그램은 앞서 살펴본 호스트 이름 그래프 프로그램(코드 4-8)과 마찬가지로 pefile
과 networkx를 포함한 모듈들을 임포트한다. 하지만 이 프로그램은 대상 멀웨어 샘플에
서 그래픽 자원을 추출하는 ExtractImages 헬퍼 클래스도 정의한다❶. 그리고 모든 대상
멀웨어 바이너리를 반복하는 루프에 돌입한다❷.

이제 ExtractImages 클래스를 사용하여 대상 멀웨어 바이너리에서 그래픽 자원을 추
출하면 된다(챕터 1에서 살펴보았던 icoutils 프로그램의 랩퍼). 코드 4-13에서 해당 내용
을 확인할 수 있다.

```
        fullpath = os.path.join(root,path)
❶     images = ExtractImages(fullpath)
❷     images.work()
        image_objects.append(images)

        # create the network by linking malware samples to their images
❸     for path, image_hash in images.images:
            # set the image attribute on the image nodes to tell GraphViz to
            # render images within these nodes
            if not image_hash in network:
❹             network.add_node(image_hash,image=path,label='',type='image')
            node_name = path.split("/")[-1]
            network.add_node(node_name,type="malware")
❺         network.add_edge(node_name,image_hash)
```

코드 4-13 대상 멀웨어에서 그래픽 자원 추출

먼저 대상 멀웨어 바이너리 경로를 ExtractImages 클래스에 전달하고❶, 결과 인스턴
스의 work() 메서드를 호출한다❷. 이를 통해 ExtractImages 클래스는 멀웨어 이미지를
저장하는 임시 디렉토리를 생성하고 각 이미지의 데이터가 포함된 사전을 이미지 클래
스 속성에 저장한다.

이제 ExtractImages에서 추출한 이미지 리스트에 반복을 수행하고❸, 해시를 본 적이
없다면 이미지의 새 네트워크 노드를 생성하고❹ 처리된 멀웨어 샘플을 네트워크의 이
미지에 연결한다❺.

이제 포함된 이미지와 연결된 멀웨어 샘플 네트워크를 만들었으니 코드 4-14와 같이 디스크에 그래프를 쓸 수 있다.

```
# write the bipartite network, then do the two projections and write them
❶ write_dot(network, args.output_file)
malware = set(n for n,d in network.nodes(data=True) if d['type']=='malware')
resource = set(network) - malware
malware_network = bipartite.projected_graph(network, malware)
resource_network = bipartite.projected_graph(network, resource)

❷ write_dot(malware_network,args.malware_projection)
write_dot(resource_network,args.resource_projection)
```

코드 4-14 디스크에 그래프 쓰기

이는 코드 4-11와 정확히 같은 방법으로 이루어진다. 먼저 전체 네트워크를 디스크에 기록하고❶, 두 개의 프로젝션(멀웨어 프로젝션과 리소스인 이미지 프로젝션)을 디스크에 기록한다❷.

image_network.py을 사용하면 이 책의 모든 멀웨어 데이터 세트 내 그래픽 자원을 분석하거나 특정 멀웨어 데이터 세트에서 정보를 추출할 수 있다.

요약

이 챕터에서는 사용자 고유의 멀웨어 데이터 세트에서 공유 특성 분석을 수행하기 위해 필요한 도구와 메서드에 대해 알아보았다. 네트워크, 이분 네트워크, 이분 네트워크 프로젝션을 통해 멀웨어 샘플 간의 소셜 연결을 식별하는 방법과 네트워크 레이아웃이 네트워크 시각화에 중요한 이유와 힘-방향 네트워크의 원리를 학습했다. 또한, 파이썬과 NetworkX 같은 오픈 소스 도구를 사용하여 멀웨어 네트워크를 생성하고 시각화하는 방법도 학습했다. 챕터 5에서는 샘플 간 공유 코드 관계를 기반으로 멀웨어 네트워크를 구축하는 방법에 대해 알아보도록 한다.

5

공유 코드 분석

네트워크에서 새로운 멀웨어 샘플을 발견했다고 가정해 보자. 어떻게 분석을 시작하겠는가? VirusTotal과 같은 다중 엔진 바이러스 백신 스캐너에 제출하여 어떤 멀웨어 패밀리에 속하는지 확인할 수 있다. 하지만 엔진은 종종 "agent" 같은 모호한 용어로 레이블을 붙이기 때문에 불명확한 결과가 도출되는 경우가 있다. 또한, 멀웨어 샘플을 CuckooBox와 같은 멀웨어 샌드박스를 통해 실행하여 콜백 서버와 행동에 대한 제한적인 보고서를 얻을 수도 있다.

이러한 접근법으로 충분한 정보를 제공받지 못할 경우에는 샘플에 리버스 엔지니어링을 수행해야 한다. 이 단계에서는 공유 코드 분석을 통해 워크플로우를 획기적으로 개선할 수 있다. 이전에 분석한 멀웨어 샘플 중에서 어떤 샘플과 새로운 샘플과 유사한지 확인하고, 공유 코드 분석을 통해 이전의 분석을 재사용하여 수고를 덜 수 있다. 이전 멀웨어의 출처를 알면 누가 멀웨어를 구축했는지 파악하는 데에도 도움이 된다.

유사성 분석이라고도 부르는 공유 코드 분석은 두 멀웨어 샘플이 공유하는 사전 컴파일 소스 코드의 비율을 측정하여 상호 비교하는 프로세스이다. 외부 속성(예를 들면, 데스크톱 아이콘 또는 호출 서버)을 기반으로 멀웨어 샘플을 비교하는 공유 속성 분석과는 차이가 있다.

공유 코드 분석은 리버스 엔지니어링의 관점에서 함께 분석 가능한 샘플(동일한 멀웨어 툴킷에서 생성되었거나 동일한 멀웨어 패밀리의 다른 버전)들을 식별하는데 도움이 되며, 동일한 개발자가 멀웨어 샘플 그룹을 만들었는지 판단할 수 있다.

챕터 뒷부분에서 멀웨어 공유 코드 분석의 가치를 확인하기 위해 작성할 프로그램의 출력이 보기 5-1에 나타나 있다. 새로운 샘플과 코드를 공유하는 것으로 추정되는 이전 샘플과 관련 코멘트들을 보여준다.

```
Showing samples similar to WEBC2-GREENCAT_sample_E54CE5F0112C9FDFE86DB17E85A5E2C5
Sample name                                                    Shared code
[*] WEBC2-GREENCAT_sample_55FB1409170C91740359D1D96364F17B      0.9921875
[*] GREENCAT_sample_55FB1409170C91740359D1D96364F17B           0.9921875
[*] WEBC2-GREENCAT_sample_E83F60FB0E0396EA309FAF0AED64E53F      0.984375
    [comment] This sample was determined to definitely have come from the advanced persistent threat group observed last
July on our West Coast network
[*] GREENCAT_sample_E83F60FB0E0396EA309FAF0AED64E53F           0.984375
```

보기 5-1 기본 공유 코드 분석 결과

공유 코드 추정을 통해 새로운 샘플이 어떤 샘플들과 코드를 공유하는지, 해당 샘플들에 대해 우리가 알고 있는 것을 빠르게 확인할 수 있다. 이 예시에서는 매우 유사한 샘플이 알려진 APT(지능형 지속 공격)에서 기인하고 이 새로운 멀웨어에 즉각적인 컨텍스트를 제공한다는 것을 보여준다.

챕터 4에서 학습한 네트워크 시각화를 사용하여 샘플 공유 코드 관계를 시각화할 수도 있다. 그림 5-1은 APT 데이터셋의 샘플 간 공유 코드 관계 네트워크를 보여준다.

멀웨어 패밀리의 존재를 확인하는 것은 수동 분석을 사용하면 며칠에서 몇 주가 걸릴 작업이지만, 도식에서 볼 수 있듯이 자동화된 공유 코드 분석 기법을 사용하면 순식간에 밝혀낼 수 있다. 이 챕터에서는 이러한 기술들을 사용하여 다음 작업을 수행하는 방법을 학습한다.

• 동일한 멀웨어 툴킷에서 기인하거나 동일한 공격자가 작성한 새로운 멀웨어 패밀리를 식별한다.

• 새로운 샘플과 이전 샘플들 간의 코드 유사성을 판단한다.

• 멀웨어 샘플 간 코드 공유 패턴에 대한 이해를 향상시키기 위해 멀웨어 관계를 시각화하고 결과를 다른 사람들에게 전달한다.

- 이러한 아이디어들을 구현하고 멀웨어 공유 코드 관계를 볼 수 있도록 이 책을 위해 만든 두 개의 개념 증명 도구를 사용한다.

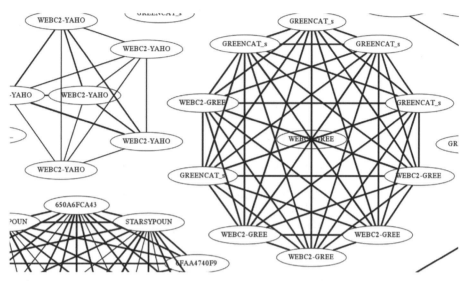

그림 5-1 이 챕터에서 생성 방법을 배우게 될 시각화 유형의 예시. 일부 APT1 샘플 간 공유 코드 관계를 보여준다.

먼저 이 챕터에서 사용하게 될 테스트 멀웨어 샘플인 챕터 4의 PLA APT1 샘플과 다양한 크라임웨어 샘플을 소개한다. 그리고 수학적 유사성 비교와 공유 기능 측면에서 멀웨어 샘플을 비교하는 집합론적 메서드인 자카드 지수의 개념을 학습한다. 다음으로, 두 개의 멀웨어 샘플이 공유하는 코드의 양을 추정하기 위해 자카드 지수를 사용하는 방법을 소개한다. 멀웨어의 특성을 유용성 측면에서 평가하는 방법도 알아본다. 마지막으로, 챕터 4에서 학습한 네트워크 시각화에 관한 지식을 활용하여 그림 5-1과 같이 다양한 규모의 멀웨어 코드 공유를 시각화한다.

이 챕터에서 사용되는 멀웨어 샘플

이 챕터에서는 상당한 양의 코드를 공유하는 실제 멀웨어 패밀리들이 사용된다. 이 데이터셋은 Mandiant와 Mila Parkour가 큐레이팅하여 연구 커뮤니티에 제공한 샘플에서 추출했다. 현실에서는 특정 멀웨어 샘플이 어떤 패밀리에 속하는지, 또는 새로운 멀웨어 샘플들이 이전 샘플들과 어느 정도의 유사성을 갖고 있는지 파악하기 어렵다. 하지만 우리가 알고 있는 예시부터 살펴보는 것은 썩 괜찮은 방법이다. 샘플 유사성에 대한 우리의 추론이 실제로 같은 그룹에 속하는 샘플들에 대한 지식과 일치한다는 것을 확인할 수 있기 때문이다.

첫 번째 샘플들은 챕터 4에서 공유 리소스 분석을 시험하기 위해 사용한 APT1 데이터셋에서 추출한 것이다. (계속)

다른 샘플들은 범죄자들이 신용카드를 훔치거나 봇넷에 연결된 좀비 호스트 컴퓨터를 만들기 위해 개발한 수천 개의 크라임웨어 멀웨어 샘플들로 구성되어 있다. 이는 위협 정보 연구자들을 위해 유료로 제공되는 상업용 멀웨어 피드에서 얻은 실제 샘플들이다.

각 샘플의 패밀리 이름을 확인하기 위해 카스퍼스키 바이러스 백신 엔진에 입력했다. 카스퍼스키는 이중 30,104개를 견고한 계층적 분류법(예를 들면, trojan.win32.jorik.skor.akr은 jorik.skor 패밀리를 의미)으로 분류할 수 있었고, 41,830개의 샘플에는 "unknown" 클래스를 할당했으며, 나머지 28,481개 샘플에는 일반적인 레이블(예를 들면, "win32 Trojan")을 할당했다.

카스퍼스키의 레이블은 일관적이지 못하며(jorik 패밀리 같은 일부 카스퍼스키 레이블 그룹은 아주 넓은 범위의 멀웨어를 나타내는 반면, webprefix 같은 기타 그룹은 매우 구체적인 변종 집단을 나타낸다), 종종 멀웨어를 놓치거나 잘못 레이블링하므로 카스퍼스키가 높은 정확도로 감지하는 일곱 개의 멀웨어를 선별해 사용했다. 바로 dapato, pasta, skor, vbna, webprefix, xtoober, zango 패밀리이다.

특성 추출을 통한 샘플 비교 준비

두 개의 악성 바이너리가 공격자들에 의해 컴파일 되기 전 공유했을 가능성이 있는 코드의 양을 추정하려면 어떻게 해야 할까? 이 문제에 대한 접근법은 다양하지만, 이에 대해 발표된 수백 개의 컴퓨터 과학 연구 논문에서 공통적인 테마를 확인할 수 있다. 바이너리를 비교하기 전에 멀웨어 샘플들을 "특성 모둠"으로 묶는 것이다.

특성이란, 샘플 간 코드 유사성을 추정할 때 고려할 수 있는 멀웨어의 모든 속성을 뜻한다. 예를 들면, 바이너리에서 추출할 수 있는 인쇄 가능한 문자열이 있다. 우리는 멀웨어 샘플들을 상호 연결된 함수나 동적 라이브러리 임포트 등의 집합으로 생각하는 대신, 수학적 편의를 위해 개별 특성들의 모둠(예를 들면, 멀웨어에서 추출한 문자열 집합)으로 여기기도 한다.

특성 모둠 모델의 원리

특성 모둠의 원리를 이해하기 위해 그림 5-2에 나타난 두 멀웨어 샘플 간의 벤 다이어그램을 보자.

샘플 A와 샘플 B는 특성 모둠으로 나타나있다(벤 다이어그램에서 특성은 타원으로 표시). 우리는 두 샘플 사이에 공유되는 특성들을 조사하여 비교할 수 있다. 신속하게 두 특성 집합 간의 중첩을 계산하고 우리가 고안한 임의 특성에 근거하여 멀웨어 샘플의 유사성을 비교할 수 있다.

예를 들어, 패키지 멀웨어를 처리할 때 샌드박스에서 멀웨어를 실행하면 멀웨어가 스스로 압축을 해제하기 때문에 멀웨어 동적 실행 로그에 기반한 특성들을 활용할 수 있다. 다른 경우에는 정적 멀웨어 바이너리에서 추출한 문자열을 사용해서 비교를 수행할 수 있다.

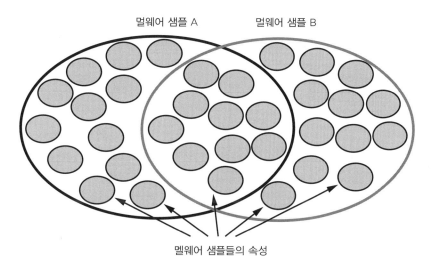

멀웨어 샘플 A   멀웨어 샘플 B

멜웨어 샘플들의 속성

그림 5-2 멀웨어 코드 공유 분석을 위한 "특성 모둠" 모델

동적 멀웨어 분석의 경우, 이들이 어떤 행동을 공유하는지 뿐만 아니라 행동을 수행하는 순서(행동 시퀀스)를 통해서도 샘플을 비교할 수 있다. 멀웨어 샘플 비교에 시퀀스 정보를 활용하는 일반적인 방법은 N-그램을 사용하여 특성 모둠을 확장시키고 시퀀스 데이터를 수용하는 것이다.

N-그램이란?

N-그램은 더 큰 이벤트 시퀀스 내에서 N의 길이를 가진 이벤트의 서브시퀀스이다. 우리는 순차적 데이터의 창을 열어 이 서브시퀀스를 더 큰 시퀀스로부터 추출한다. 그림 5-3처럼 시퀀스를 반복하여 N-그램을 얻고, 각 단계마다 인덱스 i부터 인덱스 i + N - 1의 이벤트까지 서브시퀀스를 기록한다.

그림 5-3에서 정수 시퀀스 (1,2,3,4,5,6,7)은 길이 3을 갖는 다섯 개의 서로 다른 서브시퀀스들 (1,2,3), (2,3,4), (3,4,5), (4,5,6), (5,6,7)로 변환된다.

이러한 방식은 모든 순차적 데이터에 적용될 수 있다. 예를 들어, 길이 2를 갖는 N-그램 단어를 사용하면 "how now brown cow"라는 문장은 다음과 같은 시퀀스를 도출한다. "how now", "now brown", "brown cow". 멀웨어 분석에서는 멀웨어 샘플이 만든 순차적 API 호출의 N-그램을 추출할 것이다. 그리고 멀웨어를 특성 모둠으로 나타내고 N-그램 특성들을 사용하여 해당 멀웨어 샘플을 다른 멀웨어 샘플의 N-그램과 비교하여 시퀀스 정보를 특성 모둠 비교 모델과 통합한다.

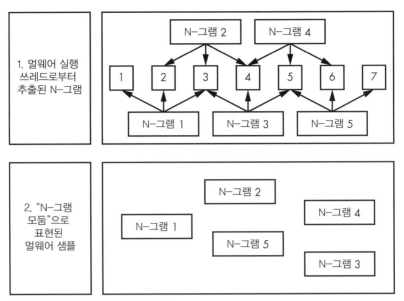

그림 5-3 멀웨어의 어셈블리 명령어 및 동적 API 호출 시퀀스에서 N-그램을 추출하는 방법에 대한 도식, N = 3)

멀웨어 샘플 비교에 시퀀스 정보를 포함시키는 것은 장단점이 있다. 비교에서 순서가 중요할 때(예를 들면, API 호출 C 이전에 관찰된 API 호출 B에 앞서 API 호출 A가 관찰되어야 할 경우)에는 순서를 파악할 수 있게 해 주지만, 순서가 불필요할 때(예를 들면, 실행마다 API 호출 A, B, C의 순서를 무작위로 변경하는 멀웨어)에는 공유 코드 추정을 훨씬 더 어렵게 만들 수도 있다. 멀웨어 공유 코드 추정을 수행할 때, 순서 정보를 고려할지 여부는 멀웨어의 종류에 따라 다르며 실험이 필요하다.

자카드 지수를 사용하여 유사성 수치화

멀웨어 샘플을 특성 모둠으로 표현하고 나면, 해당 샘플과 다른 샘플의 특성 모둠 간 유사도를 측정해야 한다. 두 멀웨어 샘플 간 코드 공유 범위를 추정하기 위해 유사성 함수를 사용하는데, 이는 다음과 같은 속성을 갖는다.

• 두 멀웨어 샘플 간에 이루어지는 모든 유사성 비교에서 표준화된 값을 공통 단위로 산출할 수 있다. 함수는 0(코드 공유 없음)부터 1(샘플들이 코드의 100%를 공유) 사이의 값을 산출한다.

- 함수는 두 샘플 간 코드 공유량의 정확한 추정에 도움을 준다(실험을 통해 경험적으로 알 수 있다).

- 함수가 코드 유사성을 효과적으로 모델링할 수 있는 이유를 쉽게 이해할 수 있다(이해나 설명에 많은 노력이 필요한 복잡한 수학적 블랙박스가 되어서는 안 된다).

자카드 지수는 위와 같은 속성들을 갖는 단순한 함수이다. 보안 연구 커뮤니티에서 코드 유사성 추정을 위해 많은 수학적 접근법(코사인 거리, L1 거리, 유클리드 [L2] 거리 등)이 시도되었지만, 그중 가장 널리 채택된 것은 자카드 지수이다. 단순하고 직관적으로 두 개의 멀웨어 특성 집합 간 중첩도를 표현하며, 공통 고유 특성의 비율을 정규화하여 두 집합에 존재하는 고유 특성의 퍼센트로 제공한다.

그림 5-4는 자카드 지수 값들의 예시이다.

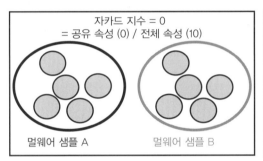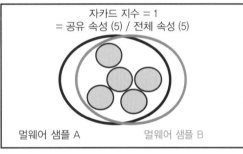
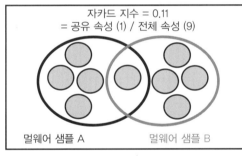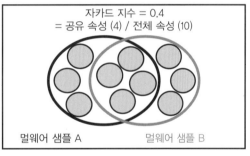

그림 5-4 자카드 지수 개념 도식화

위 그림은 네 쌍의 멀웨어 샘플에서 추출한 네 쌍의 멀웨어 속성들을 나타낸다. 각 이미지는 두 집합 간 공유 속성들, 공유되지 않는 속성들, 멀웨어 샘플 쌍과 연관 속성들의 결과 자카드 지수를 보여준다. 샘플 간 자카드 지수는 단순히 샘플들 사이에 공유된 속성의 개수를 벤 다이어그램에 그려진 속성들의 총 개수로 나눈 값이란 것을 알 수 있다.

유사성 행렬을 통한 멀웨어 공유 코드 추정 메서드 검토

두 멀웨어 샘플이 동일한 패밀리에 속하는지 여부를 결정하는 네 가지 메서드에 대해 알아보자. 명령어 시퀀스 기반 유사성, 문자열 기반 유사성, 임포트 주소 테이블 기반 유사성, 동적 API 호출 기반 유사성. 이 네 가지 메서드를 비교하기 위해 유사성 행렬 시각화 기술을 사용한다. 목표는 샘플 간 공유 코드 관계를 조명하는 능력 측면에서 각 메서드의 상대적인 강점과 약점을 비교하는 것이다.

먼저, 유사성 행렬 개념에 대해 알아보자. 그림 5-5는 유사성 행렬를 사용하여 네 개의 멀웨어 샘플 가상 집합을 비교한다.

	샘플 1	샘플 2	샘플 3	샘플 4
샘플 1	1과 1 사이의 유사성	1과 2 사이의 유사성	1과 3 사이의 유사성	1과 4 사이의 유사성
샘플 2	2와 1 사이의 유사성	2와 2 사이의 유사성	2와 3 사이의 유사성	2와 4 사이의 유사성
샘플 3	3과 1 사이의 유사성	3과 2 사이의 유사성	3과 3 사이의 유사성	3과 4 사이의 유사성
샘플 4	4와 1 사이의 유사성	4와 2 사이의 유사성	4와 3 사이의 유사성	4와 4 사이의 유사성

그림 5-5 개념적 유사성 행렬 예시

이 행렬은 모든 샘플 간 유사성 관계를 보여주며, 버려지는 공간이 있다. 음영 처리된 칸들은 주어진 샘플이 스스로와 비교하는 것이기 때문에 신경쓰지 않아도 된다. 또한, 음영 처리된 상자의 양쪽 정보는 중복이므로 한쪽만 보면 된다.

그림 5-6은 멀웨어 유사성 행렬의 실제 예시이다. 그림에 표시된 멀웨어 샘플의 수가 많기 때문에 각 유사성 값은 음영 처리된 픽셀로 표시된다. 각 샘플의 이름 대신 수평축과 수직축을 따라 각 샘플의 패밀리 이름을 렌더링한다. 각 패밀리를 나타내는 행과 열은 그룹화되므로 완벽한 유사성 행렬은 좌측 상단에서 우측 하단으로 이어지는 흰색 사각형의 사슬처럼 보일 것이다.

또한, 패밀리의 모든 구성원들은 서로 비슷하지만 다른 패밀리의 샘플과는 다르다.

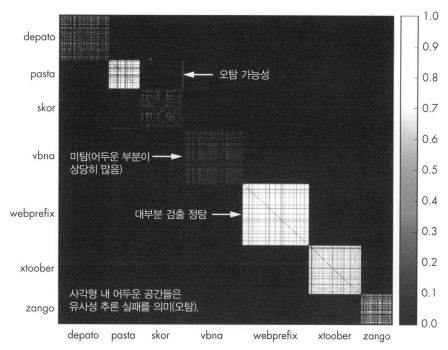

그림 5-6 7개 멀웨어 패밀리로 계산된 실제 멀웨어 유사성 행렬

그림 5-6의 결과에 따르면 패밀리 사각형 중 일부는 완전히 흰색이라는 것을 볼 수 있다. 패밀리 사각형 내의 흰색 픽셀은 동일한 패밀리에 속하는 샘플 간 유사성 추론을 나타내기 때문에 좋은 결과를 의미한다. 몇몇은 훨씬 더 어두운데, 이는 강한 유사성을 발견하지 못했다는 것을 의미한다. 마지막으로, 종종 패밀리 사각형 밖에 픽셀 선이 있는데, 이는 관련 멀웨어 패밀리 또는 오탐의 증거로서, 근본적으로 다른 패밀리 간의 코드 공유 감지를 의미한다.

다음으로, 명령 시퀀스 기반 유사성 분석에 대한 설명을 필두로 그림 5-6과 같은 유사성 행렬 시각화를 사용하여 네 가지 코드 공유 추정 방법의 결과를 비교한다.

명령어 시퀀스 기반 유사성

두 멀웨어 바이너리가 공유하는 코드의 양을 비교하는 가장 직관적인 방법은 x86 어셈블리 명령어 시퀀스를 비교하는 것으로, 명령어 시퀀스를 공유하는 샘플들은 컴파일 이전에 실제 소스 코드를 공유했을 가능성이 높기 때문이다. 이는 챕터 2에서 다루었던 선형 디스어셈블리 기법 등을 통한 멀웨어 샘플의 디스어셈블리를 필요로 한다. 그리고 나면 앞서 설명한 N-그램 추출 접근법을 통해 명령어 시퀀스를 멀웨어 파일의 .text 섹션에 나타나는 순서대로 추출할 수 있다.

마지막으로, N-그램 명령어를 사용하여 샘플 간 자카드 지수를 계산하고 이들이 공유하는 코드의 양을 추정할 수 있다.

N-그램 추출에서 N에 사용하는 값은 분석 목표에 따라 달라진다. N 값이 높을수록 추출된 명령어의 사용 범위가 커지며, 멀웨어 샘플의 시퀀스가 일치할 가능성이 낮아진다. 따라서, N 값을 높게 설정하면 코드 공유 가능성이 높은 샘플만을 식별할 수 있다. 반대로, 샘플 간의 미묘한 유사점을 찾고 싶거나 샘플들이 유사성 분석을 방해하기 위해 순서를 바꾸는 명령어를 사용하는 것으로 의심될 경우, N 값을 낮게 설정할 수도 있다.

그림 5-7에서 N은 5로 설정되어 있는데, 이는 샘플의 일치 확률이 낮은 공격적인 설정이다.

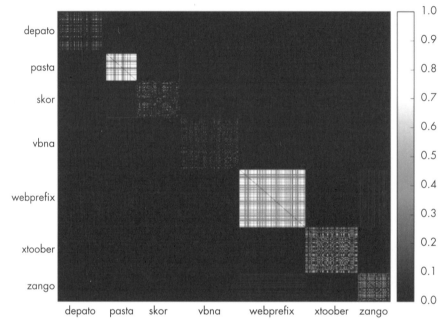

그림 5-7 명령어 N-그램 속성들을 사용하여 생성된 유사성 행렬. N = 5를 사용하면 많은 패밀리들의 유사성 관계를 완전히 놓치게 되지만, webprefix와 pasta에는 효과적으로 적용된다.

그림 5-7의 결과는 그리 대단치 않다. 명령어 기반 유사성 분석은 일부 패밀리 간 유사성을 정확하게 식별하지만, 다른 패밀리에 대해서는 그렇지 못하다(예를 들면, dapato, skor, vbna의 유사성 관계는 거의 감지하지 못한다). 하지만 이 분석에는 오탐이 거의 없다는 점에 주목해야 한다(다른 패밀리 샘플 간 유사성에 대한 잘못된 추론 대 동일한 패밀리 샘플 내 유사성에 대한 정확한 추론).

이처럼 명령어 공유 코드 분석은 샘플 간 다수의 코드 공유 관계를 놓칠 수 있다는 한계를 지닌다.

멀웨어 샘플은 실행하고 스스로 압축을 해제한 뒤에만 대부분의 명령어가 보이도록 만들어질 수 있기 때문이다. 멀웨어 샘플의 압축을 해제하지 않으면, 공유 코드 추정 방식은 정상적으로 동작하지 않는다.

멀웨어 샘플의 압축을 해제하더라도 소스 코드 컴파일 프로세스에서 발생하는 노이즈 때문에 이러한 접근 방식은 문제에 봉착할 수 있다. 컴파일러는 동일한 소스 코드를 완전히 다른 어셈블리 명령어 시퀀스로 컴파일할 수 있다. 예를 들어, 다음과 같은 간단한 기능을 C로 작성한다고 하자.

```
int f(void) {
    int a = 1;
    int b = 2;
❶ return (a*b)+3;
}
```

이 함수가 컴파일러와 관계없이 동일한 일련의 어셈블리 명령어들로 축소될 것이라고 예상할 것이다. 그러나 실제로는 사용하는 컴파일러 뿐만 아니라 컴파일러의 설정에도 결과가 크게 달라진다. 예를 들어, 기본 설정에서 clang 컴파일러를 사용하여 함수를 컴파일하면 소스 코드의 ❶행에 해당하는 다음과 같은 명령이 산출된다.

```
movl   $1, -4(%rbp)
movl   $2, -8(%rbp)
movl   -4(%rbp), %eax
imull  -8(%rbp), %eax
addl   $3, %eax
```

이와 달리, 동일한 함수를 컴파일러에 속도 최적화를 지시하는 −03 플래그 세트를 포함하여 컴파일하면 소스 코드의 동일한 라인에 대해 다음과 같은 어셈블리가 산출된다.

```
movl   $5, %eax
```

이 차이는 두 번째 예시에서 컴파일러가 첫 번째 컴파일 예시와 달리 함수를 미리 계산했다는 점에서 비롯된다. 이는 이러한 함수들을 명령어 시퀀스 기반으로 비교하면, 실제로는 동일한 소스 코드로 컴파일되었음에도 불구하고 전혀 다른 결과가 도출된다는 것을 의미한다.

어셈블리 명령어를 다룰 때 동일한 C, C++ 코드가 전혀 상이하게 보이는 문제를 넘어서, 어셈블리 코드에 기반한 바이너리 파일 비교에서 추가적으로 발생하는 문제가 있다. 많은 멀웨어 바이너리 파일들이 C#과 같은 고급 언어로 작성되어 있다. 이 바이너리들에는 이러한 고급 언어들의 바이트 코드를 단순히 해석하는 표준 보일러플레이트 어셈블리 코드가 포함되어 있다. 따라서, 동일한 고급 언어로 작성된 바이너리는 흡사한 x86 명령어들을 공유하지만, 실제 바이트 코드는 이들이 상이한 소스 코드에서 기인한다는 것을 알려준다.

문자열 기반 유사성

샘플에서 인쇄 가능한 연속적인 문자열을 추출하고 공유 문자열 관계를 기반으로 멀웨어 샘플 간 자카드 지수를 계산함으로써 문자열 기반 멀웨어 유사성을 산출할 수 있다.

바이너리에서 추출한 문자열은 프로그래머가 정의한 서식 문자열인 경향이 있으므로 이 접근법을 활용하면 컴파일러 문제를 피할 수 있다. 서식 문자열은 멀웨어 작성자가 사용하는 컴파일러나 컴파일러에 제공하는 매개변수에 관계없이 일반적으로 컴파일러가 변환하지 않는다. 예를 들어, 멀웨어 바이너리에서 추출한 일반적인 문자열은 "Started key logger at %s on %s and time %s."와 같은 형태이다. 컴파일러 설정에 관계없이 이러한 문자열은 여러 바이너리 파일에서 동일하게 보이며, 같은 소스 코드에 기반하는지 여부와 관련이 있다.

그림 5-8은 문자열 기반 코드 공유 메트릭이 크라임웨어 데이터셋 내의 올바른 코드 공유 관계를 얼마나 잘 식별하는지 보여준다.

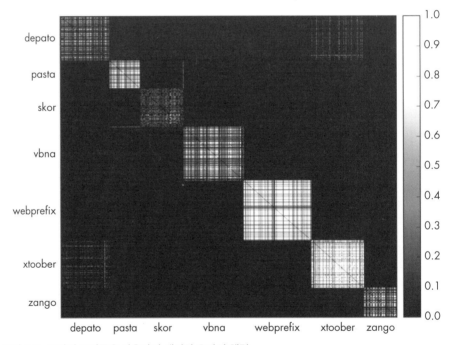

그림 5-8 문자열 특성들을 사용하여 생성된 유사성 행렬

이 메서드는 명령어 기반 메서드보다 멀웨어 패밀리를 식별하는 데 훨씬 더 효과적이고 일곱 개 패밀리 모두의 유사성 관계를 정확히 찾아내는 것처럼 보인다. 하지만 xtoober와 dapato가 일정 수준의 코드를 공유한다고 잘못 예측하는 것으로 보아, 명령어 유사성 메서드와는 달리 약간의 오탐이 포함된다는 것을 알 수 있다. 이 방식으로는 일부 패밀리에 속하는 샘플들 간 유사성을 발견하지 못했으며, 특히 zango, skor, dapato 패밀리에 대한 퍼포먼스가 취약하다.

임포트 주소 테이블 기반 유사성

우리는 멀웨어 바이너리 파일이 임포트한 DLL을 비교하여 소위 "임포트 주소 테이블 기반 유사성"을 계산할 수 있다. 이 접근법의 이면에 있는 발상은 멀웨어 작성자가 명령어를 재배열하고, 멀웨어 바이너리의 초기화된 데이터 섹션을 난독화하고, 안티 디버거와 안티 VM 분석 기법을 구현하더라도 동일한 임포트 선언문이 남아있을 수 있다는 것이다. 임포트 주소 테이블 방식을 활용한 결과는 그림 5-9에서 확인할 수 있다.

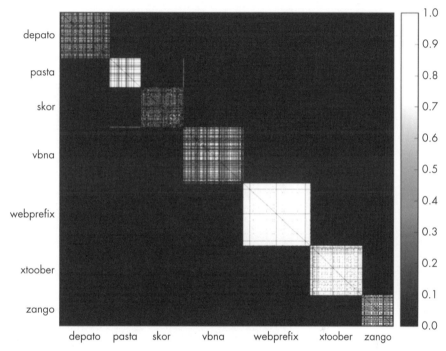

그림 5-9 임포트 주소 테이블 특성들로 생성된 유사성 행렬

위 그림은 임포트 주소 테이블 방식이 비록 skor, dapato, vbna 관계는 놓치지만, webprefix와 xtoober 샘플 간 유사성 관계를 추정할 때 전반적으로 이전의 방법들보다 효과적이라는 것을 보여준다. 또한, 실험 데이터셋에 대한 오탐이 거의 없다는 점도 주목할 만하다.

동적 API 호출 기반 유사성

이 챕터에서 마지막으로 소개할 비교 방법은 동적 멀웨어 유사성이다. 동적 시퀀스 비교의 강점은 멀웨어 샘플이 심하게 난독화되어 있거나 압축되어 있더라도 동일한 코드에서 파생되었거나 코드를 공유한다면 샌드박스 가상 머신에서 유사한 동작 시퀀스를 수행한다는 사실에서 기인한다. 이 접근법을 구현하려면 샌드박스에서 멀웨어 샘플을 실행하여 생성되는 API 호출을 기록하고, 동적 로그에서 API 호출의 N-그램을 추출하고, N-그램 모둠 사이의 자카드 지수를 받아 샘플을 비교해야 한다.

그림 5-10은 동적 N-그램 유사성 접근법이 일반적으로 임포트, 문자열 방법과 유사하다는 것을 보여준다.

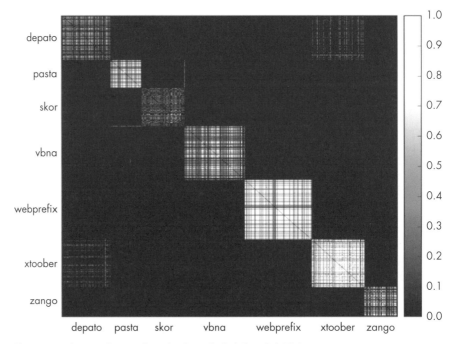

그림 5-10 동적 API 호출 N-그램 특성들을 통해 생성된 유사성 행렬

이 불완전한 결과는 이 방법이 만병통치약이 아니라는 것을 보여준다. 단순히 샌드박스에서 멀웨어를 실행하는 것만으로는 다양한 행동을 일으킬 수 없다. 커맨드 라인 멀웨어 도구의 변형을 예로 들면, 중요한 코드 모듈을 활성화하거나 하지 않을 수 있고, 대부분의 코드를 공유하더라도 서로 다른 행동 시퀀스를 실행할 가능성이 있다.

또 다른 문제는 몇몇 샘플들은 샌드박스에서 실행되고 있다는 것을 감지하면 즉시 실행을 종료하기 때문에 비교할 수 있는 정보를 거의 남기지 않는다는 것이다. 요약하자면, 동적 API 호출 시퀀스 유사성 역시 앞서 다룬 다른 유사성 접근법들과 마찬가지로 완벽하지는 않지만, 샘플 간 유사성에 대한 인상적인 인사이트를 제공한다.

유사성 그래프 구축

이제 멀웨어 코드 공유 식별 메서드의 원리를 이해했으니 멀웨어 데이터셋을 통해 분석을 수행하는 간단한 시스템을 구축해 보자.

먼저, 사용할 특성들을 추출하여 샘플들이 공유하는 코드의 양을 추정해야 한다. 이는 임포트 주소 테이블 기반 함수, 문자열, 명령어 N-그램 등 이전에 설명한 특성들이 될 수 있다. 지금은 성능이 뛰어나고 추출과 이해가 간단한 인쇄 가능한 문자열 특성을 사용할 것이다.

문자열 특성을 추출하고 나면 모든 멀웨어 샘플 쌍을 반복하면서 자카드 지수를 사용하여 이들의 특성을 비교해야 한다. 그러기 위해서는 코드 공유 그래프를 구축해야 한다. 이를 위해서는 먼저 두 샘플의 코드 공유 양을 정의하는 임계값을 결정해야 한다. 내가 연구에서 사용하는 표준값은 0.8이다. 주어진 멀웨어 샘플 쌍에 대한 자카드 지수가 해당 값보다 크면 시각화를 위해 사이에 연결을 생성한다. 마지막 단계는 그래프를 분석하여 어떤 샘플이 공유 코드 관계로 연결되어 있는지 확인하는 것이다.

코드 5-2부터 코드 5-6까지는 우리가 사용할 샘플 프로그램을 다룬다. 코드가 길기 때문에 조각으로 나누어 순차적으로 설명하도록 한다. 코드 5-2는 우리가 사용할 라이브러리를 임포트하고 두 샘플의 특성들 사이에서 자카드 지수를 계산하는 jaccard() 함수를 선언한다.

```python
#!/usr/bin/python

import argparse
import os
import networkx
from networkx.drawing.nx_pydot import write_dot
import itertools

def jaccard(set1, set2):
    """
    Compute the Jaccard distance between two sets by taking
    their intersection, union and then dividing the number
    of elements in the intersection by the number of elements
    in their union.
    """
    intersection = set1.intersection(set2)
    intersection_length = float(len(intersection))
    union = set1.union(set2)
    union_length = float(len(union))
    return intersection_length / union_length
```

코드 5-2 두 샘플 간 자카드 지수를 계산하기 위한 임포트 및 헬퍼 함수

다음으로, 코드 5-3에서는 두 가지 유틸리티 함수를 추가적으로 선언한다. 분석할 멀웨어 파일 내에서 인쇄 가능한 문자열 시퀀스 집합을 탐색하는 getstrings()와 대상 파일이 Windows PE 파일인지 확인하는 pecheck() 함수이다.

추후 대상 멀웨어 바이너리들에서 특성 추출 작업을 수행할 때 이 함수들을 사용할 것이다.

```
def getstrings(fullpath):
    """
    Extract strings from the binary indicated by the 'fullpath'
    parameter, and then return the set of unique strings in
    the binary.
    """
    strings = os.popen("strings '{0}'".format(fullpath)).read()
    strings = set(strings.split("\n"))
    return strings

def pecheck(fullpath):
    """
    Do a cursory sanity check to make sure 'fullpath' is
    a Windows PE executable (PE executables start with the
    two bytes 'MZ')
    """
    return  open(fullpath).read(2) == "MZ"
```

코드 5-3 특성 추출에 사용할 함수 선언

다음으로, 코드 5-4는 사용자의 커맨드 라인 인자들을 파싱한다. 인자에는 분석할 멀웨어가 있는 대상 디렉토리, 구축한 공유 코드 네트워크를 작성할 출력 .dot 파일, 공통코드 기반을 공유하는 것으로 판단하려면 프로그램의 두 샘플 간 자카드 지수가 얼마나 높아야 하는지 판단하는 자카드 지수 임계값이 포함된다.

```
If __name__ == "__main__":
    parser = argparse.ArgumentParser(
        description="Identify similarities between malware samples and build similarity graph"
    )

    parser.add_argument(
        "target_directory",
        help="Directory containing malware"
    )

    parser.add_argument(
        "output_dot_file",
        help="Where to save the output graph DOT file"
    )

    parser.add_argument(
        "--jaccard_index_threshold", "-j", dest="threshold", type=float,
        default=0.8, help="Threshold above which to create an 'edge' between samples"
    )

    args = parser.parse_args()
```

코드 5-4 사용자의 커맨드 라인 인자 파싱

다음으로, 코드 5-5에서는 프로그램이 주요 작업(대상 디렉토리에서 PE 바이너리 탐색, 특성 추출, 바이너리 간 유사성 관계 표현을 위한 네트워크 초기화 등)을 수행할 수 있도록 앞서 선언한 헬퍼 함수를 사용한다.

```
malware_paths = []  # where we'll store the malware file paths
malware_features = dict()  # where we'll store the malware strings
graph = networkx.Graph()  # the similarity graph

for root, dirs, paths in os.walk(args.target_directory):
    # walk the target directory tree and store all of the file paths
    for path in paths:
        full_path = os.path.join(root, path)
        malware_paths.append(full_path)

# filter out any paths that aren't PE files
malware_paths = filter(pecheck, malware_paths)

# get and store the strings for all of the malware PE files
for path in malware_paths:
    features = getstrings(path)
    print "Extracted {0} features from {1} ...".format(len(features), path)
    malware_features[path] = features

    # add each malware file to the graph
    graph.add_node(path, label=os.path.split(path)[-1][:10])
```

코드 5-5 대상 디렉토리의 PE 파일에서 함수 추출 및 공유 코드 네트워크 초기화

대상 샘플에서 특성들을 추출하고 나면 모든 멀웨어 샘플 쌍을 반복하면서 자카드 지수를 사용하여 특성을 비교해야 한다. 코드 5-6에서 이 작업을 수행한다. 또한, 자카드 지수가 사용자 정의 임계값을 초과할 경우 샘플이 연결되는 코드 공유 그래프를 작성한다. 이 연구에서 가장 이상적인 결과를 도출한 임계값은 0.8이다.

```
# iterate through all pairs of malware
for malware1, malware2 in itertools.combinations(malware_paths, 2):

    # compute the jaccard distance for the current pair
    jaccard_index = jaccard(malware_features[malware1], malware_features[malware2])

    # if the jaccard distance is above the threshold, add an edge
    if jaccard_index > args.threshold:
        print malware1, malware2, jaccard_index
        graph.add_edge(malware1, malware2, penwidth=1+(jaccard_index-args.threshold)*10)

# write the graph to disk so we can visualize it
write_dot(graph, args.output_dot_file)
```

코드 5-6 파이썬으로 코드 공유 그래프 생성

코드 5-2부터 코드 5-6까지를 APT1 멀웨어 샘플에 적용하면 그림 5-11 차트가 생성된다. 이 차트를 시각화하려면 fdp Graphviz 도구(챕터 4에서 논의)를 사용하여 fdp -Tpng network.dot -o network.png 커맨드를 입력해야 한다.

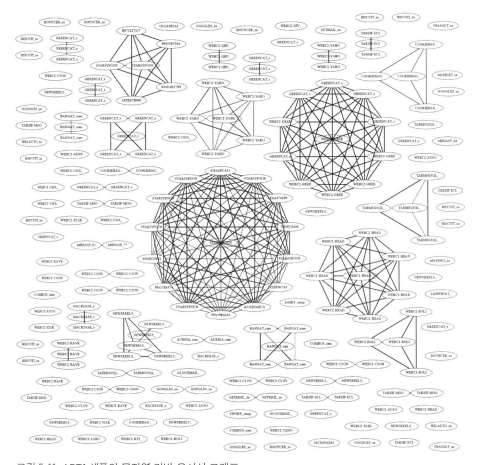

그림 5-11 APT1 샘플의 문자열 기반 유사성 그래프

이 출력의 놀라운 점은 APT1의 원 분석가들이 보고서에서 수동으로 생성하던 고통스러운 작업들을 재현하여 단 몇 분만에 국가 수준의 공격자들이 사용하는 멀웨어 패밀리를 식별했다는 것이다.

노드의 이름들이 Mandiant 분석가들에 의해 부여되었기 때문에, 우리는 이 메서드가 분석가들이 수동 리버스 엔지니어링 작업에 비해 정확하게 수행되었다는 것을 안다. 그림 5-11의 네트워크 시각화에서 유사한 이름을 가진 샘플들이 그룹화되는 것을 통해 이를 확인할 수 있다. 그 예로, 중앙 원에 있는 "STARSYPOUN" 샘플을 들 수 있다. 우리의 네트워크 시각화에 포함된 멀웨어는 이러한 패밀리 이름에 맞추어 자동으로 그룹화되기 때문에 우리의 메서드는 Mandiant 멀웨어 분석가들과 "동의"하는 것처럼 보인다. 코드 5-2부터 5-6까지를 확장하면 멀웨어에도 적용해서 유사한 정보를 얻을 수 있다.

유사성 비교 스케일링

코드 5-2부터 5-6는 소규모 멀웨어 데이터셋에는 효과적으로 적용되지만, 다수의 멀웨어 샘플에는 그렇지 못하다. 데이터셋의 모든 멀웨어 샘플 쌍을 비교하면 샘플 수가 제곱으로 증가하기 때문이다. 다음 방정식은 크기 n의 데이터셋에서 유사성 행렬을 계산하기 위해 필요한 자카드 지수 연산의 횟수를 산출한다.

$$\frac{n^2 - n}{2}$$

그림 5-5의 유사성 행렬을 예시로, 네 개의 샘플을 계산하는 데 몇 개의 자카드 지수가 필요한지 알아보자. 단순히 생각하면 행렬의 셀 개수인 16개(4^2)라고 생각할 수 있다. 하지만 행렬 하단의 삼각형에 행렬 상단의 삼각형과 중복되는 값들이 포함되어 있기 때문에 우리는 이들을 계산하지 않아도 된다. 이는 총 연산 횟수에서 6을 뺄 수 있다는 것을 의미한다. 또한, 멀웨어 샘플을 스스로와 비교할 필요도 없기 때문에 행렬의 대각선을 제거할 수 있으므로 4를 더 뺄 수 있다.

필요한 연산 수는 다음과 같다.

$$\frac{4^2 - 4}{2} = \frac{16 - 4}{2} = 6$$

예를 들어, 데이터셋이 49,995,000회 계산이 필요한 멀웨어 샘플 10,000개로 증가할 때까지는 이 작업을 관리할 수 있을 것이다. 50,000개의 샘플을 가지고 있는 데이터셋은 자카드 지수 연산 1,249,975,000회가 필요할 것이다.

멀웨어 유사성 비교를 스케일링하기 위해 무작위 비교 근사 알고리즘을 사용해야 한다. 기본적인 개념은 비교 계산에서 약간의 오류를 허용하고 계산 시간을 줄이는 것이다. 이를 위해 근사 비교 접근법인 minhash를 통해 이를 멋지게 해낼 수 있다. minhash 메서드를 사용하면 수백만 개의 샘플 간 공유 코드 관계를 분석할 수 있도록 사전 정의된 유사성 임계값에 미치지 못하는 멀웨어 샘플 간 유사성 계산을 방지하기 위해 근사치를 사용하여 자카드 지수를 계산할 수 있다.

minhash가 효과적인 이유에 대해 알아보기 전에 이 알고리즘은 이해하기까지 시간이 좀 걸릴 수 있는 까다로운 알고리즘이라는 점을 밝혀둔다. "minhash 심화" 섹션을 건너뛰고 싶다면 "minhash 개괄"만 읽고 제공된 코드를 사용해도 코드 공유 분석의 확장에는 문제가 없을 것이다.

minhash 개괄

minhash는 멀웨어 샘플의 특성들을 k 해시 함수로 해시한다. 우리는 각 해시 함수에서 모든 특성에 대해 계산된 해시의 최소값만 유지하므로, 멀웨어 특성 집합은 minhash라는 정수 k의 고정 크기 배열로 축소된다.

minhash 배열을 기반으로 하여 두 샘플 간 자카드 지수의 근사치를 계산하려면 k minhash 중 몇 개가 일치하는지 확인하고 k로 나누면 된다.

이러한 계산에서 산출되는 숫자가 두 샘플 간 실제 자카드 지수의 근사치이다. 자카드 지수를 그대로 계산하지 않고 minhash를 사용하면 계산이 훨씬 빠르다는 장점이 있다.

minhash를 사용하면 데이터베이스에서 멀웨어를 똑똑하게 색인할 수도 있다. 최소한 하나의 해시가 일치하여 유사한 멀웨어 샘플 간 비교만 계산하면 되므로, 멀웨어 데이터셋의 유사성 계산 속도를 크게 향상시킬 수 있는 것이다.

minhash 심화

이제 minhash에 숨겨진 수학에 대해 자세히 알아보자. 그림 5-12는 두 멀웨어 샘플의 특성 집합(음영 처리된 원으로 표시), 해싱 방법과 해시 기준 정렬 방법, 각 리스트 내 첫 번째 요소의 값에 따라 최종적으로 비교되는 방법을 보여준다.

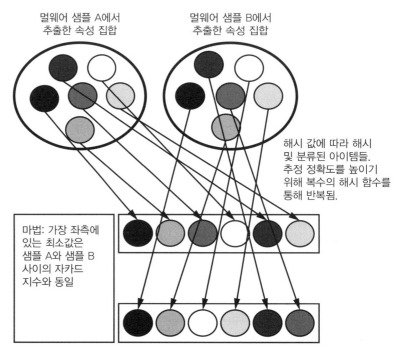

그림 5-12 minhash 원리 예시

첫 번째 요소가 일치할 확률은 샘플 간 자카드 지수와 같다. 그 원리는 이 책의 범위를 벗어나지만, 이 우연한 사실은 우리가 해시를 사용하여 자카드 지수의 근사치를 계산할 수 있도록 해 준다.

물론 해싱, 정렬, 첫 번째 요소 확인만으로는 해시의 일치 여부만 알 수 있을 뿐 많은 정보를 얻을 수 없으며, 하나의 일치를 근거로 자카드 지수를 정확하게 추정할 수는 없다. 기저값을 더 정확하게 추정하기 위해서는 k 해시 함수를 사용하고, 이 작업을 k번 반복한 뒤 첫 번째 요소가 일치하는 횟수를 k로 나누어 자카드 지수를 추정해야 한다. 자카드 지수 추정에서 예상되는 오류는 다음과 같이 정의된다.

$$\frac{1.0}{\sqrt{k}}$$

따라서, 이 절차를 많이 수행할수록 정확도가 높아진다(나는 평균적으로 오차가 6% 내외가 되도록 k를 256으로 설정한다).

백만 개의 샘플이 포함된 멀웨어 데이터셋에 속한 모든 멀웨어 샘플에 대해 minhash 배열을 계산한다고 가정해 보자. 데이터셋에서 멀웨어 패밀리의 검색 속도를 향상시키기 위해서는 minhash를 어떻게 사용할 수 있을까? 데이터셋 내의 모든 멀웨어 샘플 쌍에 대해 반복하면서 각자의 minhash 배열을 비교할 수 있고, 이는 499,999,500,000회가 된다. 자카드 지수 계산보다는 minhash 배열의 비교가 더 빠르지만, 여전히 현대의 하드웨어로 이 비교를 수행하기에는 횟수가 너무 많다. 비교 프로세스를 최적화하기 위해서는 다른 방법이 필요하다.

이 문제에 대한 일반적인 접근법은 스케치와 데이터베이스 색인을 결합하는 것인데, 이렇게 생성된 시스템은 이미 알려진 샘플만을 비교한다. 다수의 minhash를 함께 해싱하여 스케치를 생성한다.

새로운 샘플이 생기면 데이터베이스에 이 새로운 샘플의 스케치와 일치하는 스케치가 존재하는지 확인한다. 존재한다면, 새로운 샘플은 유사한 기존 샘플과의 자카드 지수를 맞추기 위해 minhash 배열을 사용하여 일치하는 샘플과 비교한다. 이렇게 하면 새로운 샘플을 데이터베이스의 모든 샘플과 비교하지 않고 높은 자카드 지수를 가질 가능성이 높은 샘플만 비교할 수 있다.

지속적인 멀웨어 유사성 검색 시스템 구축

지금까지 멀웨어 샘플 간 공유 코드 관계를 추정하기 위한 다양한 멀웨어 속성 유형 활용의 장단점을 알아보았다. 자카드 지수, 유사성 행렬, 매우 큰 데이터셋에서 minhash를 활용하여 멀웨어 샘플 간 유사성을 계산하는 방법에 대해서도 학습했다. 이 모든 지식을 통해 당신은 확장 가능한 멀웨어 공유 코드 검색 시스템 구축에 필요한 모든 기본 개념을 이해할 수 있다.

코드 5-7에서 5-12까지 문자열 속성에 따라 멀웨어 샘플을 색인하는 간단한 시스템의 예시를 보여준다. 이 시스템을 수정하여 다른 멀웨어 특성을 사용할 수 있도록 하거나 더 많은 시각화 기능을 지원하도록 확장할 수 있다. 내용이 길어서 보기를 분할하였으며 차례대로 각 하위 섹션을 다루도록 한다.

먼저, 코드 5-7은 프로그램에 필요한 파이썬 패키지를 임포트한다.

```
#!/usr/bin/python

import argparse
import os
import murmur
import shelve
import numpy as np
from listings_5_2_to_5_6 import *

NUM_MINHASHES = 256
SKETCH_RATIO = 8
```

코드 5-7 파이썬 모듈 임포트 및 minhash 관련 상수 선언

위 보기에서는 murmur, shelve, sim_graph 등의 패키지를 임포트한다. murmur는 앞서 논의한 minhash 알고리즘을 계산하기 위해 사용하는 해싱 라이브러리이다. 파이썬 표준 라이브러리에 포함된 간단한 데이터베이스 모듈인 shelve를 사용하여 샘플과 유사성 계산을 위한 minhash에 대한 정보를 저장한다. listings_5_2_to_5_6.py를 사용해서 샘플 유사성을 계산하는 함수를 얻는다.

또한, 코드 5-7에서 NUM_MINHASHES와 SKETCH_RATIO라는 두 상수를 선언한다. 이들은 각 샘플에 대해 계산한 스케치의 미니 해시 수와 비율에 상응한다. 더 많은 minhash와 스케치를 사용할수록 유사성 계산의 정확도가 높아진다는 것을 기억하자. 예를 들어 256개의 minhash와 8:1의 비율(스케치 32개)을 사용하면 낮은 계산 비용으로 신뢰할 수 있는 값을 도출할 수 있다.

코드 5-8은 멀웨어 샘플 정보를 저장하기 위해 사용하는 shelve 데이터베이스를 초기화, 접근, 삭제하는 데이터베이스 기능을 실행한다.

❶ def wipe_database():
    """
    This problem uses the python standard library 'shelve' database to persist
    information, storing the database in the file 'samples.db' in the same
    directory as the actual Python script. 'wipe_database' deletes this file
    effectively resetting the system.
    """
    dbpath = "/".join(__file__.split('/')[:-1] + ['samples.db'])
    os.system("rm -f {0}".format(dbpath))

❷ def get_database():
    """
    Helper function to retrieve the 'shelve' database, which is a simple
    key value store.

```
    """
    dbpath = "/".join(__file__.split('/')[:-1] + ['samples.db'])
    return shelve.open(dbpath,protocol=2,writeback=True)
```

코드 5-8 데이터베이스 헬퍼 함수들

저장한 샘플 정보를 삭제하고 다시 시작할 때를 대비하여 프로그램의 데이터베이스를 삭제하는 wipe_database()를 정의한다❶. 그리고 데이터베이스를 열거나 존재하지 않는 경우 생성하는 get_database()를 정의하여❷ 멀웨어 샘플에 대한 데이터를 저장하고 검색하기 위한 데이터베이스 오브젝트를 반환할 수 있도록 한다.

코드 5-9는 공유 코드 분석 코드의 핵심 요소인 minhash를 구현한다.

```
def minhash(features):
    """
    This is where the minhash magic happens, computing both the minhashes of
    a sample's features and the sketches of those minhashes. The number of
    minhashes and sketches computed is controlled by the NUM_MINHASHES and
    NUM_SKETCHES global variables declared at the top of the script.
    """
    minhashes = []
    sketches = []
❶  for i in range(NUM_MINHASHES):
        minhashes.append(
❷          min([murmur.string_hash(`feature`,i) for feature in features])
        )
❸  for i in xrange(0,NUM_MINHASHES,SKETCH_RATIO):
❹      sketch = murmur.string_hash(`minhashes[i:i+SKETCH_RATIO]`)
        sketches.append(sketch)
    return np.array(minhashes),sketches
```

코드 5-9 샘플에 대한 minhash와 스케치 받기

NUM_MINHASHES를 루프하고❶ minhash 값을 하나 추가한다. 각 minhash 값은 모든 특성을 해시한 뒤 최소값을 취한다. 이 계산을 수행하기 위해 murmur 패키지의 string_hash() 함수를 사용하여 특성들을 해시하고 파이썬의 min() 함수로 최소값을 취한다❷.

string_hash의 두 번째 인자는 시드 값이며 해시 함수는 시드 값에 따라 다른 해시에 매핑된다. 각 minhash 값은 256개의 최소 해시 값이 상이하고 고유 해시 함수를 필요로 하기 때문에 카운터 값 i로 시드하는 string_hash 함수는 각 반복마다 서로 다른 해시에 특성을 매핑한다.

그리고 산출된 minhash를 반복하고 minhash를 사용하여 스케치를 계산한다❸. 스케치는 멀웨어 샘플의 데이터베이스 색인에 사용되는 여러 minhash의 해시로서, 데이터베이스에 쿼리를 날려 유사 가능성이 있는 샘플을 신속하게 취할 수 있다. 다음 코드 보기에서는 모든 샘플의 minhash를 단계 크기 SKETCH_RATIO로 반복하여 스케치를 구하는 동시에 각 해시의 청크를 처리한다.

마지막으로, murmur 패키지의 string_hash 함수를 사용하여 minhash들을 함께 해시한다.

코드 5-10는 코드 5-8의 get_database()와 앞서 임포트한 sim_graph 모듈의 getstrings() 함수, 그리고 코드 5-9의 minhash() 함수를 사용하여 시스템 데이터베이스에 샘플을 색인하는 함수를 생성한다.

```
def store_sample(path):
    """
    Function that stores a sample and its minhashes and sketches in the
    'shelve' database
    """
❶ db = get_database()
❷ features = getstrings(path)
❸ minhashes,sketches = minhash(features)

❹ for sketch in sketches:
       sketch = str(sketch)
❺    if not sketch in db:
           db[sketch] = set([path])
       else:
           obj = db[sketch]
❻       obj.add(path)
           db[sketch] = obj
       db[path] = {'minhashes':minhashes,'comments':[]}
       db.sync()

    print "Extracted {0} features from {1} ...".format(len(features),path)
```

코드 5-10 스케치를 키로 사용하여 샘플의 minhash를 shelve 데이터베이스에 저장

우리는 get_database()❶, getstrings()❷, minhash()❸를 호출하고 ❹에서 샘플 스케치를 반복하기 시작한다. 다음으로, 데이터베이스에서 샘플을 색인하기 위해 ID 대신 스케치 값에 따라 샘플을 저장할 수 있는 역색인이라는 기술을 사용한다. 더 구체적으로 말하자면, 샘플의 스케치 값 32개에 상응하는 스케치의 레코드를 데이터베이스에서 검색하고 해당 스케치와 관련된 샘플 리스트에 샘플 ID를 추가한다. 여기에서는 샘플의 파일 시스템 경로를 ID로 사용한다.

코드에서 이것의 구현을 확인할 수 있다. 샘플마다 계산한 스케치를 반복하고❹ 존재하지 않는다면 스케치의 레코드를 생성한다(샘플을 스케치와 연결)❺. 마지막으로, 스케치의 레코드가 존재한다면 관련 샘플 경로 집합에 해당 샘플 경로를 추가한다❻.

코드 5-11에서는 두 가지 중요 함수 comment_sample()와 search_sample()를 선언한다.

```
❶ def comment_sample(path):
    """
```

Function that allows a user to comment on a sample. The comment the user provides shows up whenever this sample is seen in a list of similar samples to some new samples, allowing the user to reuse their knowledge about their malware database.
"""

```
db = get_database()
comment = raw_input("Enter your comment:")
if not path in db:
    store_sample(path)
comments = db[path]['comments']
comments.append(comment)
db[path]['comments'] = comments
db.sync()
print "Stored comment:", comment
```

❷ def search_sample(path):
"""
Function searches for samples similar to the sample provided by the 'path' argument, listing their comments, filenames, and similarity values
"""

```
db = get_database()
features = getstrings(path)
minhashes, sketches = minhash(features)
neighbors = []
```

❸ for sketch in sketches:
```
    sketch = str(sketch)

    if not sketch in db:
        continue
```

❹ for neighbor_path in db[sketch]:
```
        neighbor_minhashes = db[neighbor_path]['minhashes']
        similarity = (neighbor_minhashes == minhashes).sum()
        / float(NUM_MINHASHES)
        neighbors.append((neighbor_path, similarity))
```

```
    neighbors = list(set(neighbors))
```
❺ neighbors.sort(key=lambda entry:entry[1], reverse=True)
```
    print ""
    print "Sample name".ljust(64), "Shared code estimate"
    for neighbor, similarity in neighbors:
        short_neighbor = neighbor.split("/")[-1]
        comments = db[neighbor]['comments']
        print str("[*] "+short_neighbor).ljust(64), similarity
        for comment in comments:
            print "\t[comment]",comment
```

코드 5-11 사용자가 샘플에 대해 주석을 작성하고 쿼리 샘플과 유사한 샘플을 검색하는 함수 선언

예상할 수 있듯이, comment_sample()❶은 샘플의 데이터베이스 레코드에 사용자 정의 주석 레코드를 추가한다. 이 기능을 통해 프로그램 사용자는 데이터베이스 내 샘플의 리버스 엔지니어링으로 얻은 인사이트를 포함하여 주석을 작성할 수 있기 때문에 해당 샘플과 유사한 새로운 샘플의 기원과 목적을 보다 빠르게 이해할 수 있다.

다음으로, search_sample()❷은 쿼리 샘플과 유사한 샘플을 찾기 위해 minhash를 활용한다. 이를 위해, 먼저 쿼리 샘플에서 문자열 특성, minhash, 스케치를 추출한다. 그리고 샘플의 스케치에 반복문을 사용해서 데이터베이스에 저장된 샘플 중 동일한 스케치를 포함하는 샘플을 찾는다❸. 쿼리 샘플과 스케치를 공유하는 각 샘플에 대해 minhash를 사용하여 자카드 지수의 근사치를 산출한다❹. 마지막으로, 데이터베이스에 저장되었던 이 샘플들과 관련된 주석을 포함하여 쿼리 샘플과 가장 유사한 샘플을 사용자에게 보고한다❺.

코드 5-12는 프로그램의 인자-파싱 부분을 수행하면서 프로그램 코드를 마무리한다.

```
if __name__ == '__main__':
    parser = argparse.ArgumentParser(
        description="""
Simple code-sharing search system which allows you to build up
a database of malware samples (indexed by file paths) and
then search for similar samples given some new sample
"""
    )

    parser.add_argument(
        "-l", "--load", dest="load", default=None,
        help="Path to malware directory or file to store in database"
    )

    parser.add_argument(
        "-s", "--search", dest="search", default=None,
        help="Individual malware file to perform similarity search on"
    )

    parser.add_argument(
        "-c", "--comment", dest="comment", default=None,
        help="Comment on a malware sample path"
    )

    parser.add_argument(
        "-w", "--wipe", action="store_true", default=False,
        help="Wipe sample database"
    )

    args = parser.parse_args()
❶ if args.load:
        malware_paths = []  # where we'll store the malware file paths
        malware_features = dict()  # where we'll store the malware strings
```

```
    for root, dirs, paths in os.walk(args.load):
        # walk the target directory tree and store all of the file paths
        for path in paths:
            full_path = os.path.join(root,path)
            malware_paths.append(full_path)

        # filter out any paths that aren't PE files
        malware_paths = filter(pecheck, malware_paths)

        # get and store the strings for all of the malware PE files
        for path in malware_paths:
            store_sample(path)

❷ if args.search:
        search_sample(args.search)

❸ if args.comment:
        comment_sample(args.comment)

❹ if args.wipe:
        wipe_database()
```

코드 5-12 사용자 커맨드 라인 인자를 바탕으로 유사성 데이터베이스 업데이트 및 쿼리 수행

여기서는 사용자가 데이터베이스에서 유사한 샘플을 검색할 때 새로운 멀웨어 샘플과 비교할 수 있도록 멀웨어 샘플을 데이터베이스에 로드하는 것을 허용한다❶. 다음으로, 사용자가 ❷에서 전달한 샘플과 유사한 샘플을 검색하여 결과를 터미널에 출력한다. 또한, 사용자가 이미 데이터베이스에 존재하는 샘플에 주석을 작성할 수 있도록 허용한다❸. 마지막으로, 사용자가 기존 데이터베이스를 삭제할 수 있도록 허용한다❹.

유사성 검색 시스템 실행

이 코드를 구현한 뒤, 네 가지 간단한 작업으로 구성된 다음 유사성 검색 시스템을 실행할 수 있다.

로드 샘플을 시스템에 로드하면 이후의 코드 공유 검색을 위해 시스템 데이터베이스에 샘플이 저장된다. 샘플들은 개별적으로 로드할 수도 있고 디렉토리를 지정하여 시스템이 PE 파일을 재귀적으로 검색하여 데이터베이스에 로드하도록 할 수도 있다. 이 챕터의 코드 디렉토리에서 다음 명령을 실행하여 데이터베이스에 샘플을 로드할 수 있다.

```
python listings_5_7_to_5_12.py –l <path to directory or individual malware sample>
```

코멘트 샘플에 주석을 작성하면 샘플에 관련된 정보를 저장할 수 있어서 유용하다. 또한, 해당 샘플과 유사한 새로운 샘플에 대한 유사성 검색을 수행할 때 예전 유사 샘플들에 작성한 주석을 보여줌으로서 워크플로우를 가속화한다. 다음 명령을 사용하여 멀웨어 샘플에 주석을 작성할 수 있다.

```
python listings_5_7_to_5_12.py –c <path to malware sample>
```

검색 단일 멀웨어 샘플이 주어진 경우, 검색은 데이터베이스 내의 모든 유사한 샘플을 식별하고 유사성에 따라 내림차순으로 출력한다. 또한, 해당 샘플들에 작성했던 모든 주석이 출력된다. 다음 명령을 사용하여 지정된 샘플과 유사한 멀웨어 샘플을 검색할 수 있다.

```
python listings_5_7_to_5_12.py –s <path to malware sample>
```

소거 데이터베이스를 소거하면 시스템 데이터베이스에서 모든 레코드가 지워지며 다음 명령으로 수행할 수 있다.

```
python listings_5_7_to_5_12.py –w
```

보기 5-13은 시스템에 APT1 샘플을 로드하는 모습을 나타낸다.

```
mds@mds:~/malware_data_science/ch5/code$ python listings_5_7_to_5_12.py -l ../data
Extracted 240 attributes from ../data/APT1_MALWARE_FAMILIES/WEBC2-YAHOO/
WEBC2-
YAHOO_sample/WEBC2-YAHOO_sample_A8F259BB36E00D124963CFA9B86F502E ...
Extracted 272 attributes from ../data/APT1_MALWARE_FAMILIES/WEBC2-YAHOO/
WEBC2-
YAHOO_sample/WEBC2-YAHOO_sample_0149B7BD7218AAB4E257D28469FDDB0D ...
Extracted 236 attributes from ../data/APT1_MALWARE_FAMILIES/WEBC2-YAHOO/
WEBC2-
YAHOO_sample/WEBC2-YAHOO_sample_CC3A9A7B026BFE0E55FF219FD6AA7D94 ...
Extracted 272 attributes from ../data/APT1_MALWARE_FAMILIES/WEBC2-YAHOO/
WEBC2-
YAHOO_sample/WEBC2-YAHOO_sample_1415EB8519D13328091CC5C76A624E3D ...
Extracted 236 attributes from ../data/APT1_MALWARE_FAMILIES/WEBC2-YAHOO/
WEBC2-
YAHOO_sample/WEBC2-YAHOO_sample_7A670D13D4D014169C4080328B8FEB86 ...
Extracted 243 attributes from ../data/APT1_MALWARE_FAMILIES/WEBC2-YAHOO/
WEBC2-
YAHOO_sample/WEBC2-YAHOO_sample_37DDD3D72EAD03C7518F5D47650C8572 ...
--snip--
```

보기 5-13 이 챕터에서 구현된 유사성 검색 시스템을 통한 데이터 로딩 샘플 출력

보기 5-14는 유사성 검색을 수행하는 모습을 나타낸다.

```
mds@mds:~/malware_data_science/ch5/code$ python listings_5_7_to_5_12.py –s \
../data/APT1_MALWARE_FAMILIES/GREENCAT/GREENCAT_sample/GREENCAT_
sample_AB20\
```

8F0B517BA9850F1551C9555B5313

Sample name	Shared code estimate
[*] GREENCAT_sample_5AEAA53340A281074FCB539967438E3F	1.0
[*] GREENCAT_sample_1F92FF8711716CA795FBD81C477E45F5	1.0
[*] GREENCAT_sample_3E69945E5865CCC861F69B24BC1166B6	1.0
[*] GREENCAT_sample_AB208F0B517BA9850F1551C9555B5313	1.0
[*] GREENCAT_sample_3E6ED3EE47BCE9946E2541332CB34C69	0.99609375
[*] GREENCAT_sample_C044715C2626AB515F6C85A21C47C7DD	0.6796875
[*] GREENCAT_sample_871CC547FEB9DBEC0285321068E392B8	0.62109375
[*] GREENCAT_sample_57E79F7DF13C0CB01910D0C688FCD296	0.62109375

보기 5-14 이 챕터에서 구현한 유사성 검색 시스템의 샘플 출력

이 시스템은 쿼리 샘플("greencat" 샘플)이 다른 greencat 샘플과 코드를 공유한다는 것을 정확히 판단한다. 만약 샘플들이 greencat 패밀리에 속한다는 것을 미리 알 수 없는 상황이었다면 이 시스템 덕분에 수많은 리버스 엔지니어링 작업을 피할 수 있었을 것이다.

이 유사성 검색 시스템은 기성 유사성 검색 시스템의 일부분을 따라한 예시에 불과하다. 하지만 지금까지 학습한 내용으로도 시스템에 시각화 기능을 추가하고 다중 유사성 검색 메서드를 지원하기에는 문제가 없을 것이다.

요약

이 챕터에서는 멀웨어 샘플 간 공유 코드 관계를 식별하고, 수천 개의 멀웨어 샘플에 대한 코드 공유 유사성을 계산했다. 이를 통해 새로운 멀웨어 샘플의 코드가 이미 확인된 수천 개의 멀웨어 샘플과 유사한지 확인하고, 멀웨어 관계를 시각화하는 방법을 학습했다.

이제 멀웨어 분석 툴박스에 공유 코드 분석을 추가하여 대량의 멀웨어에 대한 인텔리전스를 신속하게 확보하고 멀웨어 분석 워크플로우를 가속화할 수 있다.

챕터 6, 7, 8에서는 멀웨어 탐지를 위한 머신러닝 시스템을 구축하는 방법을 학습한다. 이러한 탐지 기술과 이미 학습한 내용을 결합하면 다른 도구들이 탐지하지 못하는 고급 멀웨어를 포착할 수 있을 뿐만 아니라, 알려진 여타 멀웨어와의 관계를 분석하여 멀웨어 작성자와 목표에 대한 단서를 얻을 수 있다.

6

머신러닝 기반 멀웨어 탐지 이해

시중의 오픈 소스 머신러닝 도구를 사용하면 비교적 적은 노력으로 머신러닝 기반 커스텀 멀웨어 탐지 도구를 구축하여 기본 탐지 도구로 사용하거나 상용 솔루션을 보완할 수 있다.

하지만 상용 바이러스 백신 솔루션을 사용할 수 있는 상황에서 왜 자체 머신러닝 도구를 구축해야 할까? 특정 공격자 그룹이 당신의 네트워크에 배포하는 악성 프로그램과 같은 특수한 위협에 노출되었을 때, 자체 머신러닝 기반 탐지 기술을 구축해 두면 이후 유사한 위협을 파악하는 데 도움이 되기 때문이다.

이와 반대로, 상용 안티바이러스 엔진은 시그니처가 포함되지 않은 위협은 탐지하지 못할 수 있다. 또한, 상용 도구는 "닫힌 책"이다. 작동 방식을 확인하거나 조정할 수 있는 범위가 제한적이라는 뜻이다. 자신만의 탐지 메서드를 구축하면 작동 방식을 명확히 알 수 있고, 입맛에 맞게 조정하여 오탐이나 미탐을 최소화할 수 있다. 일부 응용 프로그램에서는 미탐을 줄이기 위해 오탐을 허용할 수 있고(예를 들면, 네트워크에서 의심스러운 파일을 검색하는 경우), 다른 응용 프로그램에서는 오탐을 줄이기 위해 미탐을 허용할 수 있기에 유용하다(예를 들면, 프로그램이 악성 프로그램 실행을 차단하는 경우와 같이 오탐이 방해가 되는 경우).

이 챕터에서는 고급 자체 탐지 도구의 개발 과정을 학습한다. 우선 특성 공간, 결정 경계, 훈련 데이터, 언더피팅, 오버피팅 등 머신러닝의 기저를 구성하는 커다란 개념들에 대한 설명으로 시작한다. 그리고 네 가지 기본적인 접근방식(로지스틱 회귀분석, K-근접 이웃, 의사결정 트리, 임의 숲)을 어떻게 탐지 수행에 적용할 수 있는지에 초점을 맞춘다.

그리고 나서 이 챕터에서 학습한 내용을 토대로 챕터 7에서는 머신러닝 시스템의 정확성을 평가하고 챕터 8에서는 파이썬 머신러닝 시스템 구현 방법을 학습한다.

머신러닝 기반 탐지기 구축 단계

머신러닝은 여타 컴퓨터 알고리즘과는 근본적인 차이가 있다. 전통적인 알고리즘은 컴퓨터에게 할 일을 알려주는 반면, 머신러닝 시스템은 예시를 통해 문제 해결 방법을 학습한다. 예를 들면, 단순히 미리 구성된 규칙들의 집합으로부터 끌어내는 것이 아니라, 좋은 파일과 나쁜 파일의 예시를 통해 파일의 정체를 판단하는 머신러닝 보안 탐지 시스템을 훈련시킬 수 있다.

컴퓨터 보안을 위한 머신러닝 시스템의 장점은 시그니처 작성의 자동화와 시그니처 기반 접근 방식에 비해 높은 정확도이다(특히 새로운 멀웨어의 경우).

의사결정 트리와 같은 머신러닝 기반 탐지기 구축을 위한 워크플로우는 다음과 같은 단계로 요약된다.

1. 멀웨어와 양성 프로그램의 예시를 **수집**한다. 이러한 예시(훈련 예시)를 통해 머신러닝 시스템이 멀웨어를 인식하도록 훈련시킨다.

2. 예시를 숫자 배열로 나타내기 위해 각 훈련 예시로부터 특성을 **추출**한다. 이 단계에는 머신러닝 시스템이 정확한 추론을 하는 데 도움이 되는 좋은 특성들을 설계하기 위한 연구가 포함된다.

3. 추출한 특성을 통해 멀웨어를 인식할 수 있도록 머신러닝 시스템을 **훈련**시킨다.

4. 훈련 예시에 포함되지 않은 일부 데이터에 대한 접근을 **테스트**하여 탐지 시스템이 잘 동작하는지 확인한다.

위 단계들에 대한 세부사항은 다음 섹션들에서 알아보도록 하자.

훈련 예시 수집

머신러닝 탐지기의 사활은 제공된 훈련 데이터에 달려 있다. 의심스러운 바이너리를 인식하는 멀웨어 탐지기의 능력은 당신이 제공하는 훈련 예시의 양과 질에 크게 좌우된다. 따라서, 머신러닝 기반 탐지기를 만들 때에는 훈련 예시 수집에 많은 시간을 할애하는 것이 좋다. 시스템에 더 많은 예시를 제공할수록 정확도가 높아지기 때문이다.

훈련 예시의 질 또한 중요하다. 수집한 멀웨어와 양성 프로그램은 탐지기가 새로운 파일이 악의적인지 양성인지 판단하기 위해 필요한 멀웨어와 양성 프로그램으로 구성되어야 한다.

예를 들어, 특정 위협 행위자 그룹의 멀웨어를 탐지하려면 해당 그룹에서 최대한 많은 멀웨어를 수집하여 시스템 훈련에 사용해야 한다. 만약 광범위한 종류의 멀웨어(랜섬웨어 등)을 탐지하는 것이 목적이라면 이러한 부류의 대표적인 샘플들을 다양하게 수집해야 한다.

마찬가지로, 시스템에 제공되는 양성 훈련 예시는 배포 후 탐지기가 분석할 양성 파일의 종류를 반영해야 한다. 예를 들어, 대학 네트워크에서 멀웨어 탐지 작업을 수행하는 경우, 오탐을 피하기 위해 학생들과 대학 직원들이 사용하는 양성 프로그램을 광범위하게 샘플링함으로서 시스템을 훈련시켜야 한다. 이는 컴퓨터 게임, 문서 편집기, IT 부서에서 작성한 사용자 정의 소프트웨어 등 정상적인 프로그램들을 포함한다.

실례를 들자면, 내가 일하고 있는 회사에서도 악성 Office 문서를 감지하는 탐지기를 구축한 바 있다. 우리는 이 프로젝트를 위한 훈련 데이터 수집에만 개발 기간의 절반을 투자했고 천 명 이상의 직원들이 작성한 양질의 문서들이 수집되었다. 이 예시들을 사용하여 시스템을 훈련시킴으로써 오탐 비율을 현저히 감소시킬 수 있었다.

특성 추출

머신러닝 시스템으로 좋은 파일과 나쁜 파일을 분류할 수 있도록 만들기 위해 소프트웨어 바이너리의 특성을 훈련시킨다. 이는 시스템이 좋은 파일과 나쁜 파일을 구별할 때 참고가 되는 파일 속성들을 뜻한다. 파일의 좋고 나쁨을 결정할 때 사용할 수 있는 특성들은 다음과 같다.

- 디지털 서명 여부
- 기형 헤더의 존재 여부
- 암호화된 데이터의 존재 여부
- 100개 이상의 네트워크 워크스테이션에서 확인되었는지 여부

이러한 특성들은 파일에서 추출하여 확인할 수 있다. 예를 들어, 파일의 디지털 서명이 존재하는지, 잘못된 형식의 헤더가 있는지, 암호화된 데이터가 포함되어 있는지 등을 판단하기 위해 코드를 작성할 수 있다.

보안 데이터 과학에서 머신러닝 탐지기는 종종 상당량의 특성들을 활용한다. 예를 들면, Win32 API의 라이브러리 호출에 반응하는 모든 바이너리에 특성을 부여할 수 있다. 특성 추출에 대해서는 챕터 8에서 다시 살펴보면서 파이썬에서 머신 러닝 시스템을 구현하기 위해 더 발전된 특성 추출 개념을 활용하는 방법에 대해 논의할 것이다.

올바른 특성 설계

우리의 목표는 가장 정확한 결과를 산출하는 특성을 선택하는 것이다. 이 섹션에는 몇 가지 일반적인 규칙이 수록되어 있다.

첫째, 특성을 선택할 때에는 머신러닝 시스템이 나쁜 파일과 좋은 파일을 구별하는 데 도움이 될 수 있는 최선의 추측을 엄선한다. 예를 들어, "암호화된 데이터 포함" 특성을 보자. 멀웨어에는 종종 암호화된 데이터가 포함되어 있으며, 양성 프로그램에는 암호화된 데이터가 포함된 경우가 드물다고 추측할 수 있기 때문에 이는 멀웨어 판단의 올바른 근거가 될 수 있다. 머신러닝의 장점은 만약 이 가설이 잘못되었고 양성 프로그램에도 멀웨어와 마찬가지로 암호화된 데이터가 자주 포함되는 경우, 시스템이 이 특성을 거의 무시한다는 것이다. 우리의 추측이 맞다면, 시스템은 멀웨어를 탐지할 때 "암호화된 데이터 포함" 특성을 활용하는 법을 학습할 것이다.

둘째, 탐지 시스템의 훈련 예시 수에 비해 특성이 너무 커지지 않도록 과도한 양의 특성을 사용하지 않는다. 머신러닝 전문가들이 "차원의 저주"라고 부르는 것이 있다. 예를 들어, 당신에게 천 가지의 특성이 있는데 단지 천 개의 훈련 예시만을 가지고 있다면, 주어진 바이너리의 특성들에 대해 머신러닝 시스템에 가르칠 훈련 예시가 충분하지 않을 가능성이 높다. 통계에 따르면 활용 가능한 훈련 예시의 수에 비해 적은 특성을 시스템에 제공해야 실제 멀웨어의 판단 근거가 되는 신뢰도 높은 특성들을 가려낼 수 있다.

마지막으로, 특성들이 멀웨어와 양성 프로그램의 분별 근거가 되는 광범위한 추측을 제공하도록 한다. 예를 들어, 암호화 관련 API 호출이나 공개 키 기반 구조(PKI)의 사용 여부와 같은 암호화 관련 특성을 구축하도록 할 수도 있지만, 정확성을 높이기 위해 암호화와 무관한 특성들도 활용해야 한다. 이렇게 하면 시스템이 한 유형의 특성을 기반으로 멀웨어를 탐지하지 못하더라도 다른 특성을 사용하여 멀웨어를 탐지할 수 있다.

머신러닝 시스템 훈련시키기

훈련용 바이너리에서 특성을 추출했다면 이제 머신러닝 시스템을 훈련시킬 차례이다. 이것이 어떠한 알고리즘으로 구현될 것인지는 당신이 사용하는 머신러닝 접근법에 전적으로 의존한다. 예를 들어, 뒤에서 논의할 의사결정 트리 접근법 훈련은 함께 다룰 로지스틱 회귀분석 접근법 훈련과는 상이한 학습 알고리즘을 포함한다.

다행히 모든 머신러닝 탐지기는 동일한 기본 인터페이스를 제공한다. 당신은 탐지기에 샘플 바이너리의 특성을 포함하는 훈련 데이터와 어떤 바이너리들이 멀웨어고, 어떤 것이 양성 프로그램인지 알려주는 레이블을 알고리즘에 제공한다.

이를 통해 알고리즘은 새로운 바이너리가 악성인지 양성인지를 판단하는 법을 학습하게 된다. 훈련에 대해서는 이 챕터의 뒷부분에서 좀 더 자세히 다룬다.

> **NOTE** 이 책에서는 지도 학습 알고리즘으로 알려진 머신러닝 알고리즘들에 초점을 맞추고 있다. 이러한 알고리즘들로 모델을 훈련하기 위해 우리는 시스템에 어떤 예시가 악성인지, 어떤 예시가 양성인지 알려준다. 이와는 다른 종류의 머신러닝 알고리즘인 비지도 학습 알고리즘에서는 시스템에게 훈련 집합 내의 어떤 예시가 악성이고 어떤 예시가 양성인지 알려주지 않는다. 이러한 알고리즘들은 악성 소프트웨어와 의심스러운 행동을 탐지하는 데에는 훨씬 덜 효과적이기 때문에 이 책에서는 다루지 않는다.

머신러닝 시스템 테스트하기

머신러닝 시스템 훈련이 끝나면 정확도를 확인해야 한다. 시스템을 실행하여 훈련받지 않은 데이터에 대해 해당 바이너리의 악성 여부를 판단할 수 있는지 확인한다. 보안 분야에서는 일반적으로 특정 시점까지 수집한 바이너리로 시스템을 훈련시킨 뒤, 이후에 발견되는 바이너리들을 테스트하여 시스템이 새로운 멀웨어를 얼마나 잘 탐지할 수 있는지 측정하고, 새로운 양성 프로그램에 대한 오탐을 제대로 방지하는지 측정한다. 대부분의 머신러닝 연구는 이러한 과정을 수천 번의 반복하여 이루어진다. 머신러닝 시스템을 구축하고, 테스트하고, 조정하고, 다시 훈련시키고, 다시 테스트하는 과정을 만족스러운 결과를 얻을 때까지 반복하는 것이다. 머신러닝 시스템 테스트에 대해서는 챕터 8에서 자세히 다룬다.

이제 머신러닝 알고리즘들이 어떻게 작동하는지 알아보자. 챕터에서 가장 어려운 부분이지만 시간을 들여 이해한다면 가장 보람찰 것이다. 모든 알고리즘의 기초가 되는 공통 개념에 대해 학습한 뒤 각 알고리즘의 세부사항을 알아보도록 하자.

특성 공간과 결정 경계의 이해

두 가지 간단한 기하학적 개념을 통해 모든 머신러닝 기반 탐지 알고리즘에 대해 이해할 수 있다. 바로 기하학적 특성 공간 개념과 결정 경계 개념이다. 특성 공간은 선택한 특성에 의해 정의되는 기하학적 공간이며, 결정 경계란 이 공간을 관통하는 기하학적 구조로서 경계선의 한쪽에 존재하는 바이너리는 멀웨어로 정의하고 다른 쪽의 바이너리는 양성 프로그램으로 정의한다. 머신러닝 알고리즘을 사용하여 파일을 악성 또는 양성으로 분류할 때 특성들을 추출하여 특성 공간에 샘플을 배치하고, 샘플이 결정 경계의 어느

쪽에 있는지 확인하여 해당 파일이 멀웨어인지 양성 프로그램인지 결정한다.

　1~3차원(특성)의 특성 공간을 기반으로 하는 시스템에서는 특성 공간과 결정 경계를 기하학적으로 이해하는 것이 가능하지만 시각화하거나 상상할 수 없는 수백만 차원의 특성 공간도 존재한다.

　이 챕터에서는 시각화를 위해 2차원의 예시만 사용하지만 실제 보안 머신러닝 시스템은 수백, 수천 또는 수백만 개의 차원을 사용한다. 우리가 2차원으로 논의하는 기본 개념은 2차원이 넘는 실제 시스템에서도 통용된다.

　멀웨어 탐지 예제를 만들어 특성 공간 내 결정 경계의 개념을 명확히 알아보자. 멀웨어와 양성 프로그램 샘플로 구성된 훈련 데이터셋이 있다고 가정해 보자. 이제 각 바이너리에서 두 개의 특성을 추출한다. 압축된 것으로 보이는 파일의 비율과 각 바이너리가 가진 의심스러운 함수의 수. 그림 6-1과 같이 훈련 데이터셋을 시각화할 수 있다(예시를 위해 인위적으로 데이터를 생성했다).

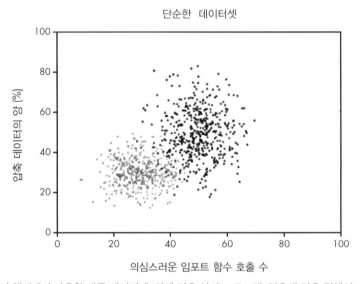

그림 6-1 이 챕터에서 사용할 샘플 데이터셋. 회색 점은 양성 프로그램, 검은색 점은 멀웨어

　그림 6-1에 표시된 2차원 공간은 두 가지 특성으로 정의되는 샘플 데이터셋을 위한 특성 공간이다. 일반적으로 검은 점(멀웨어)이 공간의 오른쪽 상단에 모이는 명확한 패턴을 확인할 수 있다. 이들은 왼쪽 하단에 보이는 양성 프로그램들보다 더 의심스러운 임포트 함수들을 호출하고 더 많은 압축 데이터를 가지고 있다. 이 도식에서 사용하는 두 가지 특성에 기반하여 멀웨어 탐지 시스템을 구축한다고 가정해 보자. 이 데이터에 따르면 압축 데이터의 비율이 높고, 의심스러운 임포트 함수를 호출하는 바이너리는 악성 프로그램으로, 의심스러운 임포트 호출이 없고 압축된 데이터가 적다면 양성 프로그램이라는 공식을 얻을 수 있다.

이 규칙은 양성 프로그램 샘플과 멀웨어 샘플을 구분하는 특성 공간 내 대각선으로 시각화할 수 있다. 다수의 압축 데이터와 임포트 함수 호출(멀웨어로 정의)을 포함하는 바이너리들은 라인 위에, 나머지 바이너리(양성 프로그램으로 정의)들은 라인 아래에 있다. 그림 6-2는 결정 경계라고 부르는 선을 나타낸다.

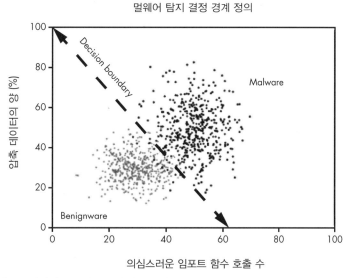

그림 6-2 샘플 데이터셋을 통해 도출된 멀웨어 탐지 규칙을 정의하는 결정 경계

도식에서 볼 수 있듯이 검정(멀웨어) 점들은 대부분 경계 한쪽에 몰려있고 회색(양성 프로그램) 샘플들은 대부분 결정 경계 반대쪽에 있다. 검정색, 회색 구름들이 겹쳐지기 때문에 이 데이터셋의 모든 샘플을 완벽히 분리하는 선을 긋는 것은 불가능하다. 하지만 이 예시에 나타나는 패턴을 보면 새로운 멀웨어 샘플들과 양성 프로그램 샘플들이 임의의 대각선에 의해 대부분 제대로 분류되는 것으로 보인다.

그림 6-2에서는 데이터에 따라 수동으로 결정 경계를 그려넣었다. 하지만 좀 더 정확하고 자동화된 결정 경계를 원한다면 어떻게 해야 할까? 이것이 바로 머신러닝이 하는 일이다. 모든 머신러닝 탐지 알고리즘은 데이터를 검토하고 자동화된 프로세스를 통해 새로운 데이터에 대한 탐지를 정확히 수행할 수 있는 이상적인 결정 경계를 결정한다.

그림 6-3의 샘플 데이터를 통해 실제로 흔히 사용되는 머신러닝 알고리즘이 결정 경계를 식별하는 방식을 살펴보자. 이 예시는 로지스틱 회귀분석이라는 알고리즘을 사용한다.

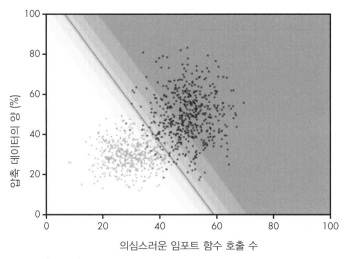

로지스틱 회귀

의심스러운 임포트 함수 호출 수

그림 6-3 로지스틱 회귀분석 모형을 훈련시킴으로서 자동으로 생성된 결정 경계

이전 도식과 동일한 샘플 데이터를 사용하고 있다는 점을 기억하자. 회색 점은 양성 프로그램이며 검은 점은 멀웨어다. 도식의 중심을 관통하는 선은 로지스틱 회귀분석 알고리즘이 데이터를 검토하여 학습한 결정 경계선이다. 로지스틱 회귀분석 알고리즘은 바이너리가 멀웨어일 확률이 50% 이상이라면 대각선의 오른쪽에 할당하고, 멀웨어일 확률이 50% 이하라면 왼쪽에 할당한다.

이제 도식의 음영 영역을 주목해 보자. 어두운 회색 음영 영역은 로지스틱 회귀분석 모델이 악성 프로그램이라고 확신하는 파일들이 존재하는 영역이다. 로지스틱 회귀분석 모델은 이 영역에 있는 모든 새로운 파일들이 멀웨어일 가능성이 높은 특성들을 가진 것으로 판단한다. 결정 경계에 가까워질수록 바이너리의 악성, 양성 판단에 대한 신뢰도가 낮아진다. 로지스틱 회귀분석은 우리가 얼마나 공격적으로 멀웨어를 탐지하려 하는가에 따라 대각선을 더 어두운 영역이나 더 밝은 영역으로 쉽게 이동할 수 있게 해준다. 아래로 이동하면 더 많은 멀웨어를 잡을 수 있지만 더 많은 오탐을 얻게 된다. 위로 이동하면 더 적은 멀웨어를 잡게 되지만, 오탐도 적어진다.

로지스틱 회귀분석을 비롯한 모든 머신러닝 알고리즘은 고차원 특성 공간에도 적용된다는 것을 명심하자. 그림 6-4는 더 높은 차원의 특성 공간에서 로지스틱 회귀분석이 적용되는 것을 보여준다.

고차원 공간에서는 선이 아니라 평면이 3D 공간의 점들을 구분하는 결정 경계가 된다. 4차원 이상으로 올라가면 로지스틱 회귀분석은 고차원 공간에서 멀웨어와 양성 프로그램을 구분하는 n차원 평면인 하이퍼플레인을 생성한다.

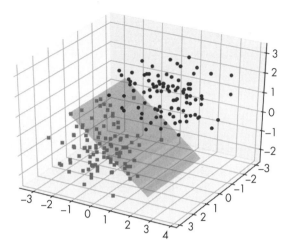

그림 6-4 가상의 3차원 특성 공간을 관통하는 평면 결정 경계. 로지스틱 회귀분석으로 생성

로지스틱 회귀분석은 비교적 단순한 머신러닝 알고리즘이기 때문에 선, 평면, 고차원 평면과 같이 기하학적으로 단순한 결정 경계만 생성할 수 있다. 다른 머신러닝 알고리즘들은 더 복잡한 결정 경계를 만들 수 있다. 그림 6-5에서는 K-근접 이웃 알고리즘이 생성한 결정 경계를 확인할 수 있다(세부사항은 뒤에서 논의).

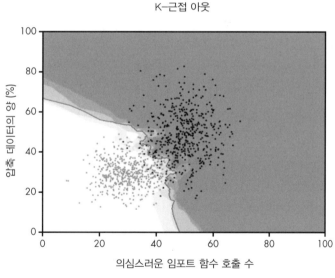

그림 6-5 K-근접 이웃 알고리즘에 의해 생성된 결정 경계

보다시피 이 결정 경계는 평면이 아니라 매우 불규칙한 구조로 이루어져 있다. 또한 일부 머신러닝 알고리즘은 연속성과 관계 없이 특성 공간의 일부 영역을 악성군으로 정의하고 일부 영역을 양성군으로 정의하는 분리 결정 경계를 생성할 수 있다.

그림 6-6은 샘플 특성 공간에서 멀웨어와 양성 프로그램의 패턴이 더 복잡한 다른 샘플 데이터셋을 사용하여 이 불규칙한 구조의 결정 경계를 보여준다.

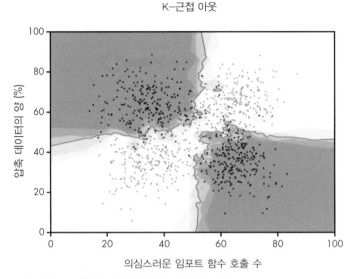

그림 6-6 K-근접 이웃 알고리즘에 의해 생성된 분리 결정 경계

결정 경계가 접경하지는 않지만, 머신러닝에서는 이러한 분리 결정 경계 역시 단순히 "결정 경계"라고 부르는 것이 일반적이다. 당신은 다양한 종류의 의사결정 경계를 표현하기 위해 여러 종류의 머신러닝 알고리즘을 사용할 수 있으며, 이러한 표현적 차이 덕분에 우리는 주어진 프로젝트에 대해 다양한 머신러닝 알고리즘을 선택할 수 있다.

특성 공간, 결정 경계와 같은 핵심 머신러닝 개념에 대해 알아보았으니 이제 머신러닝 실무자들이 과적합, 과소적합이라고 부르는 개념에 대해 알아보자.

모델의 가치 판단: 과적합 및 과소적합

머신러닝에서 과적합과 과소적합의 중요성은 아무리 강조해도 지나치지 않다. 이상적인 머신러닝 알고리즘을 정의하기 위해서는 두 가지 모두 피하는 것이 좋다. 이상적이고 정확도 높은 머신러닝 탐지 모델은 관례가 되는 예외나 이상점에 방해받지 않고 훈련 데이터 내의 양성, 악성 구분을 위한 일반적인 추세를 포착한다.

과소적합 모델은 이상점을 무시하지만 일반적인 추세를 포착하지 못하기 때문에 새로운 바이너리에 대한 정확도가 떨어진다. 과적합 모델은 일반적인 추세를 반영하지 않는 이상점에 의해 방해를 받아 새로운 바이너리에 대한 정확도가 떨어진다. 멀웨어와 양성자를 구분하는 일반적인 추세를 포착하는 것은 모두 머신러닝 멀웨어 탐지 모델의 구축에 달려있다.

그림 6-7, 6-8, 6-9의 과소적합, 적합 및 과적합 모델 예시를 통해 이 용어들에 대해 알아보자. 그림 6-7은 과소적합 모델을 보여준다.

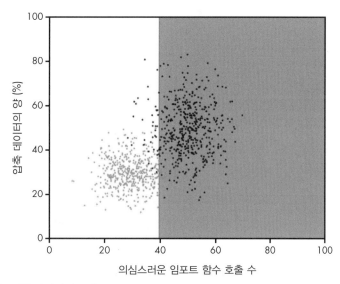

그림 6-7 과소적합 머신러닝 모델

플롯 오른쪽 상단에 있는 검은 점(멀웨어) 군집과 왼쪽 하단에 있는 회색 점(양성 프로그램) 군집을 확인할 수 있다. 그러나 이 머신러닝 모델은 대각선 추세를 포착하지 않고 데이터를 조잡하게 분리하면서 점들을 가운데로 잘라내기만 한다. 일반적인 추세를 포착하지 못하는 과소적합이라고 할 수 있다.

또한, 플롯의 모든 영역에서 확실한 부분은 어두운 회색과 흰색, 두 가지 음영에 불과하다. 다시 말해, 이 모델은 특성 영역의 점들이 악성이거나 양성이라는 것을 절대적으로 확신하고 있다. 이렇게 확실성을 정확하게 표현할 수 없다는 점도 이 모델이 적합하지 않은 이유 중 하나이다.

그림 6-7의 과소적합 모델과 그림 6-8의 적합 모델을 대조해 보자.

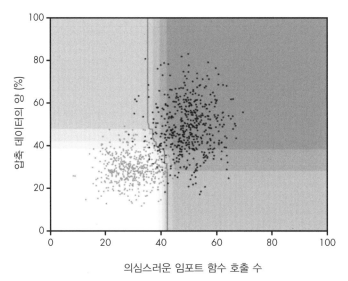

적합(일반적인 추세 포착)

그림 6-8 적합 머신러닝 모델

이 경우, 모델은 데이터의 일반적인 추세를 포착할 뿐만 아니라 특성 공간의 어느 영역이 확실히 악성인지, 확실히 양성인지, 또는 회색 영역인지에 대한 추정치와 관련된 합리적인 확실성 모델을 생성한다.

위 플롯의 상단에서 하단으로 이어지는 결정선에 주목하자. 이 모델은 멀웨어와 양성 프로그램을 구분하기 위한 단순한 기준을 가지고 있다. 바로 대각선 요철이 있는 플롯 중앙의 수직선이다. 플롯에서 음영 처리된 영역을 보면 이 모델이 플롯의 오른쪽 상단에 있는 데이터가 멀웨어라는 것과 왼쪽 하단에 있는 바이너리가 양성 프로그램이라는 것만 확신한다는 것을 알 수 있다.

마지막으로, 그림 6-9에 표시된 과적합 모델과 그림 6-7에서 보았던 과소적합 모델, 그리고 그림 6-8의 적합 모델을 대조해 보자.

그림 6-9의 과적합 모델은 데이터의 일반적인 추세를 포착하지 못한다. 그 대신, 회색 점 클러스터(양성 훈련 예시)에서 발생하는 검은 점 집단(멀웨어 훈련 예시)을 포함한 데이터 내 예외에 집착하고 그 주위로 결정 경계를 그린다. 마찬가지로, 멀웨어 클러스터에서 발생하는 양질의 소프트웨어 예시들에도 초점을 맞추며, 이 주위에도 경계를 그린다.

이는 새로운 바이너리들이 이상점 가까이 포진되는 특성을 가지고 있다면 머신러닝 모델은 그것들이 양성 프로그램일 확률이 높더라도 멀웨어라고 판단할 것이며, 그 반대의 경우도 성립한다는 것을 의미한다. 실무에서는 이 모델이 충분히 정확하지 못하다는 결론을 도출할 수 있다.

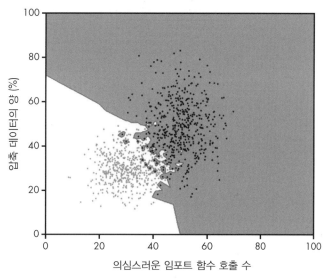

과적합(이상점에 합치)

그림 6-9 과적합 머신러닝 모델

주요 머신러닝 알고리즘 타입

지금까지 일반적인 머신러닝 이론을 학습하고, 로지스틱 회귀분석과 K-근접 이웃이라는 두 개의 머신러닝 메서드를 다뤄보았다. 챕터의 나머지 부분에서는 로지스틱 회귀분석, K-근접 이웃, 의사결정 트리와 무작위 숲 알고리즘에 대해 더 자세히 살펴보도록 한다. 이러한 알고리즘들은 보안 데이터 과학계에서 자주 사용되며, 겉보기엔 복잡하지만 근본적인 개념은 직관적이고 직설적이다.

먼저, 그림 6-10에서 각 알고리즘의 장단점을 알아보기 위해 사용할 샘플 데이터셋을 살펴보자.

이 데이터셋들은 예시를 위해 임의로 생성한 것이다. 왼쪽에 있는 간단한 데이터셋은 그림 6-7, 6-8, 6-9에서 이미 사용했다. 검은색 훈련 예시(멀웨어)와 회색 훈련 예시(양성 프로그램)를 선과 같은 간단한 기하학적 구조를 이용해 구분할 수 있다.

위에 보이는 데이터셋은 그림 6-6에서 사용했던 것으로, 단순히 선만으로 멀웨어와 양성 프로그램을 분리할 수 없기 때문에 복잡하다. 하지만 데이터에 대한 명확한 패턴은 존재한다. 단지 결정 경계를 만들기 위해 더 복잡한 방법이 필요할 뿐이다. 이 두 샘플 데이터셋에서 서로 다른 알고리즘이 어떻게 동작하는지 살펴보도록 하자.

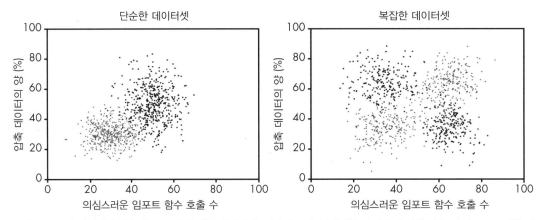

그림 6-10 이 챕터에서 사용하는 두 가지 샘플 데이터셋. 검은색 점은 멀웨어를 나타내며 회색 점은 양성 프로그램을 나타낸다.

로지스틱 회귀분석

앞서 학습한 것과 같이 로지스틱 회귀분석은 훈련용 멀웨어와 그것을 기하학적으로 구분하는 선, 평면 또는 하이퍼플레인(제공하는 특성 수에 따라 다름)을 생성하는 머신러닝 알고리즘이다. 훈련된 모델을 사용하여 새로운 멀웨어를 탐지할 때, 로지스틱 회귀분석은 처음 보는 바이너리가 멀웨어 쪽에 있는지 양성 프로그램 쪽에 있는지 확인하여 양성 여부를 결정한다.

로지스틱 회귀분석의 한계는 단순히 선이나 하이퍼플레인만을 사용하여 데이터를 분류할 수 없는 경우에는 올바른 해법이 되지 못한다는 것이다. 로지스틱 회귀분석을 사용할 수 있는지 여부는 데이터와 특성들에 따라 달라진다. 예를 들어, 강력한 악성 지표인 특성들을 다수 가지고 있다면 로지스틱 회귀는 효과적인 접근법이 될 수 있다. 반면, 파일의 악성 여부를 확인하기 위해 특성 간의 복잡한 관계를 사용해야 하는 경우에는 K-근접 이웃, 의사결정 트리 또는 무작위 숲과 같은 접근법이 더 효과적일 수 있다.

로지스틱 회귀분석의 장단점을 파악하기 위해 그림 6-11에서 사용하는 두 개의 샘플 데이터셋을 통해 로지스틱 회귀분석의 성능을 살펴보자. 로지스틱 회귀분석은 단순한 데이터셋(왼쪽)에서 멀웨어와 양성 프로그램을 매우 효과적으로 분류한다는 것을 알 수 있다. 반면, 복잡한 데이터셋(오른쪽)에 대한 로지스틱 회귀분석은 효과적이지 않다. 로지스틱 회귀 알고리즘은 선형 결정 경계만을 표현할 수 있기 때문이다. 선의 양쪽에서 두 가지 바이너리 유형을 모두 확인할 수 있고 회색 음영 처리된 신뢰 대역은 데이터와 어떠한 관계도 성립되지 않는다. 이렇게 복잡한 데이터셋에는 더 다양한 기하학적 구조를 표현할 수 있는 알고리즘을 사용해야 한다.

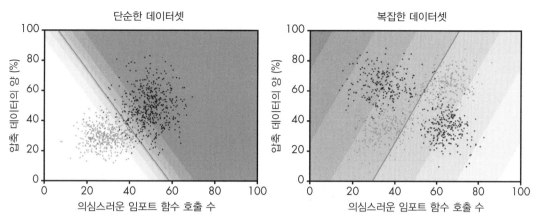

그림 6-11 로지스틱 회귀분석을 사용하여 도출한 샘플 데이터셋의 결정 경계

로지스틱 회귀분석의 수학적 원리

이제 로지스틱 회귀분석이 멀웨어 샘플을 탐지하는 수학적 원리를 알아보자. 코드 6-1
은 로지스틱 회귀분석을 사용하여 바이너리가 멀웨어일 확률을 계산하는 파이썬 형태의
의사 코드이다.

```
def logistic_regression(compressed_data, suspicious_calls, learned_parameters): ❶
compressed_data = compressed_data * learned_parameters["compressed_data_weight"] ❷
        suspicious_calls = suspicious_calls * learned_parameters["suspicious_calls_weight"]
score = compressed_data + suspicious_calls + bias ❸
        return logistic_function(score)

def logistic_function(score): ❹
        return 1/(1.0+math.e**(-score))
```

코드 6-1 로지스틱 회귀분석을 통해 확률을 계산하는 의사 코드

이 코드가 의미하는 바를 이해해 보자. 먼저 logistic_regression 함수❶와 매개변수들
을 정의한다. 매개변수는 압축된 데이터의 양과 의심스러운 호출의 수를 나타내는 바이
너리의 특성(compressed_data, suspicious_calls)이며, learned_parameters 매개변수는 훈
련 데이터에 로지스틱 회귀모델을 훈련시킴으로써 학습된 로지스틱 회귀함수의 요소들
을 나타낸다. 매개변수들이 어떻게 학습되었는지는 챕터의 뒷부분에서 다룬다. 지금은
매개변수가 훈련 데이터에서 파생되었다는 것만 알면 된다.

그리고 나서 compressed_data 특성을 받아❷ compressed_data_weight 매개변수로 곱
한다. 이 가중치는 로지스틱 회귀 함수가 이 특성을 멀웨어로 판단하는 정도에 따라 달
라진다. 로지스틱 회귀 모형이 해당 특성을 파일이 양수임을 나타내는 지표로 여길 경우
가중치는 음수가 될 수도 있다는 점을 명심하자.

다음 라인에서는 suspicious_calls 매개변수에 대해 동일한 작업을 수행한다. 그런 다음 가중치가 적용된 두 특성을 더하고❸, bias 매개변수(훈련 데이터에서 학습)라는 매개변수를 더한다. 요약하면, 악성 의심 정도에 따라 가중치가 적용된 compressed_data 특성과 suspicious_calls 특성을 더한 뒤에 일반적인 파일들에 대한 로지스틱 회귀 모델의 악성 의심 정도를 나타내는 bias 매개변수를 더한다. 이 덧셈과 곱셈의 결과가 해당 파일의 악성 가능성을 나타내는 점수가 된다.

마지막으로, 의심 점수를 확률로 환산하기 위해 logistic_function을 사용한다❹. 그림 6-12는 이 함수의 기능을 시각화한다.

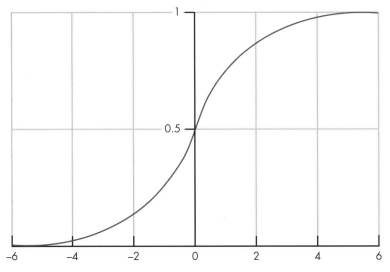

그림 6-12 로지스틱 회귀분석에 사용된 로지스틱 함수 플롯

여기서 로지스틱 함수는 점수(x축에 표시)를 0과 1 사이의 경계값(확률)으로 환산한다.

수학적 원리

그림 6-11의 결정 경계로 돌아가서 수학적 원리를 확인해 보자. 우리가 확률을 계산했던 방법은 다음과 같다.

logistic_function(feature1_weight * feature1 + feature2_weight*feature2 + bias)

예를 들어, 그림 6-11에 표시된 특성 공간의 모든 지점에서 동일한 특성 가중치와 bias 매개변수를 사용하여 결과 확률을 플로팅하면 음영이 적용된 영역으로 수렴하는데, 이는 모델이 "생각"하는 악성, 양성 샘플의 위치와 신뢰도를 나타낸다.

만약 임계값을 0.5로 설정하면(50% 이상의 확률이면 악성 파일로 가정하므로), 그림 6-11에 표시된 선이 결정 경계가 된다.

제공된 샘플 코드에 특성 가중치와 편향을 적용해 직접 실험해 보는 것을 권장한다.

> **NOTE** 로지스틱 회귀는 앞서 언급한 두 가지 특성 외에도 사용할 수 있다. 실제로 로지스틱 회귀분석에
> 점수나 수백, 수천 개의 특성을 사용한다. 하지만 수학적 원리는 변하지 않는다. 단지 몇 가지 특
> 성에 대한 확률을 다음과 같이 계산한다.

---

logistic_function(feature1 * feature1_weight + feature2 * feature2_weight + feature3 * feature3_weight ... + bias)

그렇다면 로지스틱 회귀분석은 훈련 데이터를 기반으로 도출한 결정 경계를 올바른 위치에 배치하는 방법을 정확히 어떻게 학습할까? 바로 경사 하강법이라는 해석 기반의 반복적 접근법을 이용한다. 이 책에서는 이 접근법에 대해 상세히 다루지 않지만, 기본적으로 선, 평면 또는 하이퍼플레인(사용하는 특성의 개수에 따라) 등을 반복적으로 조정하여 훈련 세트의 데이터 포인트의 양성, 악성 여부를 판단할 때 로지스틱 회귀 모델이 정답을 얻을 확률을 최대화하는 것이다.

당신은 로지스틱 회귀 모델을 학습시켜서 로지스틱 회귀 학습 알고리즘이 멀웨어와 양성 프로그램을 구분하기 위해 사용하는 이론의 복잡도를 조정할 수 있다. 해당 훈련 방법은 이 책에서 다루지 않지만 이러한 유용한 방법론에도 관심이 있다면 구글에 "로지스틱 회귀와 정규화"를 검색해보길 권장한다.

로지스틱 회귀분석의 실사용

로지스틱 회귀분석은 다른 머신러닝 알고리즘과 비교할 때 뚜렷한 장단점을 가지고 있다. 로지스틱 회귀분석의 장점은 로지스틱 회귀분석 모델이 멀웨어를 판단하는 방식을 쉽게 해석할 수 있다는 것이다. 예를 들어, 주어진 로지스틱 회귀 모델은 특성 가중치가 높은 특성을 악성으로 판단한다는 것을 알 수 있다. 음수 가중치를 지닌 특성은 양성으로 판단한다. 로지스틱 회귀분석은 매우 단순한 접근법이며 데이터에 명확한 악성 지표가 내재되어 있을 때 효과적이다. 그러나 데이터가 복잡할 경우, 로지스틱 회귀는 정답이 아닐 수도 있다.

이제 훨씬 더 복잡한 결정 경계를 표현할 수 있는 또 다른 머신러닝 접근법인 K-근접 이웃에 대해 알아보자.

K-근접 이웃

K-근접 이웃은 특성 공간에서 한 바이너리가 다른 악성 바이너리과 가까울 경우 악성이라 판단하고 양성 바이너리와 가까울 경우 양성으로 판단하는 머신러닝 알고리즘이다. 더 정확히 말하자면, 알려지지 않은 바이너리에 가장 가까운 k개의 바이너리 중 대부분이 악성이라면, 파일은 악성이라는 것이다.

여기서 k는 샘플이 양성인지 악성인지 판단하기 위해 얼마나 많은 이웃이 필요한지 우리가 판단하고 정의하는 근접 이웃의 수를 나타낸다.

현실 세계에 대입해 보면 직관적으로 이해할 수 있다. 예를 들어, 농구 선수들과 탁구 선수들의 신장과 체중에 대한 데이터셋을 가지고 있다면, 농구 선수들의 체중과 신장은 탁구 선수들에 비해 서로 근접할 확률이 높다. 마찬가지로 보안 분야에서 멀웨어는 다른 멀웨어와 유사한 특성을 갖는 경우가 많고 양성 프로그램은 다른 양성 프로그램과 유사한 특성을 갖는 경우가 많다.

우리는 다음 단계를 통해 이 개념을 K-근접 이웃 알고리즘으로 변환하여 바이너리가 악성인지 양성인지 계산할 수 있다.

1. 바이너리의 특성들을 추출하고 특성 공간 내에서 가장 가까운 k샘플들을 찾는다.

2. 샘플에 가까운 멀웨어 샘플들의 수를 k로 나누어 악성 근접 이웃의 비율을 구한다.

3. 충분한 개수의 샘플이 악성인 경우, 샘플을 악성 샘플로 정의한다.

그림 6-13은 K-근접 이웃 알고리즘이 높은 수준으로 작동하는 방식을 보여준다.

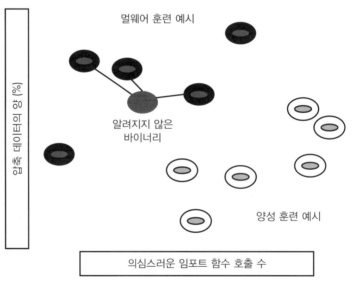

그림 6-13 알려지지 않은 멀웨어를 탐지하기 위한 K-근접 이웃 사용법 도식

좌측 상단에는 일련의 멀웨어 훈련 예시들이, 우측 하단에는 양성 프로그램 예시들이 있다. 또한, 가장 가까운 세 이웃과 연결된 새로운, 알려지지 않은 바이너리가 표시되어 있다. k를 3으로 설정한 것은 알려지지 않은 바이너리와 가장 가까운 세 개의 이웃을 이용한다는 것을 의미한다.

가장 가까운 세 이웃이 모두 악성이기 때문에 이 새로운 바이너리 역시 악성으로 분류한다.

K-근접 이웃의 수학적 원리

이제 새로운, 알려지지 않은 바이너리의 특성들과 훈련 집합 내 샘플들 간의 거리를 계산하는 수학적 원리를 알아보자. 우리는 새로운 예시와 훈련 세트 내 예시들 간의 거리를 알려주는 거리 함수를 사용한다. 가장 일반적인 거리 함수는 유클리드 거리로, 특성 공간 내 두 점 사이의 최단 경로 길이를 뜻한다. 코드 6-2는 2차원 특성 공간 샘플에서 확인할 수 있는 유클리드 거리의 의사 코드이다.

```
import math
def euclidean_distance(compression1,suspicious_calls1, compression2, suspicious_calls2): ❶
    comp_distance = (compression1-compression2)**2 ❷
    call_distance = (suspicious_calls1-suspicious_calls2)**2 ❸
    return math.sqrt(comp_distance + call_distance) ❹
```

코드 6-2 euclidean_distance 함수 작성 의사 코드

이 코드의 수학적 원리를 살펴보자. 코드 6-2는 한 쌍의 샘플이 가진 특성들의 차이를 바탕으로 샘플 간의 거리를 계산한다. 먼저 호출자는 바이너리들의 특성을 전달하는데❶, compression1은 첫 번째 예시의 압축 특성, suspicious_calls1은 첫 번째 예시의 suspicious_calls 특성이며 compression2는 두 번째 예시의 압축 특성, suspicious_calls2는 두 번째 예시의 의심스러운 호출 특성이다.

그리고 나서 각 샘플의 압축 특성 간 제곱 차이를 계산하고❷, 각 샘플의 의심스러운 호출 특성 간 제곱 차이를 계산한다❸. 제곱 거리를 사용하는 이유는 여기서 다루지 않지만, 산출된 차이는 항상 양수라는 것을 명심하자. 마지막으로, 두 특성 벡터 간 유클리드 거리인 두 차이의 제곱근을 계산하여 호출자에게 반환한다❹. 예시 간 거리를 계산하는 방법은 다양하지만 K-근접 이웃 알고리즘에서 가장 많이 사용되는 것이 유클리드 거리이며, 이는 보안 데이터 과학 문제들의 해결에도 효과적이다.

투표하는 이웃 개수 결정

이제 이 챕터에서 사용하는 샘플 데이터셋에 대해 K-근접 이웃 알고리즘이 생성하는 결정 경계와 확률을 살펴보자. 그림 6-14에서는 k를 5로 설정하여 가장 가까운 다섯 개의 이웃이 "투표"할 수 있도록 했다.

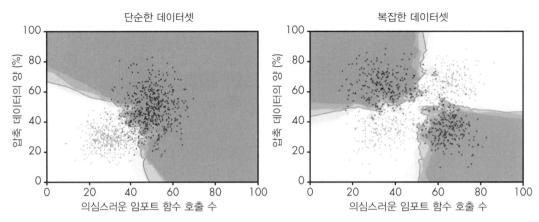

그림 6-14 k를 5로 설정할 때 K-근접 이웃에 의해 생성되는 결정 경계

그림 6-15에서는 k를 50으로 설정하여 가장 가까운 50개의 이웃이 "투표"할 수 있도록 했다.

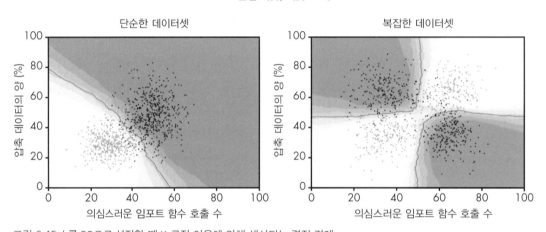

그림 6-15 k를 50으로 설정할 때 K-근접 이웃에 의해 생성되는 결정 경계

투표하는 이웃 개수에 따라 극명하게 발생하는 모델 간의 차이에 주목하자. 그림 6-14의 모델에서는 두 데이터셋에 대해 매우 복잡한 결정 경계가 나타나는데, 이는 이상점을 중심으로 국지적 결정 경계를 그린다는 점에서 과적합으로 볼 수 있지만, 단순하고 일반적인 추세를 포착하지 못하기 때문에 과소적합으로 볼 수도 있다. 반대로, 그림 6-15의 모델은 이상점에 의해 방해받지 않고 일반적인 추세를 명확히 식별하기 때문에 두 데이터셋 모두에 적합하다.

이처럼 K-근접 이웃은 로지스틱 회귀보다 훨씬 더 복잡한 결정 경계를 만들어낼 수 있다. 우리는 샘플이 악성인지 양성인지 투표하는 이웃의 수, k를 변경함으로써 이 경계의 복잡도를 조절하여 과적합과 과소적합을 모두 방지할 수 있다.

그림 6-11의 로지스틱 회귀 모델은 완전히 실패했지만, K-근접 이웃은 양성 프로그램과 멀웨어를 제대로 분류한다(특히 50명의 이웃을 이용해 투표했을 때). K-근접 이웃은 선형 구조에 속박되지 않고 단순히 각 지점에 근접한 이웃에 따라 결정하기 때문에 다양한 형태의 결정 경계를 생성하고 복잡한 데이터셋을 훨씬 효과적으로 모델링할 수 있다.

K-근접 이웃의 실사용

K-근접 이웃은 의심스러운 특성에 명확히 매핑되지 않는 데이터를 가지고 있을 때 유용한 알고리즘이다. 또한, 악성 샘플과의 근접성은 악성의 강한 지표로 볼 수 있다. 예를 들어, 특정 멀웨어를 동일한 코드를 공유하는 패밀리로 분류할 때에도 K-근접 이웃이 효과적인 해결책이 될 수 있다. 멀웨어 샘플의 특성이 특정 패밀리의 알려진 구성원과 유사할 경우 해당 패밀리로 분류할 수 있기 때문이다.

　K-근접 이웃을 사용하는 또 다른 이유는 분류 결정의 명확한 근거를 제공하기 때문이다. 알려지지 않은 샘플과 샘플들 사이의 유사점을 식별하고 비교하여 해당 알고리즘이 주어진 샘플을 멀웨어 또는 양성 프로그램으로 분류한 근거를 알아낼 수 있다.

의사결정 트리

의사결정 트리는 탐지 문제를 해결하기 위해 자주 사용되는 또 다른 머신러닝 기법이다. 의사결정 트리는 스무고개와 비슷하다고 할 수 있는데, 훈련 과정에서 일련의 질문을 자동으로 생성하여 주어진 바이너리의 멀웨어 여부를 판단한다. 그림 6-16은 이 챕터에서 사용하고 있는 간단한 데이터셋을 훈련시키면서 자동으로 생성된 의사결정 트리를 나타낸다. 트리 속 논리의 흐름을 따라가보자.

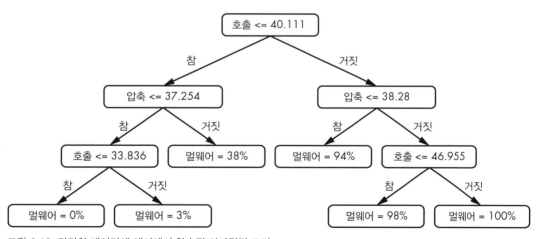

그림 6-16　간단한 데이터셋 예시에서 학습된 의사결정 트리

알려지지 않은 새로운 바이너리에서 추출한 특성을 트리에 입력하면 의사결정 트리 흐름이 시작된다. 그리고 나면 트리가 해당 바이너리의 특성을 물어보는 일련의 질문들을 정의한다. 트리 꼭대기에 있는 node라고 불리는 상자가 첫 번째 질문을 한다. 트리 내에 의심스러운 호출 횟수가 40.111개보다 적거나 같은가? 각 바이너리의 의심스러운 호출 횟수를 0과 100 사이 범위로 일반화했기 때문에 의사결정 트리는 부동 소수점을 사용한다. 만약 "예"라고 답한다면, 또 다른 질문을 한다. 파일 내 압축된 데이터의 비율이 37.254보다 작거나 같은가? 만약 "예"라고 답한다면, 다음 질문으로 이동한다. 바이너리 내에 의심스러운 호출 횟수가 33.836보다 작거나 같은가? 만약 "그렇다"고 답한다면, 우리는 결정 트리의 끝에 도달한다. 이때 바이너리가 멀웨어일 확률은 0%이다.

그림 6-17은 이 의사결정 트리의 기하학적 해석을 나타낸다.

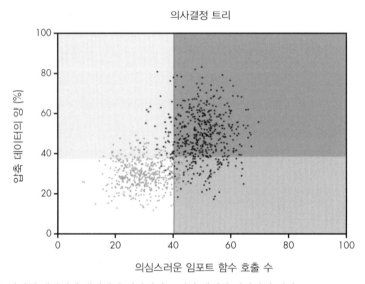

그림 6-17 간단한 데이터셋 예시에서 의사결정 트리가 생성한 의사결정 경계

음영 처리된 영역은 의사결정 트리가 샘플을 악성으로 판단하는 지점을 나타낸다. 더 밝은 영역은 의사결정 트리가 샘플을 양성으로 판단하는 지점을 나타낸다. 그림 6-16에 있는 일련의 질문과 답변에 의해 할당된 확률이 그림 6-17의 음영 영역에 보이는 확률과 일치할 것이다.

올바른 루트 노드 선택

그렇다면 어떻게 머신러닝 알고리즘을 사용하여 훈련 데이터에서 이와 같은 의사결정 트리를 생성할까? 의사결정 트리는 루트 노드라고 불리는 최초 질문으로 시작된다. 가장 이상적인 루트 노드는 동일한 유형의 모든 샘플 또는 대다수의 샘플에 대해 "예" 응답을, 상이한 유형의 모든 샘플 또는 대다수 샘플에 대해 "아니요" 응답을 받는 노드이다. 예를 들어, 그림 6-16에서 루트 노드는 알려지지 않은 바이너리의 호출 횟수가 40.11개 이하인지 질문한다.

(여기서 바이너리당 호출 횟수는 0~100개로 일반화하였으므로 부동 소수점 값이 유효하다) 그림 6-17의 수직선으로 유추할 수 있듯이 대부분의 양성 데이터는 의심스러운 호출 횟수가 이보다 적고 대부분의 악성 데이터는 이보다 많기 때문에 최초 질문으로 적절하다.

후속 질문 선택

루트 노드를 선택한 뒤에도 유사한 방식으로 다음 질문을 선택한다. 루트 노드는 샘플의 의심스러운 호출 횟수가 40.111개 이하(음수 특성 공간)인지 40.111개 초과(양수 특성 공간)인지 판단하여 두 개의 그룹으로 나누었다. 다음 질문은 특성 공간의 각 영역에 있는 샘플들을 악성 또는 양성 훈련 예시로 구분할 수 있어야 한다.

이는 그림 6-16과 6-17의 의사결정 트리 구조를 통해 확인할 수 있다. 그림 6-16에서는 바이너리의 의심스러운 호출 횟수에 따른 최초 "루트" 질문에 이어 압축된 데이터 바이너리가 얼마나 많은지 질문한다. 그림 6-17은 우리가 왜 데이터를 기반으로 이런 작업을 하는지 보여준다: 의심스러운 함수 호출과 관련된 첫 번째 질문을 통해 플롯 내 멀웨어와 양성 프로그램을 구분하는 대략적인 결정 경계가 생성된다. 어떤 후속 질문을 해야 결정 경계를 더욱 구체화할 수 있을까? 결정 경계를 구체화하기 위한 이상적인 다음 질문은 바이너리 내의 압축된 데이터의 양이라는 것이 시각적으로 명확하다.

질문 중단 시점

의사결정 트리를 생성할 때에는 질문을 멈추어야 하는 시기를 결정하고 답변의 신뢰도에 근거하여 바이너리의 악성 여부를 결정해야 한다. 이를 위해 단순히 의사결정 트리의 질문 개수를 제한하거나, 깊이(모든 바이너리에 대한 질문의 최대 수)를 제한할 수 있다. 또는, 트리 구조에 따라 훈련 세트 내 모든 예시의 악성 여부를 완전히 확신할 때까지 의사결정 트리가 계속 자라도록 허용할 수도 있다.

트리의 크기를 제약할 경우, 단순한 트리일수록 정답을 찾을 가능성이 더 크다는 장점이 있다(오컴의 면도날 법칙에 따르면, 이론은 단순할수록 좋다). 다시 말해, 의사결정 트리를 작게 유지할수록 훈련 데이터의 과적합 가능성이 줄어드는 것이다.

반대로 훈련 데이터를 과소적합시키려는 경우, 트리가 최대 크기로 자랄 수 있도록 하는 것이 유효할 수 있다. 트리가 더 자라도록 허용하면 결정 경계의 복잡도가 증가하기 때문이다. 머신러닝 실무자들은 일반적으로 알려지지 않은 바이너리에 대해 여러 가지 깊이를 시도하거나 최대 깊이를 허용하면서 가장 정확한 결과를 얻을 때까지 이 과정을 반복한다.

의사 코드를 사용하여 의사결정 트리 생성 알고리즘 탐색

이제 자동화된 의사결정 트리 생성 알고리즘을 살펴보자. 우리는 훈련 예시의 악성 여부에 대한 신뢰도를 높이는 이상적인 질문을 찾은 뒤 신뢰도를 더욱 높일 수 있는 후속 질문을 찾아내는 것이 이 알고리즘의 기본적인 원리라는 것을 학습했다. 훈련 예시의 구분 신뢰도가 미리 설정한 임계값을 초과하면 알고리즘은 질문을 중단하고 결정을 내려야 한다.

프로그램을 통해 이 작업을 반복할 수 있다. 코드 6-3은 파이썬 형태의 의사 코드를 통해 간단한 의사결정 트리를 생성하는 전 과정을 보여준다.

```
tree = Tree()
def add_question(training_examples):
❶ question = pick_best_question(training_examples)
❷ uncertainty_yes,yes_samples=ask_question(question,training_examples,"yes")
❸ uncertainty_no,no_samples=ask_question(question,training_examples,"no")
❹ if not uncertainty_yes < MIN_UNCERTAINTY:
       add_question(yes_samples)
❺ if not uncertainty_no < MIN_UNCERTAINTY:
       add_question(no_samples)
❻ add_question(training_examples)
```

코드 6-3 의사결정 트리 알고리즘 구축을 위한 의사 코드

위 의사 코드는 알고리즘이 새로운 파일의 악성 여부에 대한 신뢰도 높은 해답을 제공한다고 확신할 때까지 루트 노드부터 의사결정 트리에 반복적으로 질문을 추가하며 내려간다.

트리를 만들기 시작하면 pick_best_question()을 사용하여 루트 노드를 선택한다(지금은 이 함수의 동작 방식은 신경쓰지 않는다)❶. 그리고 나서 이 최초 질문에 대해 "예"라고 대답하는 훈련 샘플들에 대한 불확실성을 체크한다❷. 이는 이 샘플들에 계속 질문을 해야 할지, 멈출 수 있는지 판단하고 샘플들의 악성 여부를 예측하는 데 도움을 준다. 첫 번째 질문에 "아니오"라고 대답한 샘플에도 동일한 작업을 수행한다❸.

다음으로, 샘플의 악성 여부를 판단할 수 있을 만큼 "예"(uncertainty_yes)라고 답한 샘플에 대한 불확실성이 충분히 낮은지 확인한다❹. 여기서 이미 악성 여부를 판단할 수 있다면 추가적인 질문을 하지 않는다. 판단할 수 없을 경우, 다시 add_question()을 호출하고 "yes"라고 대답한 샘플들의 개수인 yes_samples를 전달한다. 이것이 바로 스스로를 호출하는 함수인 재귀의 고전적인 예시이다. 우리는 루트 노드에 수행했던 것과 동일한 프로세스를 훈련 예시 서브셋에 반복하기 위해 재귀를 사용한다.

다음 if 문이 "아니오" 예시들에 대해 동일한 작업을 수행한다❺. 마지막으로, 훈련 예시에 의사결정 트리 구축 함수를 호출한다❻.

pick_best_question()의 정확한 수학적 원리는 이 책의 범위를 벗어나지만, 개념 자체는 단순하다. 우리는 의사결정 트리 구축의 전 과정에서 최고의 질문을 선택하기 위해서 구분되지 않은 훈련 예시들에 가능한 모든 질문을 나열한 뒤, 악성 여부에 대한 불확실성을 가장 크게 감소시키는 것을 선택한다. 불확실성의 감소는 정보 이득이라는 통계적 측정법으로 측정한다. 최고의 질문을 고르는 이 단순한 방법은 효과가 매우 뛰어나다.

> **NOTE** 이것은 현실 세계와 의사결정 트리 생성, 머신러닝 알고리즘의 작동 방식을 단순화한 예시이다. 주어진 질문이 파일의 악성 여부에 대한 확신을 얼마나 높이는지에 대한 수학적 원리는 다루지 않는다.

이제 이 챕터에서 사용하고 있는 두 샘플 데이터셋의 의사결정 트리가 어떻게 동작하는지 살펴보자. 그림 6-18은 의사결정 트리 탐지기가 학습한 결정 경계를 나타낸다.

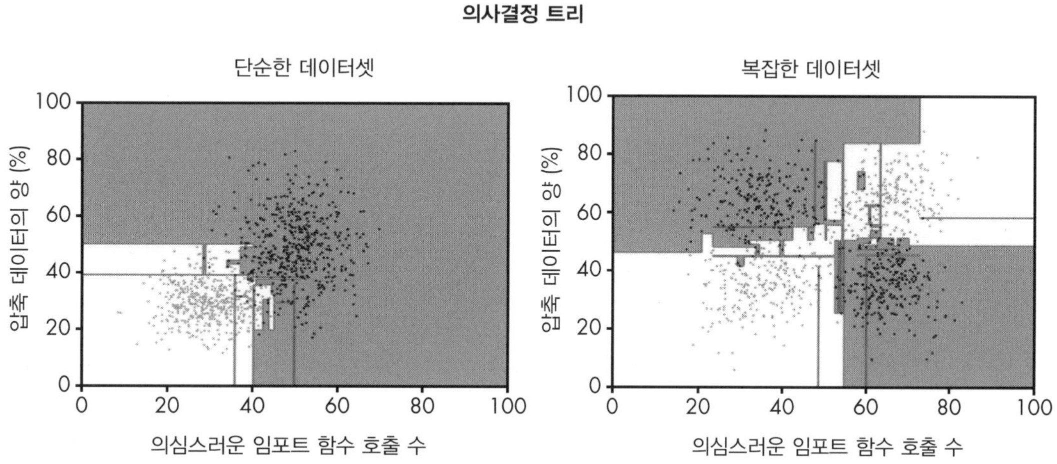

의사결정 트리

그림 6-18 의사결정 트리 접근법으로 생성된 샘플 데이터셋에 대한 결정 경계

이 경우, 트리의 최대 깊이를 설정하는 대신 훈련 데이터에 대한 오탐이나 미탐이 없을 정도로 자라는 것을 허용하여 모든 훈련 샘플이 정확하게 분류되도록 한다.

의사결정 트리는 특성 공간에서 곡선 또는 대각선의 활용이 더 적합한 경우에도 수평, 수직선만 그릴 수 있다는 것을 기억하자. 의사결정 트리는 개별적인 특성에 대해 단순한 조건의 전달만을 허용한다(크거나 같은 또는 작거나 같은 등).

예시들에서 의사결정 트리가 멀웨어와 양성 프로그램의 분류는 성공했지만, 결정 경계가 매우 불규칙하고 인공적인 형태라는 것을 알 수 있다. 멀웨어 영역은 부자연스럽게 양성 프로그램 영역으로 확장되며, 그 반대의 경우도 보인다. 긍정적인 면을 보자면, 복잡한 데이터셋에 대한 결정 경계를 만들 때에는 의사결정 트리가 로지스틱 회귀분석보다 훨씬 효과적이다.

이제 그림 6-18의 의사결정 트리를 그림 6-19의 의사결정 트리 모델과 비교해 보자.

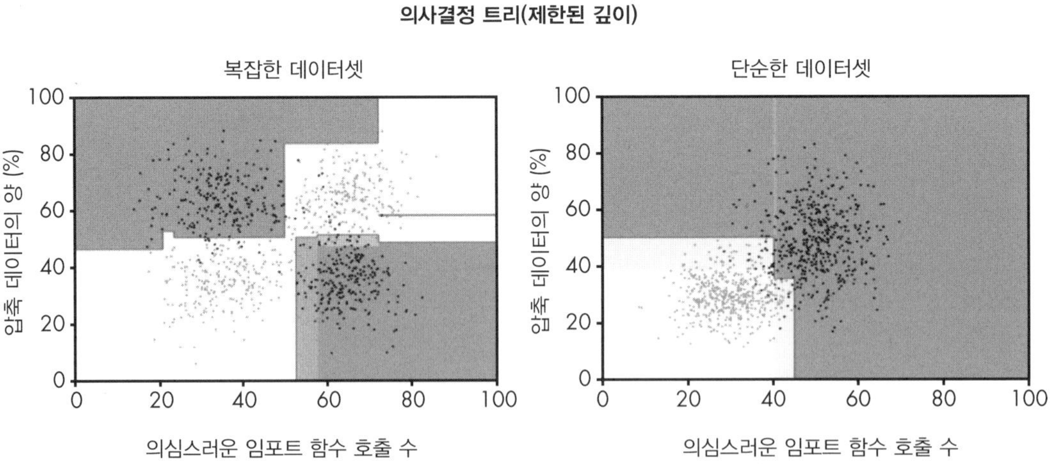

그림 6-19 깊이 제한 의사결정 트리에 의해 생성된 샘플 데이터셋의 결정 경계

그림 6-19의 의사결정 트리는 그림 6-18에 사용된 것과 동일한 의사결정 트리 생성 알고리즘을 사용한다. 단, 트리 깊이가 5개의 노드로 제한된다. 이는 주어진 바이너리의 특성에 대해 최대 5개의 질문을 할 수 있다는 것을 의미한다.

결과는 극적으로 달라지게 된다. 그림 6-18의 의사결정 트리 모델은 명백히 과적합이며, 이상점에 초점을 맞추고 일반적인 추세를 포착하지 못하는 과도하게 복잡한 경계를 긋는 반면, 그림 6-19의 의사결정 트리는 이상점에 초점을 두지 않고 두 데이터셋에서 일반적인 패턴을 파악하여 데이터를 훨씬 더 우아하게 적합시킨다 (유일한 예외라면, 단순한 데이터셋의 오른쪽 상단에 보이는 가장 협소한 결정 영역). 이처럼 의사결정 트리의 최대 깊이를 적절히 선택하는 것만으로도 의사결정 트리 기반 머신러닝 탐지기에 큰 영향을 미칠 수 있다.

의사결정 트리의 실사용

의사결정 트리는 표현적이고 단순하기 때문에 간단한 예/아니요 질문을 통해서도 단순하거나 매우 불규칙한 경계를 모두 학습할 수 있다. 최대 깊이를 적용시켜 멀웨어와 양성 프로그램을 구분하는 기준의 복잡도 또한 설정할 수 있다.

의사결정 트리의 단점은 종종 아주 정확한 모델 생성에 실패한다는 것이다. 이유는 복잡하지만, 의사결정 트리들이 훈련 데이터를 통해 알려지지 않은 예시를 일반화하지 못하고 들쭉날쭉한 결정 경계를 표현하는 것과 관련이 있다.

의사결정 트리들은 대개 결정 경계 주변에서 정확한 확률을 학습하지 못한다. 이는 그림 6-19에서 결정 경계 주변의 음영 영역을 살펴보면 확인할 수 있다. 멀웨어 예시들과 양성 프로그램 예시들이 겹치는 이 부분은 음영의 변화가 자연스럽거나 점진적이지 않다.

다음 섹션에서는 복수의 의사결정 트리를 결합하여 훨씬 더 나은 결과를 산출하는 무작위 숲 접근법에 대해 알아본다.

무작위 숲

보안 분야의 멀웨어 탐지는 의사결정 트리에 대한 의존도가 높지만 이를 개별적으로 사용하는 경우는 거의 없다. 대신 수백, 수천 개의 의사결정 트리들을 모아 무작위 숲이라는 접근법을 구성한다. 하나의 의사결정 트리를 훈련시키는 대신 복수의(일반적으로 100개 이상) 의사결정 트리를 훈련시키고, 각각 다른 관점에서 데이터에 접근하도록 훈련시킨다. 마지막으로, 새로운 바이너리의 악성 여부를 판단하기 위해 의사결정 트리들의 투표를 허용한다. 바이너리가 멀웨어일 확률은 양성 투표 수를 총 트리 수로 나눈 값이다.

만약 모든 결정 트리가 동일하다면 모두 같은 방식으로 투표를 할 것이고, 무작위 숲은 단순히 개별 결정 트리의 결과를 복제할 것이다. 이 문제를 해결하려면 멀웨어와 양성 프로그램을 구분하는 의사결정 트리의 관점을 상이하게 만들어야 한다. 아래 나열한 두 가지 방법을 이용해서 의사결정 트리 집합에 다양성을 유도함으로써 "대중의 지혜"를 부여하고 더욱 정확한 모델을 생성한다.

다음 단계들을 통해 무작위 숲 알고리즘을 생성한다.

1. 훈련: 생성될 모든 트리(일반적으로 100개 이상)
   - 훈련 세트에서 훈련 예시 몇 개를 무작위로 샘플링한다.
   - 무작위 샘플에서 의사결정 트리를 생성한다.
   - 생성되는 각 트리의 "질문"을 고려할 때마다 일부 특성에 대해서만 고려하고 다른 특성들은 무시한다.

2. 알려지지 않은 바이너리의 탐지
   - 바이너리의 각 개별 트리에 대한 탐지를 실행한다.
   - "예"라고 투표한 트리 수에 따라 바이너리의 멀웨어 여부를 결정한다.

보다 자세히 이해하기 위해서 두 샘플 데이터셋에 대해 무작위 숲 접근법이 생성한 결과를 그림 6-20에서 확인해 보자. 결과는 100개의 의사결정 트리로 생성되었다.

무작위 숲

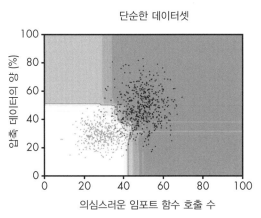

단순한 데이터셋

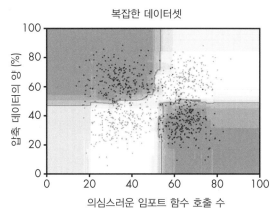

복잡한 데이터셋

그림 6-20 무작위 숲 접근법을 통해 생성된 결정 경계

그림 6-18과 6-19에서 보여지는 개별 의사결정 트리의 결과와는 달리, 무작위 숲은 단순한 데이터셋과 복잡한 데이터셋 모두에 대해 개별 의사결정 트리보다 훨씬 더 부드럽고 직관적인 결정 경계를 생성할 수 있다. 보이는 바와 같이 무작위 숲 모델은 들쭉날쭉하지 않고 훈련 데이터셋에 말끔히 적합된다. 이 모델은 두 데이터셋에 대해 "악성 또는 양성"의 효과적인 구별법을 학습한 것으로 보인다.

음영 처리된 영역 또한 직관적이다. 무작위 숲의 예시들은 양성 또는 악성 예시로부터 멀어질 수록 악성 여부에 대한 확실성이 떨어진다. 이는 알려지지 않은 바이너리에 대한 무작위 숲의 성능을 보여주는 좋은 징조이다. 다음 챕터에서도 언급하겠지만, 이 챕터에서 논의된 모든 접근법 중 알려지지 않은 바이너리에 대해 가장 효과적인 것이 바로 무작위 숲이다.

무작위 숲이 개별 의사결정 트리에 비해 말끔한 결정 경계를 그릴 수 있는 이유를 이해하기 위해 100개의 의사결정 트리가 각자 무엇을 하고 있는지 생각해 보자. 각 트리는 훈련 데이터의 3분의 2 가량만 보고, 질문을 결정할 때마다 무작위로 선택된 특성만을 고려한다. 따라서 100가지의 결정 경계가 존재하며, 이들의 평균을 산출하여 예시들(및 음영 처리된 영역)에 최종 결정 경계를 작성한다. 이와 같은 "대중의 지혜" 다이내믹은 개별적인 의사결정 트리보다 훨씬 정교한 방법으로 데이터의 추세를 파악할 수 있는 종합의견을 도출한다.

요약

이 챕터에서는 머신러닝 기반 멀웨어 탐지뿐만 아니라 머신러닝의 주요 네 가지 접근법 로지스틱 회귀, K-근접 이웃, 의사결정 트리, 무작위 숲에 대해서도 자세히 알아보았다. 머신러닝 기반 탐지 시스템은 탐지 서명 작업을 자동화할 수 있으며, 이는 종종 사용자 정의 서명보다 더 나은 성능을 발휘하기도 한다.

다음 챕터부터는 이러한 접근 방식들이 실제 멀웨어 탐지 문제에 어떻게 적용되는지 살펴본다. 구체적으로는 오픈 소스 머신러닝 소프트웨어를 사용하여 파일의 악성 여부를 분류하는 머신러닝 탐지기 구축 방법과 알려지지 않은 바이너리에 대한 탐지기의 성능을 평가하기 위한 기본 통계 사용법에 대해 학습하게 될 것이다.

7

멀웨어 탐지 시스템 평가

이전 챕터에서는 멀웨어 탐지기 구축을 위한 머신러닝의 역할에 대해 학습했다. 이 챕터에서는 멀웨어 탐지 시스템의 성능을 예측하기 위해 필요한 기본 개념을 학습한다. 여기서 다루는 개념들은 당신이 구축한 모든 멀웨어 탐지 시스템 개선에 중요한 역할을 한다. 시스템 성능을 측정할 방법이 없다면 개선할 방법도 알 수 없기 때문이다. 이 챕터는 기본 평가 개념의 이해에 초점을 두고 있으며 챕터 8에서는 교차 검증과 같은 필수 평가 개념에 대해 알아본다.

먼저, 탐지 정확도 평가의 원리를 이해하기 위해 기본 개념을 살펴본 뒤, 성과를 평가할 때 시스템 환경을 고려하는 발전된 개념을 소개한다. 이를 위해 가상의 멀웨어 탐지 시스템을 평가해 본다.

네 가지 탐지 결과

소프트웨어 바이너리에 멀웨어 탐지 시스템을 실행하고 악성 여부에 대한 시스템의 "의견"을 얻는다고 가정해 보자. 그림 7-1과 같이 네 가지 결과가 도출될 수 있다.

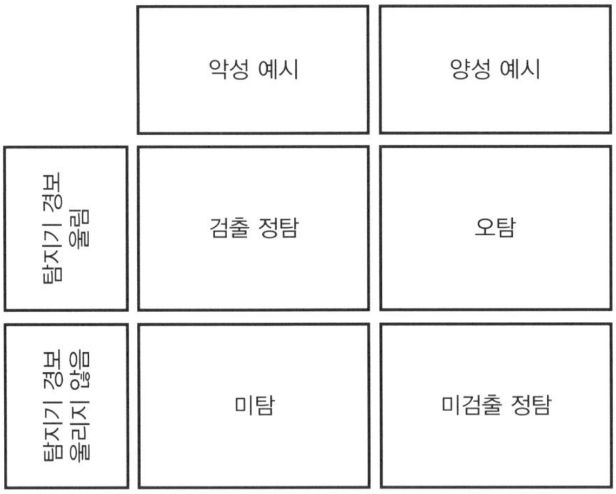

	악성 예시	양성 예시
탐지기 경보 울림	검출 정탐	오탐
탐지기 경보 울리지 않음	미탐	미검출 정탐

그림 7-1 네 가지 탐지 결과

이 결과들은 다음과 같이 정의할 수 있다.

검출 정탐 바이너리는 멀웨어며, 시스템 역시 멀웨어로 판단한다.
미탐 바이너리는 멀웨어며, 시스템은 멀웨어가 아니라고 판단한다.
오탐 바이너리는 멀웨어가 아니며, 시스템은 멀웨어로 판단한다.
미검출 정탐 바이너리는 멀웨어가 아니며, 시스템 역시 멀웨어가 아니라고 판단한다.

위와 같이 멀웨어 탐지 시스템이 부정확한 결과를 도출할 수 있는 시나리오는 미탐과 오탐, 두 가지가 있다. 실무에서는 정탐을 도출하는 것이 쉽지 않다.

이 챕터에서는 위 용어들을 사용하게 될 것이다. 대부분의 검출 평가 이론은 이 간단한 용어들에 기초한다.

검출 정탐 및 오탐 비율

이제 양성 프로그램과 멀웨어 세트를 사용하여 탐지 시스템의 정확도를 테스트한다고 가정해 보자. 각 바이너리에 탐지기를 실행하고 탐지기가 전체 테스트 세트에 대해 도출하는 네 가지 결과를 계수할 수 있다. 시스템의 정확성에 대한 전반적인 이해를 위해 몇 가지 요약 통계가 필요하다(시스템이 오탐 또는 미탐을 발생시킬 가능성).

이러한 요약 통계 중 하나는 탐지 시스템의 검출 정탐 비율이며, 이는 테스트 세트의 검출 정탐 개수를 전체 멀웨어 샘플 수로 나누어 산출할 수 있다. 이는 시스템에서 탐지할 수 있는 멀웨어 샘플의 비율을 산출하므로 시스템의 "시야"에 들어온 멀웨어에 대한 인식 능력을 측정한다.

그러나 탐지 시스템의 시야에 멀웨어가 들어왔을 때 경보를 울리는 것만으로는 정확성을 평가할 수 없다. 검출 정탐 비율만을 평가 기준으로 삼는다면 모든 파일에 "예, 이것은 악성 프로그램입니다"라고 말하는 단순한 함수가 완벽한 검출 정탐 비율을 산출하게 될 것이다. 제대로 된 탐지 시스템은 멀웨어에 대해 "예, 이것은 멀웨어입니다"라고 말하고, 양성 프로그램에 대해 "아니오, 이것은 멀웨어가 아닙니다"라고 말해야 한다.

시스템의 멀웨어 식별 능력을 측정하려면 양성 프로그램을 멀웨어로 판단하는 비율인 오탐 비율도 측정해야 한다. 시스템이 멀웨어로 표시한 양성 샘플의 수를 테스트된 양성 샘플 총 개수로 나누어 시스템의 오탐 비율을 계산할 수 있다.

검출 정탐 비율과 오탐 비율의 관계

탐지 시스템을 설계할 때는 오탐 비율은 최대한 낮게 유지하면서 검출 정탐 비율은 최대한 높게 유지해야 한다. 진정 완벽한 멀웨어 탐지 시스템을 구축하지 않는 한(멀웨어의 진화성 때문에 이는 불가능하다), 언제나 높은 검출 정탐 비율과 낮은 오탐 비율 사이에서 줄타기를 하게 된다.

그 이유를 이해할 수 있도록 바이너리의 멀웨어 여부를 판단하기 전에 바이너리가 멀웨어라는 모든 증거를 모아 바이너리에 대한 의심 점수를 산출하는 탐지 시스템을 상상해 보자. 이 가상의 의심 점수 산출 시스템은 MalDetect라고 부르기로 한다. 그림 7-2는 MalDetect가 12개의 샘플 바이너리에 대해 산출할 수 있는 값의 예시를 보여준다. 여기서 원은 개별 소프트웨어 바이너리를 나타낸다. 바이너리가 우측으로 갈수록 MalDetect는 높은 의심 점수를 부여한다.

그림 7-2 개별 소프트웨어 바이너리에 대한 가상 MalDetect 시스템에 의한 의심 점수 산출

의심 점수는 유용한 정보를 제공하지만 파일들에 대한 MalDetect의 검출 정탐 비율과 오탐 비율을 계산하기 위해서는 주어진 소프트웨어 바이너리의 악성 여부에 대한 MalDetect의 의심 점수를 "예" 또는 "아니오" 답변으로 변환해야 한다.

이를 위해 우리는 임계값 규칙을 사용한다. 의심 점수가 특정 값(임계값)보다 크거나 같으면 해당 바이너리를 멀웨어로 분류하는 것이다.

임계값 규칙은 의심 점수를 바이너리 판별값으로 변환하는 보편적인 방법이지만 임계값은 어떻게 설정해야 할까? 문제는, 정답이 없다는 것이다. 그림 7-3에서 이 난제에 대해 확인할 수 있다. 임계값을 높게 설정할수록 오탐 가능성은 낮아지지만 미탐 가능성이 높아진다.

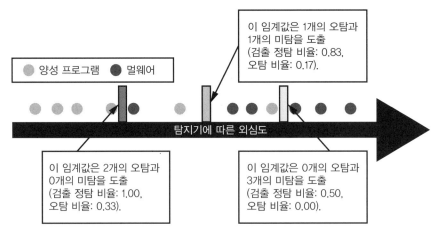

그림 7-3 임계값 결정에 따른 오탐 비율과 검출 정탐 비율의 관계 도식

그림 7-3에서 가장 왼쪽에 있는 임계값을 살펴보자. 임계값 왼쪽에 있는 바이너리들은 양성으로, 오른쪽에 있는 바이너리들은 멀웨어로 분류한다. 임계값이 낮기 때문에 상당한 검출 정탐 비율(멀웨어 샘플의 100%를 정확하게 분류)을 얻지만 상당한 오탐 비율(양성 샘플의 33%를 악성으로 분류) 역시 얻게 된다.

직관적으로 생각해 보면, 임계값을 높여서 의심 점수가 높은 샘플들만 멀웨어로 판단하면 해결될 문제로 보인다. 그림 7-3에 보여지는 중간 임계값이 바로 그 해답이다. 오탐 비율이 0.17로 감소하지만 안타깝게도 검출 정탐 비율 역시 0.83으로 감소한다. 가장 오른쪽에 있는 임계값처럼 계속 오른쪽으로 이동하면 오탐을 제거할 수 있지만 50%의 멀웨어만을 탐지할 수 있다.

보다시피 완벽한 임계값은 없다. 낮은 오탐 비율(좋음)을 도출하는 임계값은 더 많은 멀웨어를 놓치는 경향이 있으며, 낮은 검출 정탐 비율(나쁨)을 초래한다. 반대로 높은 검출 정탐 비율(좋음)을 도출하는 임계값을 사용하면 오탐 비율도 증가(나쁨)한다.

ROC 곡선

탐지 시스템에서 검출 정탐 비율과 오탐 비율 사이의 줄타기는 멀웨어 탐지기뿐만 아니라 모든 탐지기가 지닌 보편적인 과제이다. 기술자들과 통계학자들은 이 현상에 대해 오랫동안 고민해왔고 이를 기술하고 분석하기 위해 수신자 조작 특성(ROC) 곡선을 고안해냈다.

> **NOTE** 수신자 조작 특성이라는 명칭 때문에 혼란스러워하지 않아도 된다. 이것은 처음 ROC 곡선이 개발된 이유인 레이더 기반 물체 탐지와 관련이 있다.

ROC 곡선은 다양한 임계값 설정에 대한 검출 정탐 비율과 오탐 비율을 표시하여 탐지 시스템의 특성을 나타낸다. 이는 낮은 오탐 비율과 더 높은 검출 정탐 비율을 위한 절충을 돕고 상황에 맞는 "최선의" 임계값을 산출할 수 있도록 해준다.

예를 들어, 그림 7-3의 가상 MalDetect 시스템에서 오탐 비율이 0일 때(낮은 임계값) 검출 정탐 비율은 0.5이고, 오탐 비율이 0.33일 때(높은 임계값) 시스템의 검출 정탐 비율은 1.00이다.

그림 7-4에서 더 자세한 원리를 확인할 수 있다.

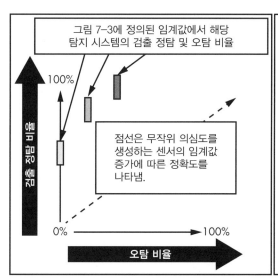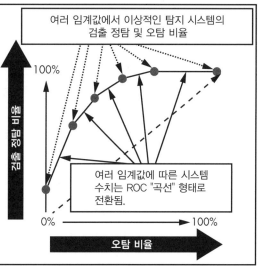

그림 7-4 ROC 곡선의 의미와 구성

ROC 곡선을 구축하기 위해 우리는 그림 7-3에 사용된 세 가지 임계값으로 시작하여 그림 7-3의 좌측에 표시된 오탐, 검출 정탐 비율을 표시한다. 그림 7-4의 우측 도식 역시 동일하지만 가능한 모든 임계값을 보여준다. 이와 같이 오탐 비율이 높을수록 검출 정탐 비율이 높아진다. 마찬가지로, 오탐 비율이 낮을수록 검출 정탐 비율도 낮아진다.

ROC 곡선의 "곡선"은 2차원 ROC 도식에 포함된 선으로, 탐지 시스템이 가능한 모든 오탐 값에 대한 검출 정탐 비율을 어떻게 산출하는지, 그리고 가능한 모든 검출 정탐 값에 대한 오탐 비율로 어떻게 산출하는지 보여준다. 곡선을 만드는 방법은 여러 가지가 있지만 이 책에서는 다루지 않는다.

간단한 방법 한 가지는 많은 임계값을 대입하여 오탐, 검출 정탐 비율을 관찰하고, 플로팅한 뒤 점들을 연결하는 것이다. 그림 7-4의 우측에 있는 선이 ROC 곡선이다.

평가를 위한 기준율의 적용

앞서 알아본 것과 같이 ROC 곡선은 시스템이 악성 바이너리를 제대로 탐지하는 비율(검출 정탐 비율)과 양성 바이너리를 악성으로 탐지하는 비율(오탐 비율)을 통해 평가할 수 있다. 그러나 ROC 곡선은 시스템의 정밀도인 검출 정탐 탐지 경보 백분율을 보여주지는 않는다. 시스템의 정밀도는 실제로 탐지하는 멀웨어 바이너리의 백분율과 관련이 있는데, 이를 기준율이라고 한다. 용어 설명은 다음과 같다.

정밀도 검출 정탐(실제 멀웨어 탐지) 탐지 경보 백분율. 정밀도는 특정 바이너리 세트에 대한 검출 정탐 / (검출 정탐 + 오탐) 수이다.
기준율 목표 품질을 충족하는 시스템에 공급되는 데이터의 비율. 여기서 기준율은 실제로 멀웨어인 바이너리의 비율을 나타낸다.

다음 섹션에서는 이 두 지표의 연관성에 대해 논의한다.

기준율이 정밀도에 미치는 영향

기준율이 변경되어도 탐지 시스템의 검출 정탐 및 오탐 비율은 바뀌지 않지만, 시스템의 정밀도는 멀웨어 기준율의 변화에(종종 극단적으로) 영향을 받는다. 다음 두 가지 예시를 통해 그 이유를 알아보자.

MalDetect의 오탐 비율이 1%이고 검출 정탐 비율이 100%라고 가정하자. 이제 멀웨어가 없다는 것을 알고 있는 네트워크에 MalDetect를 풀어두었다고 가정해 보자(네트워크는 실험실에서 만들어졌을 것이다). 네트워크에 멀웨어가 없기 때문에 기본적으로 MalDetect와 마주치는 바이너리는 모두 양성이며 MalDetect가 보내는 경보는 모두 오탐이다. 정밀도는 0%가 되는 것이다.

반대로, MalDetect를 전부 멀웨어로 구성된 데이터셋에서 실행한다면 경보는 결코 오탐이 될 수 없다. 소프트웨어 데이터셋에 양성 프로그램이 없기 때문에 MalDetect가 오탐을 할 수 없는 것이다.

따라서 정밀도는 100%가 된다.

이 극단적인 두 가지 예시에서 기준율은 MalDetect의 정밀도와 오탐 경보 발생 확률에 큰 영향을 미친다.

배포 환경에서의 정밀도 추정

이제 테스트 데이터셋의 멀웨어 비율(기준율)에 따라 시스템의 정밀도 값이 매우 다르다는 것을 알았다. 시스템 배포 환경의 기준율 추정치를 바탕으로 시스템의 정밀도를 추정하려면 어떻게 해야 할까? 배포 환경의 추정 기준율을 사용해서 정밀도 공식의 변수를 추정하면 된다. 검출 정탐 / (검출 정탐 + 오탐). 숫자 세 개가 필요할 것이다.

• 시스템의 **검출 정탐 비율**(TPR), 즉, 시스템이 제대로 탐지할 멀웨어 샘플의 백분율

• 시스템의 **오탐 비율**(FPR), 즉, 시스템이 잘못된 경보를 올릴 양성 샘플의 백분율

• 시스템을 사용할 바이너리의 **기준율**(예를 들면, 불법 공유 사이트에서 다운로드한 바이너리 중 멀웨어로 판단되는 바이너리의 백분율)

정밀도 방정식의 분자(검출 정탐 수)는 검출 정탐 비율 x 기준율로 추정할 수 있으며, 시스템에서 제대로 탐지할 멀웨어의 백분율을 산출한다. 마찬가지로 방정식의 분모(검출 정탐 + 오탐)는 검출 정탐 비율 x 기준율 x 오탐 x (1 - 기준율)로 추정할 수 있으며, 제대로 탐지 될 멀웨어 바이너리 수와 오탐이 발생하게 될 양성 프로그램 바이너리 수를 더하여 시스템이 경보를 울릴 모든 바이너리의 백분율을 제공한다.

즉, 다음과 같이 시스템의 예상 정밀도를 계산한다.

$$정밀도 = \frac{검출\ 정탐\ 비율 \times 기준율}{검출\ 정탐\ 비율 \times 기준율 + 오탐\ 비율 \times (1 - 기준율)}$$

기준율이 검출 시스템의 성능에 얼마나 큰 영향을 미칠 수 있는지 예시를 통해 살펴보자. 예를 들어, 80%의 검출 정탐 비율과 10%의 오탐 비율을 가진 탐지 시스템에서 실행하는 소프트웨어 바이너리 중 50%가 멀웨어라고 가정해 보자. 이때, 예상 정밀도는 89%이다. 하지만 기준율이 10%가 되면 정밀도는 47%로 떨어진다.

기준율이 매우 낮을 경우에는 어떻게 될까? 현대의 기업 내 네트워크에는 실제 멀웨어인 소프트웨어 바이너리는 거의 없다. 기준율이 1%일 때(100개의 바이너리 중 1개가 멀웨어), 정밀도 방정식을 이용하면 약 7.5%의 정밀도를 얻게 되는데, 이는 시스템 경보 중 92.5%가 오탐일 수 있다는 것을 의미한다.

기준율이 0.1%라고 가정할 경우(1000개의 바이너리 중 1개가 멀웨어 유력), 시스템 경보 중 99%가 오탐이라는 것을 의미하는 1% 정밀도를 얻게 된다. 마지막으로, 기준율이 0.01%(10000개의 바이너리 중 1개가 멀웨어 유력, 기업 내 네트워크에서 가장 현실적인 가정)일 경우에는 예상 정밀도가 0.1%로 떨어지며, 이는 시스템 경보 중 대부분이 오탐이라는 뜻이다.

이 분석의 한 가지 단점은 오탐 비율이 높은 탐지 시스템은 정밀도가 너무 낮기 때문에 기업 환경에서는 효용성이 거의 없다는 점이다. 따라서 멀웨어 탐지 시스템 구축의 핵심 목표는 오탐 비율을 최소화하여 시스템의 정밀도를 확보하는 것이다.

또 다른 단점은 본 챕터에서 소개한 ROC 곡선 분석을 수행할 때, 오탐 비율을 효과적으로 무시해야 한다는 것이다. 예를 들어, 기업 환경에서 시스템을 배포할 경우에 오탐 비율이 1% 이상으로 높아지면 정밀도가 너무 낮은 쓸모 없는 시스템이 될 수도 있다.

요약

본 챕터에서는 검출 정탐 비율, 오탐 비율, ROC 곡선, 기준율, 정밀도 등 기본적인 탐지 평가 개념을 학습했다. 멀웨어 탐지 시스템을 구축할 때 검출 정탐 비율을 최대화하고 오탐 비율을 최소화하는 것이 왜 중요한지 살펴보았다. 기준율은 정밀도에 영향을 미치므로 탐지 시스템을 기업 내에 배포하려면 오탐 비율을 줄이는 것이 특히 중요하다.

이러한 개념들이 아직 익숙하지 않더라도 걱정할 것 없다. 다음 챕터에서는 멀웨어 탐지 시스템을 처음부터 구축하고 평가하는 방법에 대해 자세히 알아본다. 이 과정에서 머신러닝 기반 탐지기 개선에 도움이 되는 추가적인 머신러닝별 평가 개념을 학습하게 될 것이다.

8

머신러닝 탐지기 만들기

오늘날에는 머신러닝 시스템 구현에 필요한 수학적 계산들을 처리할 수 있는 고품질 오픈 소스 소프트웨어 덕분에 파이썬의 기본적인 핵심 개념을 이해하는 사람이라면 누구나 머신러닝을 이용할 수 있다.

이 챕터에서는 가장 인기 있는(개인적으로 최고라 생각하는) 오픈 소스 머신러닝 패키지 scikit-learn을 사용하여 머신러닝 멀웨어 탐지 시스템을 구축하는 방법을 알아본다. 본 챕터에는 샘플 코드가 다수 수록되어 있다. 주요 코드 블록은 malware_data_science/ch8/code 디렉토리에서 확인할 수 있으며, 상응하는 샘플 데이터는 책 속 코드와 데이터(및 가상 시스템)의 malware_data_science/ch8/data 디렉토리에서 확인할 수 있다.

샘플 코드와 제공된 예시를 활용하면서 챕터 끝까지 본문을 따라 학습하다 보면 머신러닝 시스템 구축과 평가에 익숙해질 것이다. 또한, 일반적인 멀웨어 탐지기를 구축하는 방법과 필요한 도구들을 사용하여 특정 멀웨어 제품군을 위한 멀웨어 탐지기를 구축하는 방법을 학습한다. 여기서 습득하는 기술들은 광범위하게 적용될 수 있으며, 악성 이

메일이나 의심스러운 네트워크 스트림 탐지 등 여타 보안 문제에도 머신러닝을 적용할 수 있게 해 준다.

먼저 scikit-learn을 사용하기 전에 알아야 할 용어와 개념을 학습한다. 그리고 챕터 6에서 학습한 의사결정 트리 개념에 기반한 기본 의사결정 트리 탐지기를 구현하기 위해 scikit-learn을 사용한다. 다음으로, 특성 추출 코드를 scikit-learn과 통합하여 실제 특성을 추출하고 무작위 숲 접근법을 사용하여 멀웨어를 탐지하는 실제 멀웨어 탐지기를 구축하는 방법을 학습한다. 마지막으로, scikit-learn을 이용해서 샘플 무작위 숲 탐지기를 가진 머신러닝 시스템을 평가하는 방법을 학습한다.

용어와 개념

먼저 몇 가지 용어를 알아보자. 오픈 소스 라이브러리인 scikit-learn(줄여서 sklearn)은 강력하고 사용법이 간단하여 머신러닝 분야에서 큰 인기를 끌고 있다. 컴퓨터 보안 커뮤니티를 비롯한 여러 분야의 많은 데이터 과학자들이 이 라이브러리를 사용하고 있으며, 머신러닝 과제를 수행하기 위한 주요 도구로 활용한다. sklearn은 새로운 머신러닝 접근법들이 등장함에 따라 지속적으로 업데이트되고 있지만, 일관된 프로그래밍 인터페이스를 제공함으로써 다양한 머신러닝 접근법을 쉽게 사용할 수 있도록 해준다.

여타 머신러닝 프레임워크들과 마찬가지로, sklearn은 벡터 형태의 훈련 데이터를 필요로 한다. 벡터는 일련의 숫자 배열로, 각 인덱스가 훈련 예시 소프트웨어 바이너리의 단일 특성에 해당한다. 예를 들어, 머신러닝 탐지기가 사용하는 소프트웨어 바이너리의 두 가지 특성이 compressed(압축됨)와 contains encrypted data(암호화된 데이터 포함)라면, 훈련 예시 바이너리의 특성 벡터는 [0,1]이 될 것이다. 여기서 벡터의 첫 번째 인덱스는 "아니오"를 나타내는 0으로 바이너리의 압축 여부를 나타내며, 두 번째 인덱스는 "예"를 나타내는 1로 바이너리 내 암호화된 데이터의 포함 여부를 나타낸다.

벡터는 각 인덱스에 매핑된 특성을 기억해야 하기 때문에 불편할 수 있다. 다행히 sklearn은 다른 데이터 표현을 벡터 형태로 변환하는 헬퍼 코드를 제공한다. sklearn의 DictVectorizer 클래스를 사용하여 훈련 데이터의 사전 표현(예를 들면, {"is compressed":1,"contains encrypted data":0})을 [0,1]과 같이 sklearn이 활용하는 벡터 표현으로 변환할 수 있다. 추후 DictVectorizer를 사용하여 벡터의 인덱스와 원본 특성 이름 간 매핑을 복구할 수 있다.

sklearn 기반 탐지기를 훈련시키려면 특성 벡터와 레이블 벡터라는 두 개의 개별 객체를 전달해야 한다. 레이블 벡터는 훈련 예시당 한 개의 숫자를 포함하며, 여기서는 해당 예시가 멀웨어인지 양성 프로그램인지를 나타낸다. 예를 들어, 세 개의 훈련 예시를 sklearn에 전달한 뒤 레이블 벡터 [0,1,0]을 전달하는 것은 sklearn에 첫 번째 샘플은 양성 프로그램, 두 번째 샘플은 멀웨어, 세 번째 샘플은 양성 프로그램이라고 전달하는 것과 같다. 통상적으로 머신러닝 엔지니어는 훈련 데이터를 대문자 X 변수로 나타내고 레이블은 소문자 y 변수로 나타낸다.

예시의 차이는 매트릭스를 나타내는 대문자 변수들(벡터 배열로 여길 수 있는 변수들)과 개별 벡터를 나타내는 소문자 변수들의 사용 관례를 반영한다. 온라인에 있는 머신러닝 샘플 코드들에서도 이 관례를 찾아볼 수 있다. 이 책에서는 계속 이를 따를 것이므로 곧 익숙해질 것이다.

sklearn 프레임워크에서 사용되는 용어들은 다소 낯설게 느껴질 수도 있다. sklearn은 머신러닝 기반 탐지기를 "탐지기"가 아니라 "분류기"라고 일컫는다. 여기서 분류기라는 용어는 단순히 무언가를 두 개 이상의 범주로 분류하는 머신러닝 시스템을 의미한다. 따라서 탐지기(이 책에서 사용하는 용어)는 멀웨어와 양성 프로그램 같은 두 가지 범주로 무언가를 구분하는 특별한 유형의 분류기이다. 또한, 훈련이라는 용어 대신, sklearn 문서와 API에서는 종종 피팅이라는 용어를 사용한다. 예를 들어, "훈련 예시를 사용하여 머신러닝 분류기를 피팅하라"와 같은 문장을 볼 수 있는데, 이는 "훈련 예시를 사용하여 머신러닝 탐지기를 훈련시켜라"라는 말과 같은 의미이다.

마지막으로, 분류기의 맥락에서 검출이라는 용어 대신, sklearn은 예측이라는 용어를 사용한다. 이 용어는 sklearn의 프레임워크뿐만 아니라 머신러닝 커뮤니티에서 1주일 후 주식의 가치 예측이나 알려지지 않은 바이너리의 악성 여부 탐지를 위해 머신러닝 시스템을 활용할 때 일반적으로 사용된다.

모형 의사결정 트리 기반 탐지기 구축

sklearn의 기술적 용어에 익숙해졌다면 sklearn 프레임워크를 사용하여 챕터 6에서 학습한 내용을 기반으로 간단한 의사결정 트리를 만들어 보자. 의사결정 트리는 입력 벡터들에 대한 일련의 질문을 통해 해당 벡터의 악성 여부를 판단하는 "스무고개" 게임으로 이루어진다. 의사결정 트리 분류기를 만드는 과정을 단계별로 살펴본 뒤 예시 프로그램 전체를 탐구할 것이다. 코드 8-1은 sklearn에서 필수 모듈을 임포트하는 방법을 보여준다.

```
from sklearn import tree
from sklearn.feature_extraction import DictVectorizer
```

코드 8-1 sklearn의 모듈 임포트

가장 먼저 임포트할 모듈은 sklearn의 의사결정 트리 모듈이다. 두 번째 모듈은 feature_extraction으로, DictVectorizer 클래스를 임포트하는 sklearn의 헬퍼 모듈이다. DictVectorizer 클래스는 읽을 수 있는 사전 형태로 제공된 훈련 데이터를 sklearn이 실제로 머신러닝 탐지기를 훈련시키기 위해 활용할 벡터 표현으로 간편하게 변환한다.

필요한 모듈을 sklearn으로부터 임포트한 뒤 코드 8-2와 같이 필수 sklearn 클래스들을 인스턴스화한다.

```
classifier = ❶tree.DecisionTreeClassifier()
vectorizer = ❷DictVectorizer(sparse=❸False)
```

코드 8-2 의사결정 트리 분류기 및 vectorizer 초기화

우리가 인스턴스화하는 첫 번째 클래스, DesicionTreeClassifier❶는 우리의 탐지기를 나타낸다. sklearn은 의사결정 트리 작동 방식을 구체적으로 제어하는 수많은 매개변수를 제공하지만, 여기서는 매개변수를 선택하지 않고 sklearn의 기본 의사결정 트리 설정을 사용한다.

다음으로 인스턴스화하는 클래스는 DictVectorizer❷이다. 우리는 생성자에서 sparse를 False로 설정하여❸ sklearn에게 메모리를 절약할 수 있지만 사용이 복잡한 희소 벡터를 사용하지 않겠다는 의사를 알린다. sklearn의 의사결정 트리 모듈은 희소 벡터를 사용할 수 없기 때문에 이 특성은 포기한다.

클래스를 인스턴스화하고 나면 코드 8-3처럼 일부 샘플 훈련 데이터를 초기화할 수 있다.

```
# declare toy training data
❶ training_examples = [
{'packed':1,'contains_encrypted':0},
{'packed':0,'contains_encrypted':0},
{'packed':1,'contains_encrypted':1},
{'packed':1,'contains_encrypted':0},
{'packed':0,'contains_encrypted':1},
{'packed':1,'contains_encrypted':0},
{'packed':0,'contains_encrypted':0},
{'packed':0,'contains_encrypted':0},
]
❷ ground_truth = [1,1,1,1,0,0,0,0]
```

코드 8-3 훈련 및 레이블 벡터 선언

이 예시에서는 특성 벡터와 레이블 벡터 등 훈련 데이터를 구성하는 두 가지 구조를 초기화한다. training_example 변수에 할당된 특성 벡터❶는 사전 형태로 제공된다. 보다시피, 우리는 두 가지 간단한 특성을 사용하고 있다. 첫 번째는 파일이 패킹되어 있는지 여부를 나타내는 packed이고, 두 번째는 파일에 암호화된 데이터가 포함되어 있는지 여부를 나타내는 contains_encrypted이다. ground_truth 변수에 할당된 레이블 벡터❷는 각 훈련 예시의 악성 여부를 나타낸다. 이 책에서, 그리고 통상적으로 보안 데이터 과학자들 사이에서 0은 양성을, 1은 악성을 뜻한다. 여기서 레이블 벡터는 첫 번째 4개 특성 벡터가 악성이고 두 번째 4개를 양성으로 선언한다.

의사결정 트리 분류기 훈련

훈련용 벡터와 레이블 벡터를 선언했으므로, 이제 코드 8-4과 같이 의사결정 트리 클래스 인스턴스의 fit 메서드를 호출하여 의사결정 트리 모델을 훈련시켜 본다.

```
# initialize the vectorizer with the training data
❶ vectorizer.fit(training_examples)
# transform the training examples to vector form
❷ X = vectorizer.transform(training_examples)
y = ground_truth # call ground truth 'y', by convention
```

코드 8-4 훈련 데이터를 사용하여 vectorizer 클래스 초기화

코드 8-4의 코드는 먼저 fit 메서드를 호출하여 코드 8-2에서 초기화한 vectorizer 클래스를 초기화한다❶. 여기서, fit 메서드는 sklearn에게 packed 특성과 contains_encrypted 특성, 그리고 벡터 행렬 인덱스들 사이에 매핑을 생성하도록 지시한다. 그런 다음 vectorizer 클래스의 transform 메서드를 호출하여 사전 기반 특성 벡터를 숫자 벡터 형태로 변환한다❷. 우리는 X라는 변수에 특성 벡터를 할당하고 y라는 변수에 레이블 벡터를 할당했다. 이것은 머신러닝 커뮤니티의 변수명 설정 규칙이다.

이제 훈련 데이터가 모두 준비되었으니 다음과 같이 의사결정 트리 분류기 인스턴스에 fit 메서드를 호출하여 의사결정 트리 분류기를 훈련할 수 있다.

```
# train the classifier (a.k.a. 'fit' the classifier)
classifier.fit(X,y)
```

위와 같이 sklearn 탐지기를 훈련시키는 것은 간단하다. 그러나 이면에서는 sklearn이 앞선 챕터에서 논의한 알고리즘을 통해 새로운 소프트웨어의 악성 여부를 정확히 검출하기 위한 좋은 의사결정 트리를 식별하는 과정을 수행한다.

탐지기를 훈련시켰으니, 이제 코드 8-5를 사용하여 바이너리의 악성 여부를 탐지해 보자.

```
test_example = ❶{'packed':1,'contains_encrypted':0}
test_vector = ❷vectorizer.transform(test_example)
❸ print classifier.predict(test_vector) # prints [1]
```

코드 8-5 바이너리의 악성 여부 확인

가상의 소프트웨어 바이너리에 대해 사전 기반 특성 벡터를 인스턴스화하고❶, 코드 내에서 선언한 vectorizer를 사용하여 숫자 벡터 형태로 변환한 뒤❷, 일전에 구축한 의사결정 트리 탐지기를 실행하여 바이너리의 악성 여부를 판단한다. 우리는 분류기가 새로운 바이너리를 악의적이라고 "생각"하게 되는 코드가 실행되면 알 수 있는데("1"을 산출하기 때문에), 이는 의사결정 트리를 시각화하면 그 이유를 확인할 수 있을 것이다.

의사결정 트리 시각화

코드 8-6처럼 sklearn이 훈련 데이터를 기반으로 하여 자동 생성한 의사결정 트리를 시각화할 수 있다.

```
# visualize the decision tree
with open(❶"classifier.dot","w") as output_file:
❷tree.export_graphviz(
        classifier,
        feature_names=vectorizer.get_feature_names(),
        out_file=output_file
    )

import os
os.system("dot classifier.dot -Tpng -o classifier.png")
```

코드 8-6 GraphViz를 사용하여 의사결정 트리의 이미지 파일 생성

cassifier.dot이라는 파일을 열고❶ sklearn의 트리 모듈이 제공하는 export_graphviz() 함수를 사용하여 의사결정 트리의 네트워크 표현을 작성한다. 그리고 tree.export_grapviz를 호출하여❷ 의사결정 트리의 네트워크 표현을 디스크에 쓰는 classifier.dot에 GraphViz .dot 파일을 쓴다. 마지막으로, GraphViz dot 커맨드 라인 프로그램을 사용하여 챕터 6에서 학습한 의사결정 트리에 부합하는 형태로 의사결정 트리를 시각화하는 이미지 파일을 만든다. 실행 결과로 그림 8-1과 같은 출력 이미지 파일인 classifier.png가 생성된다.

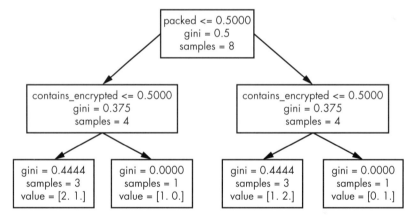

그림 8-1 의사결정 트리 시각화

의사결정 트리 시각화는 이미 챕터 6에서 다루었기 때문에 익숙하지만, 위 그림에는 몇몇 새로운 용어들이 포함되어 있다. 각 박스의 첫 번째 행은 노드가 질문을 하는 특성의 이름이다(머신러닝 용어로는 노드가 이 특성으로 "분리"된다고 한다). 예를 들어, 첫 번째 노드는 "packed" 특성에 분리된다. 바이너리가 패킹되지 않았을 경우, 왼쪽 화살표를 따라 이동한다. 반대의 경우에는 오른쪽 화살표를 따라 이동한다.

각 박스의 두 번째 행은 해당 노드의 지니 계수이며, 해당 노드와 일치하는 멀웨어와 양성 프로그램 훈련 예시 사이의 차이를 나타낸다. 지니 계수가 높을수록 해당 노드와 일치하는 샘플은 양성 프로그램 또는 멀웨어 쪽으로 치우치게 된다. 각 노드는 높은 지니 계수를 가지는 것이 좋다. 더 많은 훈련 예시가 멀웨어 또는 양성 프로그램 쪽으로 치우칠 수록 새로운 테스트 예시들의 악성 여부를 확신할 수 있기 때문이다.

각 박스의 세 번째 행은 해당 노드와 일치하는 훈련 예시 수를 나타낸다.

트리의 단말 노드는 박스 내부 텍스트가 조금 다르다는 것을 알 수 있다. 이 노드들은 "질문을 하는 것"이 아니라 "이 바이너리가 악성인가, 양성인가?"라는 질문에 대한 답을 제공한다. 예를 들어, 가장 왼쪽의 단말 노드에는 "value = [2. 1.]"이 있는데, 이는 두 개의 양성 훈련 예시가 이 노드와 일치하고(패킹되거나 암호화되지 않음) 하나의 멀웨어 훈련 예시가 노드와 일치한다는 것을 의미한다. 즉, 이 노드에 도달하면 멀웨어일 확률 (멀웨어 샘플 1개/총 샘플 3개 = 33%)이 바이너리에 할당된다. 박스의 지니 값들은 노드로 직접 이동하는 질문으로 분리될 때 바이너리의 악성 여부에 대해 얼마나 많은 정보를 얻는지 보여준다. 이렇게 *sklearn*이 생성하는 의사결정 트리의 시각화를 살펴보면 의사결정 트리가 어떻게 탐지를 수행하는지 이해하는 것에 도움이 된다.

전체 샘플 코드

코드 8-7은 지금까지 설명한 의사결정 트리 워크플로우의 전체 코드를 보여준다. 이미 전체 코드를 상세히 살펴봤기 때문에 이 코드는 쉽게 판독할 수 있을 것이다.

```
#!/usr/bin/python

# import sklearn modules
from sklearn import tree
from sklearn.feature_extraction import DictVectorizer

# initialize the decision tree classifier and vectorizer
classifier = tree.DecisionTreeClassifier()
vectorizer = DictVectorizer(sparse=False)

# declare toy training data
training_examples = [
{'packed':1,'contains_encrypted':0},
{'packed':0,'contains_encrypted':0},
{'packed':1,'contains_encrypted':1},
{'packed':1,'contains_encrypted':0},
{'packed':0,'contains_encrypted':1},
{'packed':1,'contains_encrypted':0},
{'packed':0,'contains_encrypted':0},
{'packed':0,'contains_encrypted':0},
]
ground_truth = [1,1,1,1,0,0,0,0]

# initialize the vectorizer with the training data
vectorizer.fit(training_examples)
```

```
# transform the training examples to vector form
X = vectorizer.transform(training_examples)
y = ground_truth # call ground truth 'y', by convention

# train the classifier (a.k.a. 'fit' the classifier)
classifier.fit(X,y)

test_example = {'packed':1,'contains_encrypted':0}
test_vector = vectorizer.transform(test_example)
print `classifier.predict(test_vector)` # prints [1]

#visualize the decision tree
with open("classifier.dot","w") as output_file:
    tree.export_graphviz(
        classifier,
        feature_names=vectorizer.get_feature_names(),
        out_file=output_file
    )

import os
os.system("dot classifier.dot -Tpng -o classifier.png")
```

코드 8-7 전체 의사결정 트리 워크플로우 샘플 코드

앞서 살펴본 샘플 머신러닝 멀웨어 탐지기는 sklearn 기능 활용의 기초를 보여주지만 실제 멀웨어 탐지기에 필요한 일부 필수 기능은 빠져 있다. 이제 실제 멀웨어 탐지기를 살펴보도록 하자.

sklearn을 활용한 실제 머신러닝 탐지기 구축

실제 탐지기를 구축하려면 소프트웨어 바이너리의 강력한 특성들과 소프트웨어 바이너리에서 이러한 특성들을 추출하기 위한 쓰기 코드를 사용해야 한다. 강력한 특성들은 바이너리의 모든 내용을 다루며, 이는 수백, 수천 개의 특성을 사용해야 한다는 것을 의미한다. 특성을 "추출"한다는 것은, 바이너리 내에 해당 특성이 존재하는지 식별하는 코드를 작성해야 한다는 뜻이다. 또한, 수천 가지 훈련 예시를 사용하고 규모에 맞게 머신러닝 모델을 훈련해야 한다. 마지막으로, 앞서 사용한 단순한 의사결정 트리 접근법은 충분한 검출 정확도를 제공하지 못하기 때문에 sklearn의 더 발전된 검출 접근법을 사용해야 한다.

실제 특성 추출

packed와 contains encrypted data와 같은 이전에 사용한 샘플 특성들은 단순한 모형 예시로, 이 두 가지 특성만으로는 결코 실용적인 멀웨어 탐지기를 구축할 수 없다. 앞서 언급한 바와 같이 실제 멀웨어 탐지 시스템은 수백, 수천 또는 수백만 개의 특성을 사용한다. 예를 들어, 머신러닝 기반 탐지기는 소프트웨어 바이너리에서 발생하는 수백만 개의 문자열을 특성으로 사용할 수 있다. 또는 소프트웨어 바이너리 포터블 실행(PE) 헤더의 값이나 주어진 바이너리가 임포트한 함수 또는 이들의 조합을 사용할 수 있다. 이 챕터에서 사용하게 될 문자열 특성을 비롯하여 머신러닝 기반 멀웨어 탐지 시 보편적으로 사용되는 특성들에 대해 잠시 살펴보자.

문자열 특성

소프트웨어 바이너리의 문자열 특성은 파일 내 인쇄 가능한 문자의 연속 문자열 중 최소 길이의 문자열이다(이 책에서는 최소 5자로 설정). 바이너리에 다음과 같은 인쇄 가능한 문자 시퀀스가 포함되어 있다고 가정해 보자.

["A", "The", "PE executable", "Malicious payload"]

이 경우, 특성으로 사용할 수 있는 문자열은 길이가 5자 이상인 "PE executable"과 "Malicous payload"가 될 것이다.

문자열 특성을 sklearn이 이해할 수 있는 형식으로 변환하려면 파이썬 사전에 삽입해야 한다. 실제 문자열을 사전 키로 사용하고 값을 1로 설정하여 바이너리에 해당 문자열이 포함되어 있음을 표시한다. 예를 들어, 이전 샘플 바이너리는 {"PE executable": 1, "Malicious payload": 1}의 특성 벡터를 얻는다. 물론 대부분의 소프트웨어 바이너리 내에는 2개가 아닌 수백 개의 인쇄 가능한 문자열이 존재하며, 이들에는 프로그램의 기능에 대한 풍부한 정보가 포함되어 있다.

문자열 특성은 소프트웨어 바이너리에 대한 많은 정보를 담고 있어 머신러닝 기반 탐지에 적합하다. 만약 바이너리가 패킹된 멀웨어 샘플이라면 정보가 될 만한 문자열이 거의 없을 것이고, 그 자체로 파일이 악의적이라는 것을 알려주는 지표가 될 수 있다. 반면, 패킹되거나 난독화되지 않은 파일의 자원 섹션의 문자열들은 파일의 행동에 대해 많은 것을 알려준다. 예를 들어, 바이너리 프로그램이 HTTP 요청을 실행할 경우, 일반적으로 해당 파일의 문자열 집합에서 "GET %s"와 같은 문자열을 확인한다.

그러나 문자열 특성에는 몇 가지 제약이 있다. 예를 들면, 실제 프로그램 코드를 포함하지 않기 때문에 바이너리 프로그램의 실제 논리는 전혀 보여주지 않는다. 이렇듯 문자열은 몇몇 패킹된 바이너리에서 유용한 특성이 될 수도 있지만, 바이너리가 실제로 무엇을 하는지는 밝히지 않는다. 따라서 문자열 특성에 기초한 탐지기는 패킹된 멀웨어를 탐지하는 데 이상적이지 않다.

포터블 실행(PE) 헤더 특성

PE 헤더 특성은 모든 Windows .exe 및 .dll 파일에 있는 PE 헤더 메타데이터에서 추출된다. 이러한 헤더 형식에 대한 자세한 내용은 챕터 1을 참조하라. 정적 프로그램 바이너리에서 PE 특성을 추출하려면, 해당 챕터에 주어진 코드를 사용하고 파일 특성을 파이썬 사전 양식으로 인코딩하면 되는데, 여기서 헤더 필드명은 사전 키이고 필드값은 각 키에 해당하는 값이다.

PE 헤더 특성은 문자열 특성을 보완한다. 문자열 특성은 "GET %s"와 같이 프로그램에 의해 생성된 함수 호출과 네트워크 전송을 잘 보여주는 반면, PE 헤더 특성은 프로그램 바이너리의 컴파일 타임스탬프나 PE 섹션의 레이아웃, 또는 실행 가능한 섹션과 그 크기와 같은 정보를 캡쳐한다.

또한, 시작 시 프로그램이 할당하는 메모리 양을 비롯하여 문자열 특성이 보여주지 않는 프로그램 바이너리의 다양한 런타임 특징들도 보여준다.

PE 헤더 특성은 패킹된 멀웨어와 패킹된 양성 프로그램 구분에도 유용하게 쓰인다. 난독화 때문에 패킹된 바이너리의 코드는 볼 수 없지만, 코드가 디스크에서 차지하는 공간과 바이너리의 디스크 내 배치, 그리고 일련의 파일 섹션에서 어떻게 패킹되는지 확인할 수 있기 때문이다. 이러한 세부 정보는 머신러닝 시스템이 멀웨어와 양성 프로그램을 구별하는 데 도움이 될 수 있다. PE 헤더 특성의 단점은 프로그램이 실행될 때 실행하는 실제 명령이나 프로그램이 호출하는 함수를 보여주지는 못한다는 것이다.

임포트 주소 테이블(IAT) 특성

챕터 1에서 배운 임포트 주소 테이블(IAT)도 머신러닝 특성의 주요 소스이다. IAT에는 소프트웨어 바이너리가 외부 DLL 파일에서 임포트하는 특성 및 라이브러리 리스트가 포함된다. 이와 같이 IAT에는 앞선 섹션에서 설명한 PE 헤더 특성을 보완하기 위한 프로그램 동작에 관련된 중요 정보가 포함되어 있다.

IAT를 머신러닝 특성 소스로 사용하기 위해서는 각 파일을 특성의 사전으로 표현해야 하는데, 임포트한 라이브러리와 함수명을 키로 사용하고 이 키는 1에 매핑된다. 이는 해당 파일에 특정 임포트(예를 들면, DLL이 KERNEL32.DLL이고 함수 호출이 LoadLibraryA일 때 "KERNEL32.DLL:LoadLibraryA")가 포함되어 있음을 나타낸다. 이런 방법으로 샘플에 대한 IAT 특성을 계산하여 얻는 특성 사전은 { KERNEL32.DLL:LoadLibraryA: 1, ... }과 같은 형태를 갖게 되며, 바이너리 내에서 관찰되는 모든 키에 1을 할당한다.

멀웨어 탐지기를 구축하면서 나는 IAT 특성이 프로그램 동작에 대한 고급 정보를 캡쳐하기는 하지만 종종 멀웨어가 IAT 특성을 난독화하여 양성 프로그램처럼 보이게 한다는 것을 알게 되었다. 멀웨어에 난독화가 없는 경우에도 종종 양성 프로그램이 임포트하는 것과 동일한 DLL 호출을 임포트하기 때문에, 단순히 IAT 정보만으로는 멀웨어와 양성 프로그램을 구별하기에는 무리가 따른다. 마지막으로, 멀웨어가 패킹되었을 경우(멀웨어가 실행되고 압축 해제되거나 복호화된 뒤에 실제 멀웨어 코드가 표시되도록 압축 또는 암호화된 경우) IAT는 멀웨어가 사용하는 임포트가 아닌 패커가 사용하는 임포트만 포함한다. 따라서 PE 헤더 특성들과 문자열 특성들에 덧붙여 IAT 특성을 사용하는 것이 시스템 정확도 향상에 유효하다.

N-그램

지금까지 순서와 무관한 머신러닝 특성들에 대해 학습했다. 바이너리에 특정 문자열이 있는지 여부를 확인하기 위해 문자열 특성에 대해 논의했지만, 특정 문자열이 디스크의 바이너리 레이아웃에서 다른 문자열보다 앞 또는 뒤에 있는지는 신경쓰지 않았다.

하지만 순서가 중요할 때도 있다. 예를 들어, 주요 멀웨어 패밀리는 일반적으로 사용되는 특성들만을 임포트하지만 매우 구체적인 순서를 지키는 것을 볼 수 있으며, 특성들을 순서에 따라 관찰하면 이것이 해당 패밀리에 속한다는 것을 알 수 있다. 이러한 순서 정보를 포착하기 위해 N-그램이라는 머신러닝 개념을 사용할 수 있다.

N-그램은 생각보다 낯선 개념이 아니다. 단지 발생 순서에 따라 특성을 배치하고 시퀀스에 길이가 n인 윈도우를 밀어서 각 단계별 윈도우 내 특성들의 시퀀스를 단일 종합 특성으로 다루는 것이다. 예를 들어, ["how", "now", "brown", "cow"]라는 시퀀스가 있고 이 시퀀스로부터 길이가 2(n = 2)인 N-그램 특성을 추출하고자 하면 [("how","now"), ("now","brown"), ("brown","cow")]라는 특성들을 도출하게 될 것이다.

멀웨어 검출에서 특정 부류의 데이터는 자연스럽게 N-그램 특성으로 표현된다. 예를 들어, 바이너리를 ["inc", "dec", "sub", "mov"]와 같은 구성 명령어들로 분해할 때에는 일련의 명령어를 표현하는 것이 특정 멀웨어 탐지에 유용할 수 있으므로 N-그램 접근법을 사용하여 명령어 순서를 포착하는 것이 바람직하다. 또한, 바이너리를 실행하여 동적 행동을 검사할 때 N-그램 접근법을 사용하여 바이너리의 API 호출 시퀀스나 고급 행동을 표현할 수 있다.

특정 유형의 시퀀스에서 발생하는 데이터를 사용할 때마다 머신러닝 기반 멀웨어 탐지 시스템에서 N-그램 특성을 사용해 볼 것을 권장한다. 종종 N-그램의 길이를 결정하는 n값을 선택하기 위해 약간의 시행착오가 필요하기도 하다. 이 시행착오에는 테스트 데이터에서 최고의 정확도를 산출하는 값을 도출하기 위해 n값을 변화시키는 작업도 포함된다. 일단 정확한 값을 찾으면, N-그램은 프로그램 바이너리의 실제 순차 행동을 포착하는 강력한 특성이 될 수 있기 때문에 시스템 정확도 향상에 기여한다.

가능한 모든 특성을 사용할 수 없는 이유

이제 다양한 범주의 특성들이 갖는 장단점을 알게 되었으니, 모든 특성을 동시에 사용하여 최상의 탐지기를 만들 수는 없는지 궁금할 것이다. 가능한 모든 특성을 사용하는 것이 좋은 생각이 아닌 이유가 몇 가지 있다.

첫째, 방금 살펴본 특성을 모두 추출하기 위해 소요되는 시간이 커서 시스템의 파일 스캔 속도에 영향을 주기 때문이다. 더 중요한 것은, 머신러닝 알고리즘에 너무 많은 특성을 사용하게 되면 메모리 문제에 부딪칠 수 있고 시스템 훈련에 너무 오랜 시간이 소요될 수 있다는 것이다. 때문에 시스템을 구축할 때에는 탐지하려는 멀웨어의 종류(또한 오탐 발생을 막기 위해 추가할 양성 프로그램의 종류)에 적합한 여타 특성들을 먼저 시도해볼 것을 권장한다.

안타깝지만 문자열 특성과 같은 한 가지 범주의 특성을 특정한다고 해도 대부분의 머신러닝 알고리즘이 다룰 수 있는 한계를 선회하는 특성을 갖게 될 수 있다. 문자열 특성을 사용할 경우에는 훈련 데이터에서 발생하는 모든 고유 문자열을 위한 하나의 특성이 필요하다. 예를 들어, 훈련 샘플 A에 "헬로 월드"라는 문자열이 포함되어 있고 훈련 샘플 B에는 "헬로 월드!"라는 문자열이 포함되어 있다면, "헬로 월드"와 "헬로 월드!"를 두 개의 개별적인 특성으로 다루어야 한다. 수천 개의 훈련 샘플을 다룰 경우, 수천 개의 고유 문자열과 마주하게 될 것이고, 시스템은 그 많은 특성들을 사용하게 된다는 것이다.

해싱 트릭을 통한 특성 압축

특성이 너무 많을 경우, 특성 해싱 또는 해싱 트릭이라고 불리는 직접적인 솔루션을 사용할 수 있다. 개념은 다음과 같다. 훈련 세트에 100만 개의 고유한 문자열 특성이 있다고 가정한다. 사용 중인 머신러닝 알고리즘과 하드웨어는 전체 훈련 세트에 걸쳐 4,000개의 고유한 특성만 처리할 수 있다. 100만 개의 특성을 4,000개의 항목으로 압축할 수 있는 방법이 필요하다.

해싱 트릭은 각 특성을 4,000개의 인덱스 중 하나로 해싱함으로써 100만 개의 특성을 4,000개의 특성 공간에 적합시킨다. 그리고 나서 4,000차원 특성 벡터의 해당 인덱스에 있는 숫자에 원래 특성의 값을 더한다. 물론 동일한 차원에서는 특성의 값이 합해지기 때문에 종종 이 접근방식과 충돌하기도 한다. 이는 사용 중인 머신러닝 알고리즘이 개별 특성의 값을 더 이상 볼 수 없기 때문에 시스템 정확도에 영향을 미칠 수 있다. 그러나 실제로 정확도의 저하는 경미한 경우가 많고 특성의 압축 표현으로 얻을 수 있는 이점은 압축 작업으로 인해 발생하는 이 소소한 대가를 크게 능가한다.

해싱 트릭 구현

이 개념을 더욱 명확히 이해하기 위해 해싱 트릭을 구현하는 샘플 코드를 살펴보자. 아래 코드는 알고리즘의 작동 방식을 설명하기 위해 삽입했다. 추후 sklearn의 해당 함수 구현을 사용할 것이다. 샘플 코드는 특성 선언으로 시작한다.

```
def apply_hashing_trick(feature_dict, vector_size=2000):
```

apply_hashing_trick() 함수는 두 가지 원본 특성 사전 및 해싱 트릭 적용 후 더 작은 특성 벡터를 저장하는 벡터의 크기 매개변수를 받는다.

그리고 다음 코드를 사용하여 새로운 특성 배열을 생성한다.

```
new_features = [0 for x in range(vector_size)]
```

new_features 배열은 해싱 트릭을 적용한 뒤 특성 정보를 저장한다. 그런 다음 코드 8-8과 같이 for 루프 내부에서 해싱 트릭의 핵심 작업을 수행한다.

```
for key in ❶feature_dict:
    array_index = ❷hash(key) % vector_size
    new_features[array_index] += ❸feature_dict[key]
```

코드 8-8 for 루프를 사용하여 해시 작업 수행

여기서는 특성 사전의 모든 특성에 반복을 수행하기 위해 for 루프를 사용한다❶. 먼저 사전의 키(문자열 특성의 경우 소프트웨어 바이너리의 개별 문자열에 해당) 모듈로 vector_size를 해시하여 해시 값을 0과 vector_size - 1 사이로 묶는다❷. 작업 결과는 array_index 변수에 저장한다.

루프 내 인덱스 array_index에서 new_feature 행렬 항목의 값을 원본 특성 행렬의 값만큼 증가시킨다❸. 소프트웨어 바이너리가 특정 문자열을 가지고 있다는 것을 나타내기 위해 특성 값이 1로 설정된 문자열 특성의 경우, 이 항목을 1씩 증가시킨다. 값 범위를 갖는 PE 헤더 특성의 경우(예를 들면, PE 섹션이 차지하는 메모리 양에 해당), 특성의 값을 항목에 더한다.

마지막으로, 루프 외부에서 다음과 같이 간단히 new_features 사전을 반환한다.

```
return new_features
```

이제 sklearn은 new_features에서 수백만 개의 고유 특성 대신 수천 개의 특성만을 사용하여 동작할 수 있다.

해싱 트릭에 대한 전체 코드

코드 8-9는 이제 익숙한 해싱 트릭의 전체 코드이다.

```
def apply_hashing_trick(feature_dict,vector_size=2000):
    # create an array of zeros of length 'vector_size'
    new_features = [0 for x in range(vector_size)]

    # iterate over every feature in the feature dictionary
    for key in feature_dict:

        # get the index into the new feature array
        array_index = hash(key) % vector_size

        # add the value of the feature to the new feature array
        # at the index we got using the hashing trick
        new_features[array_index] += feature_dict[key]

    return new_features
```

코드 8-9 해싱 트릭 구현을 위한 전체 코드

특성 해싱 트릭은 구현하기 쉽고, 그 과정에서 작동 원리도 이해할 수 있다. 하지만 사용이 쉽고 더욱 최적화된 sklearn의 기능을 사용할 수도 있다.

sklearn의 FeatureHasher 사용

자체 해싱 솔루션을 구현하는 대신 sklearn의 내장 기능을 사용하려면 먼저 sklearn의 FeatureHasher 클래스를 임포트해야 한다.

```
from sklearn.feature_extraction import FeatureHasher
```

다음으로, FeatureHasher 클래스를 인스턴스화한다.

```
hasher = FeatureHasher(n_features=2000)
```

이를 위해 n_features를 해싱 트릭을 적용하여 도출되는 새로운 행렬의 크기로 선언한다.

그리고 나서 일부 특성 벡터에 해싱 트릭을 적용하기 위해 FeatureHasher 클래스의 transform 메서드를 통해 해싱 트릭을 수행한다.

```
features = [{'how': 1, 'now': 2, 'brown': 4},{'cow': 2, '.': 5}]
hashed_features = hasher.transform(features)
```

결과는 코드 8-9에 있는 특성 해싱 트릭의 맞춤 구현과 사실상 동일하다. 차이점이라면, 여기서는 단순히 sklearn의 기능을 사용하고 있다는 것이다. 잘 유지된 머신러닝 라이브러리를 사용하는 것이 자체적으로 코드를 짜는 것보다 더 쉽기 때문이다. 전체 샘플 코드는 코드 8-10에서 확인할 수 있다.

```
from sklearn.feature_extraction import FeatureHasher
hasher = FeatureHasher(n_features=10)
features = [{'how': 1, 'now': 2, 'brown': 4},{'cow': 2, '.': 5}]
hashed_features = hasher.transform(features)
```

코드 8-10 FeatureHasher 구현

넘어가기 전에 특성 해싱에 대해 염두해야 할 것들이 있다. 먼저, 특성 해싱은 머신러닝 알고리즘에 전달되는 특성 정보를 난독화한다. 단순히 동일한 빈에 해시된다는 사실에 근거하여 특성 값을 합하기 때문이다. 이는 일반적으로 빈을 적게 사용할수록(또는 고정된 개수의 빈에 더 많은 특성들을 해시할수록) 알고리즘의 성능이 떨어진다는 것을 의미한다. 놀랍게도 머신러닝 알고리즘은 해싱 트릭을 사용할 때에도 여전히 동작하며, 오늘날의 하드웨어로도 수백만 또는 수십억 개의 특성을 다룰 수는 없기 때문에 보안 데이터 과학 분야에서도 일반적으로 특성 해싱 트릭을 사용해야 한다.

특성 해싱 트릭의 또 다른 한계는 모델 내부를 분석할 때 해시된 특성을 원래대로 복구하는 것이 어렵거나 불가능하다는 것이다.

의사결정 트리를 예로 들어보자. 우리는 특성 벡터의 각 항목에 임의의 특성을 해싱하고 있기 때문에, 주어진 항목에 추가된 특성 중 어떤 특성으로 인해 의사결정 트리 알고리즘이 이 항목에서의 분리가 좋은 생각이라 판단한 것인지 알 수 없다. 큰 제약이긴 하지만 보안 데이터 과학자들은 이러한 단점보다는 수백만 개의 특성을 관리 가능한 숫자로 압축할 수 있는 특성 해싱 기술의 엄청난 이점에 주목한다.

실제 멀웨어 탐지기를 구축하기 위해 필요한 구성 요소를 살펴보았으니 이제 엔드 투 엔드 멀웨어 탐지기를 구축하는 방법에 대해 알아보자.

강력한 탐지기 구축

소프트웨어 요구 사항의 관점에서 보면, 실제 탐지기는 크게 세 가지 작업(소프트웨어 바이너리에서 훈련과 탐지에 사용하기 위한 특성을 추출, 훈련 데이터를 사용하여 멀웨어 탐지 훈련, 실질적으로 새로운 소프트웨어 바이너리에서 탐지를 수행)을 수행해야 한다. 각각의 코드를 살펴보면서 원리를 알아보자.

이 섹션에서 사용하는 코드는 책과 함께 제공되는 코드 내의 malware_data_science/ ch8/code/complete_detector.py나 제공된 가상 머신의 동일한 위치에서 액세스할 수 있다. 단행 셸 스크립트 malware_data_science/ch8/code/run_complete_detector.sh는 셸에서 탐지기를 실행하는 방법을 보여준다.

특성 추출

탐지기를 생성하기 위해 첫 번째로 구현해야 할 것은 훈련용 바이너리에서 특성을 추출하는 코드이다(보일러플레이트 코드는 건너뛰고 프로그램의 핵심 함수에 초점을 맞춘다). 특성 추출 작업에는 훈련용 바이너리에서 관련 데이터를 추출하여 파이썬 사전 내에 저장한 뒤, 고유 특성 개수가 지나치게 커질 것 같다면 sklearn의 해싱 트릭 기능을 사용하여 변형시킨다.

쉽게 말해서, 우리는 오직 문자열 특성만 사용하고 해싱 트릭을 이용할 것이다. 이는 코드 8-11에서 확인할 수 있다.

```
def get_string_features(❶path,❷hasher):
    # extract strings from binary file using regular expressions
    chars = r" -~"
    min_length = 5
    string_regexp = '[%s]{%d,}' % (chars, min_length)
    file_object = open(path)
    data = file_object.read()
    pattern = re.compile(string_regexp)
    strings = pattern.findall(data)

    # store string features in dictionary form
❸ string_features = {}
```

```
    for string in strings:
        string_features[string] = 1

    # hash the features using the hashing trick
❹ hashed_features = hasher.transform([string_features])

    # do some data munging to get the feature array
    hashed_features = hashed_features.todense()
    hashed_features = numpy.asarray(hashed_features)
    hashed_features = hashed_features[0]

    # return hashed string features
❺ print "Extracted {0} strings from {1}".format(len(string_features),path)
    return hashed_features
```

코드 8-11 get_string_features 함수 정의

　여기서 우리는 대상 바이너리로 가는 경로를 받는 get_string_features라는 단일 함수
와❶ sklearn의 특성 해싱 클래스 인스턴스를❷ 인자로 선언한다. 그리고 정규식을 사용
하여 대상 파일의 문자열을 추출함으로서 최소 길이 5 이상의 모든 인쇄 가능한 문자열
을 파싱한다. 그런 다음 추후 처리 작업을 위해 사전에서 각 문자열의 값을 1로 설정하
여 파이썬 사전에 특성을 저장하고❸, 해당 특성이 바이너리에 존재한다는 것을 표시한다.
　다음으로, hasher를 호출하여 sklearn의 해싱 트릭 기능으로 특성을 해싱한다. sklearn
은 단일 사전이 아닌 변형될 사전 리스트를 전달해야 하므로, string_features 사전을 파
이썬 리스트로 래핑하여 hasher 인스턴스에 전달한다는 것에 유의하라❹.
　사전 리스트로 특성 사전을 전달하면 특성은 배열 리스트로 반환된다. 또한, 압축 표
현인 희소 형식으로 반환되는데, 이 책에서는 다루지 않는다. 우리는 데이터를 일반적인
numpy 벡터로 되돌려야 한다.
　데이터를 일반적인 형식으로 되돌리기 위해 .todense()와 .asarray()를 호출한 뒤 hasher
결과 리스트에서 첫 번째 배열을 선택하여 최종 특성 벡터를 복원한다. 함수의 마지막
단계는 특성 벡터 hashed_features를 호출자에게 반환하는 것이다❺.

탐지기 훈련

머신러닝 훈련 시스템에서 대부분의 궂은 일은 sklearn이 도맡기 때문에, 일단 대상 바이
너리에서 머신러닝 특성을 추출하고 나면 탐지기 훈련은 적은 양의 코드만으로도 가능
해진다.
　탐지기를 훈련시키려면 먼저 훈련 예시에서 특성들을 추출한 뒤, 사용하고자 하는 특
성 해셔와 sklearn 머신러닝 탐지기를 인스턴스화해야 한다(여기서는 무작위 숲 분류기
를 사용). 그리고 나서 예시 바이너리를 통해 탐지기를 훈련시키기 위해 sklearn의 fit 메
서드를 호출한다. 마지막으로, 탐지기와 특성 해셔를 디스크에 저장한다. 추후 파일을
스캔하고 싶을 때 사용할 수 있다.

코드 8-12는 탐지기 훈련을 위한 코드이다.

```
def ❶get_training_data(benign_path,malicious_path,hasher):
    def ❷get_training_paths(directory):
        targets = []
        for path in os.listdir(directory):
            targets.append(os.path.join(directory,path))
        return targets
❸ malicious_paths = get_training_paths(malicious_path)
❹ benign_paths = get_training_paths(benign_path)
❺ X = [get_string_features(path,hasher)
    for path in malicious_paths + benign_paths]
    y = [1 for i in range(len(malicious_paths))]
    + [0 for i in range(len(benign_paths))]
    return X, y
def ❻train_detector(X,y,hasher):
    classifier = tree.RandomForestClassifier()
❼ classifier.fit(X,y)
❽ pickle.dump((classifier,hasher),open("saved_detector.pkl","w+"))
```

코드 8-12 탐지기 훈련을 위한 sklearn 프로그래밍

먼저, 주어진 훈련 예시에서 특성을 추출하는 get_training_data() 함수를 선언한다❶. 이 함수는 세 개의 인자(양성 바이너리 프로그램 예시가 담긴 디렉토리 경로(benign_path), 악성 바이너리 프로그램의 예시가 담긴 디렉토리 경로(malious_path), 특성 해싱을 수행할 때 사용되는 sklearn FeatureHasher 클래스의 인스턴스(Hasher))를 가진다.

다음으로, get_training_paths()를 선언한다❷. 이는 지정된 디렉토리에서 발견되는 파일들의 절대 파일 경로 리스트를 제공하는 로컬 헬퍼 특성이다. 다음 두 행에서는 get_training_paths를 사용하여 악성❸ 및 양성❹ 훈련 예시 디렉토리에서 발견되는 경로 리스트를 확인한다.

마지막으로, 특성을 추출하고 레이블 벡터를 생성한다. 코드 8-11에 설명되어 있는 get_string_features() 함수를 모든 훈련 예시 파일 경로에 호출함으로서 이를 수행한다❺. 레이블 벡터는 모든 악성 경로에 대해 1을, 모든 양성 경로에 대해 0을 가지므로, 레이블 벡터의 인덱스에 있는 숫자는 X 행렬의 동일한 인덱스에 있는 특성 벡터의 레이블에 해당한다. 이것은 sklearn이 활용할 수 있는 레이블 데이터의 특성 형태로, 각 특성 벡터의 레이블을 라이브러리에 알릴 수 있게 해준다.

특성 추출이 완료되고 특성 벡터 X와 레이블 벡터 y를 생성했으므로 이제 특성 벡터와 레이블 벡터를 사용하여 탐지기를 훈련시키도록 sklearn에 지시할 수 있다.

이를 위해 train_detector() 함수를 사용하며❻, 세 개의 인자 훈련 예시 특성 벡터(X), 레이블 벡터(y), sklearn의 특성 해셔(hasher) 인스턴스를 받는다. 함수 내에서 sklearn 탐지기인 tree.RandomForestClassifier를 인스턴스화한다. 그리고 나서 X와 y를 탐지기의 fit 메서드에 전달하여 훈련을 수행하고❼, 파이썬 pickle 모듈을 사용하여❽ 추후 탐지기와 해셔를 사용할 수 있도록 저장한다.

새로운 바이너리에 대해 탐지기 실행

이제 새로운 프로그램 바이너리에서 멀웨어를 탐지하기 위해 방금 학습하고 저장한 탐지기를 사용하는 방법에 대해 알아보자. 코드 8-13은 이 작업을 위해 scan_file() 함수를 사용하는 방법을 보여준다.

```
def scan_file(path):
    if not os.path.exists("saved_detector.pkl"):
        print "Train a detector before scanning files."
        sys.exit
❶ with open("saved_detector.pkl") as saved_detector:
        classifier, hasher = pickle.load(saved_detector)
    features = ❷get_string_features(path,hasher)
    result_proba = ❸classifier.predict_proba(features)[1]
    # if the user specifies malware_paths and
    # benignware_paths, train a detector
❹ if result_proba > 0.5:
        print "It appears this file is malicious!",`result_proba`
    else:
        print "It appears this file is benign.",`result_proba`
```

코드 8-13 새로운 바이너리에 대해 탐지기 실행

scan_file() 함수를 선언하여 파일을 스캔하고 악성 여부를 판단한다. 유일한 인자는 스캔할 바이너리의 경로이다. 이 함수의 첫 번째 역할은 저장된 탐지기와 해셔를 pickle 파일에서 로드하는 것이다❶.

다음으로, 코드 8-11에서 정의한 get_string_features 특성을 사용하여 대상 파일로부터 특성을 추출한다❷.

마지막으로, 추출된 특성을 고려하여 해당 파일의 악성 여부를 판단하기 위해 탐지기의 predict 메서드를 호출한다. 이를 위해 classifier 인스턴스의 predict_proba 메서드❸를 사용하여 파일의 악성 확률에 해당하는 배열의 두 번째 요소를 선택한다. 이 확률이 0.5, 즉 50% 이상일 경우❹, 파일을 악성으로 판단하고, 그렇지 않은 경우에는 사용자에게 양성이라고 알린다. 이 결정 임계값을 크게 증가시켜 오탐을 최소화 할 수 있다.

우리가 지금까지 구현한 것

코드 8-14는 이 작지만 현실적인 멀웨어 탐지기의 코드를 전체적으로 보여준다. 각 조각의 작동 원리를 살펴보았으니 이제 코드가 유연하게 읽힐 것이다.

```
#!/usr/bin/python

import os
import sys
import pickle
import argparse
import re
import numpy
```

```
from sklearn.ensemble import RandomForestClassifier
from sklearn.feature_extraction import FeatureHasher

def get_string_features(path,hasher):
    # extract strings from binary file using regular expressions
    chars = r" -~"
    min_length = 5
    string_regexp = '[%s]{%d,}' % (chars, min_length)
    file_object = open(path)
    data = file_object.read()
    pattern = re.compile(string_regexp)
    strings = pattern.findall(data)

    # store string features in dictionary form
    string_features = {}
    for string in strings:
        string_features[string] = 1

    # hash the features using the hashing trick
    hashed_features = hasher.transform([string_features])

    # do some data munging to get the feature array
    hashed_features = hashed_features.todense()
    hashed_features = numpy.asarray(hashed_features)
    hashed_features = hashed_features[0]

    # return hashed string features
    print "Extracted {0} strings from {1}".format(len(string_features),path)
    return hashed_features

def scan_file(path):
    # scan a file to determine if it is malicious or benign
    if not os.path.exists("saved_detector.pkl"):
        print "Train a detector before scanning files."
        sys.exit(1)
    with open("saved_detector.pkl") as saved_detector:
        classifier, hasher = pickle.load(saved_detector)
    features = get_string_features(path,hasher)
    result_proba = classifier.predict_proba([features])[:,1]
    # if the user specifies malware_paths and
    # benignware_paths, train a detector
    if result_proba > 0.5:
        print "It appears this file is malicious!",`result_proba`
    else:
        print "It appears this file is benign.",`result_proba`

def train_detector(benign_path,malicious_path,hasher):
    # train the detector on the specified training data
    def get_training_paths(directory):
        targets = []
        for path in os.listdir(directory):
            targets.append(os.path.join(directory,path))
        return targets
    malicious_paths = get_training_paths(malicious_path)
    benign_paths = get_training_paths(benign_path)
```

```
X = [get_string_features(path,hasher) for path in malicious_paths + benign_paths]
y = [1 for i in range(len(malicious_paths))] + [0 for i in range(len(benign_paths))]
classifier = tree.RandomForestClassifier(64)
classifier.fit(X,y)
pickle.dump((classifier,hasher),open("saved_detector.pkl","w+"))

def get_training_data(benign_path,malicious_path,hasher):
    def get_training_paths(directory):
        targets = []
        for path in os.listdir(directory):
            targets.append(os.path.join(directory,path))
        return targets
    malicious_paths = get_training_paths(malicious_path)
    benign_paths = get_training_paths(benign_path)
    X = [get_string_features(path,hasher) for path in malicious_paths + benign_paths]
    y = [1 for i in range(len(malicious_paths))] + [0 for i in range(len(benign_paths))]
    return X, y

parser = argparse.ArgumentParser("get windows object vectors for files")
parser.add_argument("--malware_paths",default=None,help="Path to malware training files")
parser.add_argument("--benignware_paths",default=None,help="Path to benignware training files")
parser.add_argument("--scan_file_path",default=None,help="File to scan")
args = parser.parse_args()

hasher = FeatureHasher(20000)
if args.malware_paths and args.benignware_paths:
    train_detector(args.benignware_paths,args.malware_paths,hasher)
elif args.scan_file_path:
    scan_file(args.scan_file_path)
else:
    print "[*] You did not specify a path to scan," \
        " nor did you specify paths to malicious and benign training files" \
        " please specify one of these to use the detector.\n"
    parser.print_help()
```

코드 8-14 기본적인 머신러닝 멀웨어 탐지기 코드

머신러닝 기반 멀웨어 탐지기를 작성하는 것은 멋진 일이지만, 효율에 대한 확신을 가지고 탐지기를 배포하려면 성능을 평가하고 개선해야 한다. 다음 섹션에서는 탐지기 의 성능을 평가하는 또 다른 방법들에 대해 학습한다.

탐지기의 성능 평가

편리하게도, sklearn에는 챕터 7에서 학습한 ROC 곡선과 같은 측정법을 사용하여 탐지 시스템을 쉽게 평가할 수 있는 코드가 포함되어 있다. sklearn 라이브러리 역시 머신러 닝 시스템 평가에 특화된 추가 평가 기능을 제공한다. 예를 들어, 교차검증을 수행할 때 sklearn의 함수들을 사용할 수 있는데, 이는 탐지기를 배포하기 전에 해당 탐지기가 얼마 나 잘 동작할 것인지 예측할 수 있는 강력한 방법이다.

이 섹션에서는 sklearn을 사용하여 탐지기의 정확도를 나타내는 ROC 곡선을 플로팅하는 방법에 대해 학습한다. 또한, 교차검증과 sklearn으로 이를 구현하는 방법에 대해서도 배운다.

ROC 곡선을 통한 탐지기 효율 평가

수신자 조작 특성(ROC) 곡선은 당신이 감도를 조정할 때 탐지기의 검출 정탐 비율(탐지에 성공한 멀웨어의 비율)과 오탐 비율(멀웨어로 탐지하는 양성 프로그램의 비율)의 변화를 측정한다.

민감도가 높을수록 오탐 비율이 높아지지만 탐지 속도는 빨라진다. 감도가 낮을수록 오탐은 적어지지만 탐지 개수도 줄어들 것이다. ROC 곡선을 계산하려면 바이너리의 악성 확률에 따라 값이 높아지는 위협 점수를 출력할 수 있는 탐지기가 필요하다. 이 책에서 다루는 의사결정 트리, 로지스틱 회귀, K-근접 이웃, 무작위 숲 및 기타 머신러닝 접근법들은 모두 파일의 악성 확률을 반영하는 위협 점수를 출력할 수 있는 옵션을 제공한다. ROC 곡선을 사용하여 탐지기의 정확도를 판단하는 방법에 대해 알아보자.

ROC 곡선 계산

코드 8-14에서 구축한 머신러닝 탐지기에 대한 ROC 곡선을 계산하려면 두 가지 작업이 필요하다. 첫 번째는 실험 설정을 정의하고, 두 번째는 sklearn의 metrics 모듈을 사용하여 실험을 구현한다. 기본적인 실험 설정을 위해 훈련 예시를 반으로 나누어 첫 번째 절반은 훈련에 사용하고, 두 번째 절반은 ROC 곡선의 계산에 사용할 것이다. 이 분할 방식은 제로데이 멀웨어 탐지 문제를 시뮬레이션한다. 데이터를 분할하는 것은 기본적으로 프로그램에게 "양성 프로그램과 멀웨어를 식별하는 방법을 학습하기 위해 사용할 양성 프로그램과 멀웨어 한 세트를 보여주고, 멀웨어와 양성 프로그램의 개념을 얼마나 잘 학습했는지 평가하기 위해 사용할 다른 세트를 보여줘"라고 말하는 것이다. 탐지기가 테스트 세트에서 멀웨어(또는 양성 프로그램)를 본 적이 없기 때문에 이 평가 설정은 탐지기가 새로운 멀웨어에 대해 실제로 유효할 것인지 예측할 수 있는 간단한 방법이다.

sklearn을 통해 직관적으로 분할을 수행할 수 있다. 먼저, 탐지기 프로그램의 인자 파서 클래스에 다음과 같은 옵션을 추가하여 탐지기의 정확도를 평가한다는 것을 알린다.

```
parser.add_argument("--evaluate",default=False,
action="store_true",help="Perform cross-validation")
```

그런 다음, 코드 8-15와 같이 프로그램 내 커맨드 라인 인자들을 처리하는 부분에 사용자가 커맨드 라인 인자에 -evaluate를 추가한 경우를 처리하는 또 다른 elif 절을 추가한다.

```
   elif args.malware_paths and args.benignware_paths and args.evaluate:
❶ hasher = FeatureHasher()
    X, y = ❷get_training_data(
    args.benignware_paths,args.malware_paths,hasher)
    evaluate(X,y,hasher)
def ❸evaluate(X,y,hasher):
    import random
    from sklearn import metrics
    from matplotlib import pyplot
```

코드 8-15 새로운 바이너리들에 대해 탐지기 실행

코드를 자세히 살펴보자. 먼저, sklearn 특성 해셔를 인스턴스화하고❶, 평가 실험에 필요한 훈련 데이터를 얻은 뒤❷, 훈련 데이터(X, y)와 특성 해셔 인스턴스(hasher)를 매개변수로 삼는 evaluate를 호출한다❸. 그리고 나서 평가 수행에 필요한 세 개의 모듈을 임포트한다. random 모듈을 사용하여 탐지기 훈련에 사용할 훈련 예시와 테스트에 사용할 훈련 예시를 무작위로 선택한다. sklearn의 metrics 모듈을 사용하여 ROC 곡선을 계산하고, matplotlib(사실상 데이터 시각화를 위한 표준 파이썬 라이브러리)의 pyplot 모듈을 사용하여 ROC 곡선을 시각화한다.

훈련 및 테스트 세트로 데이터 분할

훈련 데이터에 해당하는 X, y 행렬을 무작위로 정리하고 나면 코드 8-16과 같이 동일한 크기의 훈련 및 테스트 세트로 나눌 수 있다. 코드 8-15에서 시작된 evaluate() 함수 정의를 이어간다.

```
❶ X, y = numpy.array(X), numpy.array(y)
❷ indices = range(len(y))
❸ random.shuffle(indices)
❹ X, y = X[indices], y[indices]
    splitpoint = len(X) * 0.5
❺ splitpoint = int(splitpoint)
❻ training_X, test_X = X[:splitpoint], X[splitpoint:]
    training_y, test_y = y[:splitpoint], y[splitpoint:]
```

코드 8-16 훈련 및 테스트 세트로 데이터 분할

먼저 X와 y를 numpy 배열로 변환한 뒤❶, X와 y의 요소 숫자에 해당하는 인덱스 리스트를 작성한다❷. 다음으로, 무작위로 인덱스를 섞고❸ 이 새로운 순서에 근거하여 X와 y의 순서를 변경한다❹. 실험 데이터 디렉토리에 배치된 순서에 따라 샘플이 분할되는 것을 방지하기 위해 훈련 세트 또는 테스트 세트에 무작위로 할당한다. 무작위 분할을 완료하기 위해 데이터셋을 절반으로 균등하게 분할하는 행렬 인덱스를 찾고, int() 함수를 사용하여 이 점을 근접 정수로 반올림한 뒤에❺ X, y 행렬을 훈련 및 테스트 세트로 분할함으로써 행렬을 절반으로 나눈다❻.

훈련 및 테스트 세트를 확보하고 나면 훈련 데이터를 사용하여 의사결정 트리 탐지기를 인스턴스화하고 훈련시킬 수 있다.

```
classifier = RandomForestClassifier()
classifier.fit(training_X,training_y)
```

이제 훈련이 완료된 분류기를 사용하여 테스트 예시가 악성일 가능성을 나타내는 점수를 얻는다.

```
scores = classifier.predict_proba(test_X)[:,-1]
```

분류기에서 테스트 예시가 멀웨어일 확률을 예측하는 predict_proba() 메서드를 호출한다. 그리고 나서 numpy 인덱싱 마술을 통해 샘플이 악성일 확률만 추출한다. 확률은 한 쪽만 알면 되기 때문에(악성일 확률이 0.99일 때, 총 확률은 1.00이므로 양성일 확률은 0.01) 필요한 것은 멀웨어 확률뿐이다.

ROC 곡선 계산

탐지기를 사용하여 멀웨어 확률(또는 "점수")을 계산하고 나면 ROC 곡선을 계산한다. 이를 위해 먼저 sklearn의 metrics 모듈 내 roc_curve 함수를 다음과 같이 호출한다.

```
fpr, tpr, thresholds = metrics.roc_curve(test_y, scores)
```

roc_curve 함수는 초과시 소프트웨어 바이너리를 악성이라고 간주하는 다양한 결정 임계값(또는 점수 임계값)을 테스트하고 탐지기의 오탐 비율과 검출 정탐 비율을 측정한다.

roc_curve 함수는 두 개의 테스트 예시들에 대한 레이블 벡터(test_y), 탐지기가 판단하는 각 훈련 예시의 악성 의심 정도인 score 배열 인자를 받는다. 이 함수는 세 개 fpr, tpr, thresholds의 관련 배열을 반환한다. 이 배열들은 길이가 모두 동일하기 때문에 각 인덱스마다 오탐 비율, 검출 정탐 비율, 결정 임계값이 서로 일치한다.

이제 matplotlib를 사용하여 방금 계산한 ROC 곡선을 시각화할 수 있다. matplotlib의 pyplot 모듈에서 plot 메서드를 호출한다.

```
pyplot.plot(fpr,tpr,'r-')
pyplot.xlabel("Detector false positive rate")
pyplot.ylabel("Detector true positive rate")
pyplot.title("Detector ROC Curve")
pyplot.show()
```

xlabel, ylabel, 그리고 title 메서드를 호출하여 차트의 축과 제목에 레이블을 붙인 뒤, 차트 윈도우를 띄우는 show 메서드를 호출한다.

결과 ROC 곡선은 그림 8-2에서 확인할 수 있다.

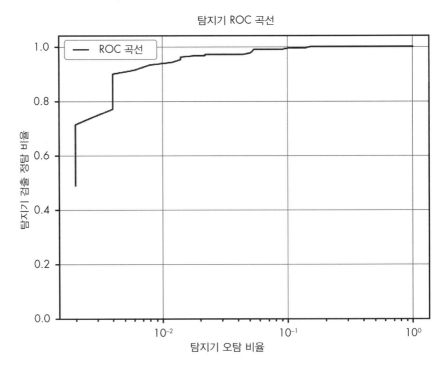

그림 8-2 탐지기의 ROC 곡선 시각화

그림 8-2의 도식을 통해 탐지기가 기본적인 예시에 대해 잘 작동한다는 것을 알 수 있다. 약 1%의 오탐 비율(10^{-2})로 테스트 세트의 멀웨어 샘플 중 약 94%를 검출할 수 있다. 우리는 몇 백 개의 훈련 예시로만 훈련시켰지만 더 나은 정확도를 얻기 위해서는 수만, 수십만 또는 수백만 개의 예시를 사용하여 훈련시켜야 한다(그 정도 범위의 머신러닝 확장은 이 책에서 다루지 않는다).

교차검증

ROC 곡선을 시각화하는 것이 유용하긴 하지만, 훈련 데이터에 많은 실험을 수행해야만 실제로 탐지기의 정확도를 예측할 수 있다. 단지 훈련 예시를 반으로 나누어 절반은 훈련을 위해 사용하고 나머지 절반은 테스트에 사용하는 것은 탐지기 평가 과정으로 충분하지 않다. 현실에서는 이러한 테스트 예시들이 아니라 알려지지 않은 새로운 멀웨어들에 대한 정확도가 측정 기준이 되기 때문이다. 배치하고 나서 어떻게 작동하는 지에 대해 더 명확하게 이해하기 위해서는, 한 세트의 테스트 데이터에 대해 한 번 이상의 실험을 실행해야 한다.

우리는 수많은 테스트 세트로 수많은 실험을 수행함으로써 전반적인 추세를 정확하게 파악해야 한다.

이를 위해 교차검증을 사용할 수 있다. 교차검증의 기본 원리는 훈련 예시를 여러 폴드로 분할하는 것이다(여기서는 세 폴드를 사용하지만, 더 많은 폴드를 사용할 수도 있다). 300개의 예시를 세 폴드로 분할한다면, 첫 번째 100개의 샘플은 첫 번째 폴드로, 두 번째 100개는 두 번째 폴드로, 세 번째 100개는 세 번째 폴드로 들어갈 것이다.

그리고 나서 세 번의 테스트를 수행한다. 첫 번째 테스트에서는 2번과 3번 폴드의 시스템을 훈련시키고 1번 폴드에서 시스템을 테스트한다. 두 번째 테스트에서는 동일한 프로세스를 반복하는데, 1번과 3번 폴드에서 시스템을 훈련하고 2번 폴드에서 시스템을 테스트한다. 세 번째 테스트는 예상할 수 있듯이 1번과 2번 폴드에서 시스템을 훈련시키고, 3번 폴드에서 시스템을 테스트한다. 그림 8-3은 이러한 교차검증 과정 예시이다.

	폴드 1	폴드 2	폴드 3
실험 1	테스트에 사용	훈련에 사용	테스트에 사용
실험 2	훈련에 사용	테스트에 사용	훈련에 사용
실험 3	훈련에 사용	훈련에 사용	테스트에 사용

그림 8-3 샘플 교차검증 과정의 시각화

sklearn 라이브러리는 교차검증 구현을 용이하게 해준다. 코드 8-15의 evaluate 함수를 cv_valuate로 수정해 보자.

```
def cv_evaluate(X,y,hasher):
    import random
    from sklearn import metrics
    from matplotlib import pyplot
    from sklearn.cross_validation import KFold
```

cv_valuate() 특성은 최초 평가 함수와 동일한 방식으로 시작하지만, sklearn의 cross_validation 모듈에서 KFold 클래스를 임포트한다. K-fold 교차검증, 줄여서 KFold는 방금 학습한 교차검증 유형과 마찬가지로 가장 일반적인 교차검증 방법이다.

다음으로, numpy의 향상된 배열 인덱싱을 사용할 수 있도록 훈련 데이터를 numpy 배열로 변환한다.

```
    X, y = numpy.array(X), numpy.array(y)
```

다음 코드는 실제로 교차검증 프로세스를 시작한다.

```
fold_counter = 0
  for train, test in KFold(len(X),3,❶shuffle=True):
    ❷training_X, training_y = X[train], y[train]
      test_X, test_y = X[test], y[test]
```

먼저 KFold 클래스를 인스턴스화하여 첫 번째 매개변수로 훈련 예시의 개수를, 두 번째 인자로 사용하고자 하는 폴드의 개수를 전달한다. 세 번째 인자인 shuffle=True❶는 sklearn에게 훈련 데이터를 세 폴드로 나누기 전에 무작위로 분류하라고 지시하는 것이다. KFold 인스턴스는 각 반복마다 다른 훈련이나 테스트 예시를 제공하는 반복자이다. 루프 내에서 해당 요소를 포함하는 training_X 및 training_y 배열에 훈련 인스턴스와 테스트 인스턴스를 할당한다❷.

훈련 및 테스트 데이터가 준비되면, 챕터 앞쪽에서 학습한 바와 같이 RandomForest-Classifier를 인스턴스화하고 훈련을 시작할 수 있다.

```
classifier = RandomForestClassifier()
classifier.fit(training_X,training_y)
```

마지막으로, 이 폴드의 ROC 곡선을 계산하고 이 ROC 곡선을 나타내는 선을 표시한다.

```
scores = classifier.predict_proba(test_X)[:,-1]
fpr, tpr, thresholds = metrics.roc_curve(test_y, scores)
pyplot.semilogx(fpr,tpr,label="Fold number {0}".format(fold_counter))
fold_counter += 1
```

차트를 표시하는 matplotlib show 메서드는 아직 호출하지 않는다. 모든 폴드의 평가가 마무리된 후에 세 행을 동시에 보여줄 것이다. 이전 섹션에서처럼 축에 레이블을 붙이고 플롯에 다음과 같이 제목을 부여한다.

```
pyplot.xlabel("Detector false positive rate")
pyplot.ylabel("Detector true positive rate")
pyplot.title("Detector Cross-Validation ROC Curves")
pyplot.legend()
pyplot.grid()
pyplot.show()
```

결과 ROC 곡선은 그림 8-4에서 확인할 수 있다.

모든 폴드의 결과가 비슷했지만, 분명 약간의 차이가 존재한다. 3회 동안의 탐지율(검출 정탐 비율) 평균은 약 90%, 오탐 비율은 1%로 측정된다. 세 가지 교차검증 실험을 모두 고려하여 추정한 이 수치는 데이터에 한 가지 실험만 수행했을 때보다 탐지기의 성능을 더 정확하게 추정한다. 한 가지 실험만 수행할 경우 훈련과 테스트에 사용된 샘플들은 다소 무작위적인 결과를 도출할 것이다. 더 많은 실험을 실행함으로서 솔루션의 유효성에 대해 더욱 견고한 해답을 얻는 것이다.

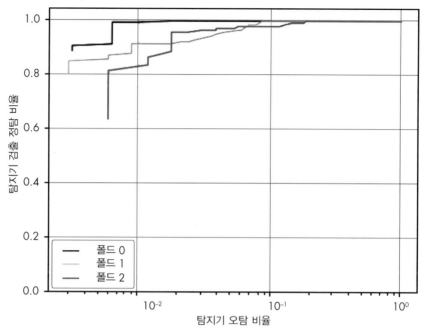

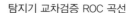

탐지기 교차검증 ROC 곡선
1.0
0.8
0.6
0.4
0.2
0.0
탐지기 검출 정탐 비율
폴드 0
폴드 1
폴드 2
10^{-2}
10^{-1}
10^{0}
탐지기 오탐 비율

그림 8-4 교차검증을 사용하는 탐지기의 ROC 곡선 도식

이러한 결과는 매우 적은 양의 데이터(몇 백 개의 멀웨어 및 양성 프로그램 샘플)로 훈련하기 때문에 신뢰도가 떨어진다. 회사에서 대규모 머신러닝 멀웨어 탐지 시스템을 훈련시킬 때 대개 수억 개의 샘플을 대상으로 삼는다. 멀웨어 탐지기를 직접 훈련할 때마다 반드시 수억 개의 샘플이 필요한 것은 아니지만, 최소한 수만 개의 샘플 데이터셋은 수집해야 신뢰할 만한 성능을 얻을 수 있다(예를 들면, 90%의 탐지율과 0.1%의 오탐 비율).

다음 단계

지금까지 소프트웨어 바이너리의 훈련 데이터셋에서 파이썬과 sklearn을 사용하여 특성을 추출하고, 의사결정 트리 기반 머신러닝 접근법을 훈련시키고 평가하는 방법을 알아보았다. 시스템을 개선하려면 인쇄 가능한 문자열 특성을 포함한 기타 특성(예를 들면, 앞서 설명한 PE 헤더, 명령 N-그램 또는 IAT 특성)이나 다른 머신러닝 알고리즘을 활용할 수 있다.

탐지기의 정확도를 보다 높이려면 sklearn의 RandomForestClassifier(sklearn.ensemble.RandomForestClassifier) 외에도 다른 분류기들을 시도해 보기를 권장한다. 무작위 숲 탐지기 역시 의사결정 트리에 기초하고 있지만, 이전 챕터에서 하나가 아닌 다수의 무작위 의사결정 트리를 생성했던 것을 기억하라. 우리는 새로운 파일이 멀웨어인지 양성 프로그램인지를 판단하기 위해 각 의사결정 트리들이 도출한 개별적인 판단을 종합한 뒤 트리의 총 개수로 나누어 평균 결과를 산출했다.

또한, sklearn이 제공하는 로지스틱 회귀와 같은 알고리즘도 사용할 수 있다. 이러한 알고리즘의 적용은 이 챕터에서 활용했던 샘플 코드 내에서 검색과 치환만으로도 간단히 수행할 수 있다. 예를 들어, 이 챕터에서는 다음과 같이 의사결정 트리를 인스턴스화하고 훈련했다.

```
classifier = RandomForestClassifier()
classifier.fit(training_X,training_y)
```

간단히 이 코드를 치환할 수 있다.

```
from sklearn.linear_model import LogisticRegression
classifier = LogisticRegression()
classifier.fit(training_X,training_y)
```

치환의 결과로 의사결정 트리 기반 탐지기 대신 로지스틱 회귀 탐지기가 산출된다. 이 로지스틱 회귀분석 탐지기에 대한 새로운 교차검증 기반 평가를 계산하고, 이를 그림 8-4에 있는 결과와 비교하여 더 신뢰도 높은 탐지기를 식별할 수 있다.

요약

이 챕터에서는 시스템 학습 기반 멀웨어 탐지기의 원리를 학습했다. 머신러닝을 위한 소프트웨어 바이너리 특성 추출 방법, 해싱 트릭을 사용하여 특성을 압축하는 방법, 추출된 특성을 사용하여 머신러닝 기반 멀웨어 탐지기를 훈련시키는 방법에 대해 학습했다. 또한, 탐지기의 검출 임계값과 검출 정탐 및 오탐 비율 간의 관계를 확인하기 위해 ROC 곡선을 도식하는 방법도 학습했다. 마지막으로, 발전된 평가 개념인 교차검증과 이 챕터에서 사용된 탐지기를 향상시키기 위한 확장 특성들에 대해서도 배웠다.

sklearn을 사용한 머신러닝 기반 멀웨어 검출에 대한 이 책의 논의는 여기서 마무리된다. 딥러닝과 인공 신경망으로 알려진 또 다른 머신러닝 기법은 챕터 10과 챕터 11에서 다룰 것이다. 이제 당신은 멀웨어 식별을 위해 머신러닝을 효과적으로 사용하기 위해 필요한 기본적인 지식을 갖추게 되었다. 하지만 머신러닝에 대해 더 많이 읽어보기를 권장한다. 컴퓨터 보안은 많은 면에서 데이터 분석과 맞물리기 때문에 머신러닝은 보안 산업과 뗄래야 뗄 수 없는 관계이며, 악의적인 바이너리 탐지뿐만 아니라 네트워크 트래픽, 시스템 로그 등에서 악의적인 행동을 탐지할 때에도 유용하게 쓰인다.

다음 챕터에서는 멀웨어 샘플 간 유사점과 차이점을 빠르게 파악할 수 있는 멀웨어 관계 시각화 방법에 대해 자세히 살펴본다.

9

멀웨어 추세 시각화

시각화는 멀웨어 컬렉션을 분석하는 가장 좋은 방법 중 하나이다. 보안 데이터를 시각화하면 멀웨어와 위협 환경의 전반적인 추세를 신속하게 파악할 수 있기 때문이다. 이는 비시각적 통계보다 훨씬 직관적일 수 있으며 다양한 대상에게 인사이트를 전달하는 데 도움이 된다. 이 챕터에서는 시각화를 통해 데이터셋에 널리 사용되는 멀웨어의 유형, 멀웨어 데이터셋 추세(예를 들면, 2016년 랜섬웨어 추세), 상용 안티바이러스 시스템의 상대적인 멀웨어 탐지 효율 등을 확인할 수 있는 방법을 살펴볼 것이다.

이러한 예시들을 통해 파이썬 데이터 분석 패키지인 pandas, 파이썬 데이터 시각화 패키지인 seaborn 및 matplotlib을 사용하여 귀중한 인사이트를 얻을 수 있는 시각화 방법에 대해 이해할 수 있다. pandas 패키지는 주로 데이터를 로드하고 조작하는 데 사용되며, 데이터 시각화 자체와는 큰 관련이 없지만 시각화를 위한 데이터를 준비할 때 매우 유용하다.

멀웨어 데이터 시각화가 중요한 이유

멀웨어 데이터 시각화가 어떻게 도움이 되는지 확인하기 위해 두 가지 예시를 살펴보자. 첫 번째 시각화는 안티바이러스 분야의 랜섬웨어 탐지 능력이 향상되고 있는가?하는 의문을 해결한다. 두 번째 시각화는 1년 동안 어떤 종류의 멀웨어가 유행했는지 알려준다. 그림 9-1에서 첫 번째 예시를 보자.

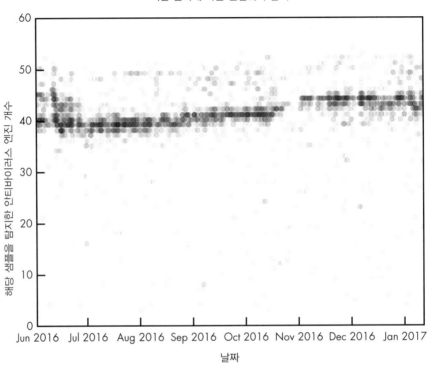

그림 9-1 시간 변화에 따른 랜섬웨어 탐지 시각화

수천 개의 랜섬웨어 샘플에서 수집한 데이터를 사용하여 이 랜섬웨어 시각화를 만들었다. 이 데이터에는 각 파일에 대해 57개의 개별 안티바이러스 엔진을 실행한 결과가 포함되어 있다. 원들은 멀웨어 샘플을 나타낸다. y축은 각 멀웨어 샘플이 스캔되었을 때 안티바이러스 엔진으로부터 수신한 탐지 또는 정탐의 수를 나타낸다. 스캐너의 총 개수가 57개이기 때문에 y축의 최대값은 60이다. x축은 멀웨어 분석 사이트인 VirusTotal.com에서 각 멀웨어 샘플이 처음 식별 및 스캔된 시기를 나타낸다.

이 도식을 통해 안티바이러스 커뮤니티의 악성 파일 탐지 능력이 2016년 6월에 비교적 많이 증가했고 2016년 7월경에 하락했으며, 나머지 기간 동안에는 꾸준히 증가했음을 알 수 있다. 2016년 말까지 랜섬웨어 파일은 평균 25% 정도의 안티바이러스 엔진이 잡아내지 못했기 때문에 이 기간에는 이러한 파일들에 대한 보안 커뮤니티의 탐지 능력이 다소 떨어졌던 것으로 추정할 수 있다.

이것의 연장선으로, 어떤 안티바이러스 엔진이 얼마나 빨리 랜섬웨어를 탐지하고 있는지, 시간이 지남에 따라 어떻게 개선되고 있는지를 보여주는 시각화도 생성할 수 있다. 또는, 다른 멀웨어 카테고리(예를 들면, 트로이 목마)를 살펴볼 수도 있다. 이러한 도식은 구매할 안티바이러스 엔진을 결정하거나 상용 안티바이러스 탐지 시스템을 보완하기 위해 개발할 사용자 정의 탐지 솔루션의 탐지 대상 멀웨어 유형 결정에 유용하다 (사용자 정의 탐지 시스템 구축에 대한 자세한 내용은 챕터 8 참조).

이제 그림 9-2를 보자. 그림 9-1에서 사용한 것과 동일한 데이터셋을 사용하여 생성된 또 다른 샘플 시각화이다.

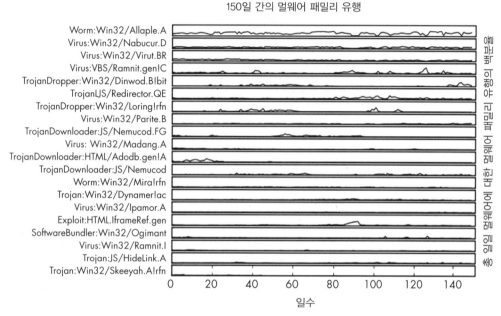

그림 9-2 시간 변화에 따른 제품군별 멀웨어 탐지 시각화

그림 9-2는 상위 20개 멀웨어 패밀리와 150일 간의 상대적인 발생 빈도를 보여준다. 이 도식은 몇 가지 핵심 인사이트를 담고 있다. 가장 유명한 멀웨어 패밀리인 Allaple.A는 150일 동안 지속적으로 발생하였으며 다른 멀웨어 제품군인 Nemucod.FG는 더 짧은 시간 동안 널리 퍼진 뒤 잠잠해졌다. 이와 같은 도식은 사내 네트워크에서 탐지된 멀웨어를 사용하여 생성되며, 지금까지 해당 조직에 대한 공격에 어떤 유형의 멀웨어가 관여했는지 보여주는 유용한 추세를 보여줄 수 있다. 이러한 비교 수치를 작성하지 않을 경우 시간 변화에 따른 멀웨어 유형의 상대적 피크와 볼륨을 이해하고 비교하는 데 어려움을 겪고 시간도 많이 소요될 것이다.

이 두 가지 예시를 통해 멀웨어 시각화가 얼마나 유용한지 알 수 있다. 이 챕터의 나머지 부분에서는 자신만의 시각화를 생성하는 방법을 다룬다. 먼저, 이 챕터에서 사용된 샘플 데이터셋에 대해 논의한 다음 pandas 패키지를 사용하여 데이터를 분석한다. 마지막으로, 데이터 시각화를 위해 matplotlib와 seaborn 패키지를 사용한다.

우리의 멀웨어 데이터셋 이해하기

우리가 사용하는 데이터셋에는 멀웨어 탐지 집계 서비스인 VirusTotal에서 수집한 37,000개의 고유 멀웨어 바이너리를 설명하는 데이터가 포함되어 있다. 각 바이너리는 바이너리를 악성으로 표시한 안티바이러스 엔진(57개 중에서)의 수(나는 이것을 각 샘플의 정탐 개수라고 부른다), 각 바이너리의 크기, 바이너리의 유형(비트코인 광부, 키로거, 랜섬웨어, 트로이안, 웜), 바이너리가 처음 발견된 날짜, 이렇게 네 개의 필드로 레이블링 된다. 우리는 각 바이너리에 대해 상당히 제한된 양의 메타데이터만으로도 데이터를 분석하고 시각화하여 해당 데이터에 대한 중요한 인사이트를 얻을 수 있다는 것을 확인할 것이다.

pandas에 데이터 로드

유명한 파이썬 데이터 분석 라이브러리인 pandas는 DataFrame이라는 분석 객체에 데이터를 쉽게 로드할 수 있도록 한 뒤에 다시 패키징된 데이터를 잘라내고, 변형시키고, 분석하는 메서드들을 제공한다. 우리는 데이터 로드와 분석, 그리고 간편한 시각화를 준비하기 위해 pandas를 사용할 것이다. 코드 9-1을 사용하여 몇 가지 샘플 데이터를 정의하고 파이썬 인터프리터에 로드해 보자.

```
In [135]: import pandas

In [136]: example_data = [❶{'column1': 1, 'column2': 2},
    ...:    {'column1': 10, 'column2': 32},
    ...:    {'column1': 3, 'column2': 58}]

In   [137]: ❷pandas.DataFrame(example_data)
Out[137]:
   column1 column2
0       1      2
1      10     32
2       3     58
```

코드 9-1 pandas에 직접 데이터 로드

example_data라는 일부 데이터를 파이썬 사전 리스트로 정의한다❶. 이 dicts 리스트를 만들고 나면, DataFrame 생성자에 전달하여❷ 해당하는 pandas DataFrame을 얻는다. 각 dicts는 결과 DataFrame의 행이 된다. dicts 키들(column1과 column2)은 열이 된다. 이것은 pandas에 직접 자료를 로드하는 방법 중 하나이다.

외부 CSV 파일에서 데이터를 로드할 수도 있다. 코드 9-2를 사용하여 이 챕터의 데이터셋을 로드해 보자(가상 머신이나 책과 함께 제공되는 데이터 및 코드 아카이브에서 사용 가능).

```
import pandas
malware = pandas.read_csv("malware_data.csv")
```

코드 9-2 외부 CSV 파일에서 pandas에 데이터 로드

malware_data.csv를 임포트하면 결과 malware 객체는 다음과 같이 표시된다.

	positives	size	type	fs_bucket
0	45	251592	trojan	2017-01-05 00:00:00
1	32	227048	trojan	2016-06-30 00:00:00
2	53	682593	worm	2016-07-30 00:00:00
3	39	774568	trojan	2016-06-29 00:00:00
4	29	571904	trojan	2016-12-24 00:00:00
5	31	582352	trojan	2016-09-23 00:00:00
6	50	2031661	worm	2017-01-04 00:00:00

이제 멀웨어 데이터셋으로 구성된 pandas DataFrame이 완성되었다. 그 내부에는 positives(57개 안티바이러스 엔진 중 해당 샘플에 대한 안티바이러스 탐지 수), size(디스크에서 멀웨어 바이너리가 차지하는 바이트 수), type(트로이 목마, 웜 등과 같은 멀웨어 유형), fs_bucket(해당 멀웨어가 처음 발견된 날짜). 이렇게 4개의 열이 있다.

pandas DataFrame 활용

이제 pandas DataFrame에 데이터가 있으므로, 보기 9-3과 같이 describe() 메서드를 호출하여 액세스하고 조작하는 방법에 대해 알아보자.

```
In  [51]: malware.describe()
Out[51]:
          positives           size
count   37511.000000   3.751100e+04
mean       39.446536   1.300639e+06
std        15.039759   3.006031e+06
min         3.000000   3.370000e+02
25%        32.000000   1.653960e+05
50%        45.000000   4.828160e+05
75%        51.000000   1.290056e+06
max        57.000000   1.294244e+08
```

보기 9-3 describe() 메서드 호출

보기 9-3처럼 describe() 메서드를 호출하면 DataFrame에 대한 몇 가지 유용한 통계를 볼 수 있다. 첫 번째 행인 count는 null이 아닌 positives의 총 행 개수와 null이 아닌 행의 총 개수를 계산한다. 두 번째 행인 mean은 샘플당 평균 정탐의 수와 멀웨어 샘플의 평균 크기를 나타낸다. 다음은 positives과 size에 대한 표준 편차와 데이터셋 내 모든 샘플 각

열의 최소값이 출력된다. 마지막으로, 각 열에 대한 백분위 값과 열의 최대값이 출력된다.

멀웨어 DataFrame의 열 중 하나에 대한 데이터 검색을 수행한다고 가정해 보자(예를 들면, 각 파일의 평균 탐지 개수 또는 데이터셋의 정탐 분포를 보여주는 히스토그램 표시). 이를 위해서는 보기 9-4처럼 positives 열을 숫자 리스트로 반환하는 malware['positives']를 쓰기만 하면 된다.

```
In   [3]: malware['positives']
Out[3]:
0       45
1       32
2       53
3       39
4       29
5       31
6       50
7       40
8       20
9       40
--snip--
```

보기 9-4 positives열 반환

열을 찾았다면 통계를 직접 산출할 수 있다. 예를 들어, malware['positives'].mean()은 열의 평균을 계산하고, malware['positives'].max()는 최대값을 계산하며, malware['positives'].min()은 최소값을, malware['positives'].std()는 표준 편차를 계산한다. 보기 9-5는 각각의 예시를 보여준다.

```
In   [7]: malware['positives'].mean()
Out[7]: 39.446535682866362

In   [8]: malware['positives'].max()
Out[8]: 57

In   [9]: malware['positives'].min()
Out[9]: 3

In   [10]: malware['positives'].std()
Out[10]: 15.039759380778822
```

보기 9-5 평균, 최대 및 최소값과 표준 편차 계산

또한, 더욱 상세한 분석을 위해 데이터를 잘라서 주사위 모양으로 만들 수도 있다. 예를 들어, 보기 9-6은 트로이 목마, 비트코인, 웜 유형의 멀웨어를 계산한다.

```
In   [67]: malware[malware['type'] == 'trojan']['positives'].mean()
Out[67]: 33.43822473365119

In   [68]: malware[malware['type'] == 'bitcoin']['positives'].mean()
Out[68]: 35.857142857142854
```

```
In  [69]: malware[malware['type'] == 'worm']['positives'].mean()
Out[69]: 49.90857904874796
```

보기 9-6 다양한 멀웨어의 평균 탐지 속도 계산

먼저, 다음과 같이 type이 trojan으로 설정된 DataFrame의 행 malware[malware['type']
== 'trojan']을 선택한다. 결과 데이터의 positives 열 malware[malware['type'] == 'trojan']
['positives']을 선택하고 평균을 계산하기 위해서는 다음과 같이 확장한다. 코드 9-6은 흥
미로운 결과를 도출하는데, 비트코인 채굴이나 트로이 목마 멀웨어보다 웜이 더 자주 검
출된다는 것이다. 49.9>35.8이고 33.4가 평균이므로, 악성 worm 샘플(49.9)이 악성 bit-
coin과 trojan 샘플(35.8, 33.4)보다 더 많은 벤더에 의해 검출되고 있기 때문이다.

조건을 사용하여 데이터 필터링

다른 조건들을 사용하여 데이터의 서브셋을 선택할 수도 있다. 예를 들어, 멀웨어 파일
크기와 같은 숫자 데이터에 "초과", "미만" 스타일 조건을 사용하여 데이터를 필터링한
뒤에 결과 서브셋에 대한 통계를 계산할 수 있다. 안티바이러스 엔진의 효과와 파일 크
기 간 연관성을 찾고 싶다면 유용할 수 있다. 보기 9-7에서 활용을 확인할 수 있다.

```
In  [84]: malware[malware['size'] > 1000000]['positives'].mean()
Out[84]: 33.507073192162373

In  [85]: malware[malware['size'] > 2000000]['positives'].mean()
Out[85]: 32.761442050415432

In  [86]: malware[malware['size'] > 3000000]['positives'].mean()
Out[86]: 27.20672682526661

In  [87]: malware[malware['size'] > 4000000]['positives'].mean()
Out[87]: 25.652548725637182

In  [88]: malware[malware['size'] > 5000000]['positives'].mean()
Out[88]: 24.411069317571197
```

보기 9-7 멀웨어 파일 크기를 기준으로 결과 필터링

선행 코드의 첫 번째 행을 살펴보자. 우선, 크기가 100만 이상인 샘플(malware[malware
['size'] p>1000000])만을 DataFrame의 서브셋으로 추린다. 그런 다음 positives 열을 잡
고 mean(['positives'].mean())을 계산하는데, 이 값은 대략 33.5이다. 더 큰 파일에 적용할
수록 각 그룹의 평균 탐지 횟수가 감소한다는 것을 알 수 있다. 이는 멀웨어 파일 크기
와 그들을 멀웨어로 탐지하는 안티바이러스 엔진의 개수 사이에 실제로 관계가 있다는
흥미로운 사실을 발견했다는 뜻이므로 더 조사해볼 가치가 있다. 다음에 matplotlib와
seaborn을 사용하여 이를 시각적으로 탐구한다.

MATPLOTLIB를 사용하여 데이터 시각화

파이썬 데이터 시각화를 위한 추천 라이브러리는 matplotlib이다. 사실 대부분의 파이썬 시각화 라이브러리는 기본적으로 matplotlib의 외관만 바꾼 것이다. pandas와 함께 matplotlib를 사용하는 것은 어렵지 않다. 플로팅하고자 하는 데이터를 얻고, 자르고, 토막내기 위해 pandas를 이용하고, 플로팅을 위해 matplotlib을 사용한다. 목적에 가장 부합하는 matplotlib 함수는 plot이다. 그림 9-3은 플롯 함수가 무엇을 할 수 있는지 보여준다.

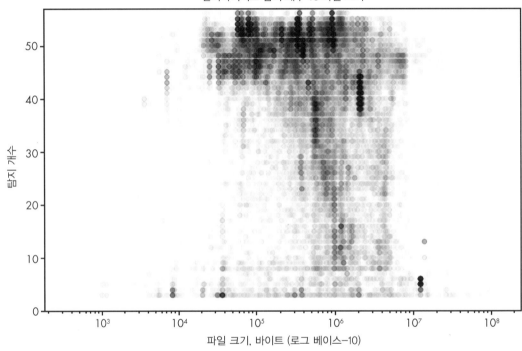

그림 9-3 멀웨어 샘플 크기 및 안티바이러스 탐지 개수 도식

멀웨어 데이터셋의 positives와 size 특성을 플로팅했다. 이전 섹션에서 pandas에 대해 논의하면서 언급한 바와 같이 흥미로운 결과가 나타난다. 위 도식은 작은 파일들과 매우 큰 파일들이 57개의 안티바이러스 엔진들에 의해 거의 스캔되지 않는다는 것을 보여준다. 반면 중간 크기 파일(약 $10^{4.5}$-10^7)은 대부분의 엔진이 스캔한다. 이는 작은 파일에는 엔진에서 악성 여부를 확인할 수 있는 정보가 충분히 내포되어 있지 않고, 큰 파일은 검색 속도가 너무 느려서 많은 안티바이러스 시스템에 부하를 초래하기 때문이다.

멀웨어 크기와 벤더 탐지 간 관계 플로팅

코드 9-8를 사용하여 그림 9-3의 도식을 생성하는 방법을 알아보자.

```
❶ import pandas
   from matplotlib import pyplot
   malware = ❷pandas.read_csv("malware_data.csv")
   pyplot.plot(❸malware['size'], ❹malware['positives'],
               ❺'bo', ❻alpha=0.01)
   pyplot.xscale(❼"log")
❽ pyplot.ylim([0,57])
   pyplot.xlabel("File size in bytes (log base-10)")
   pyplot.ylabel("Number of detections")
   pyplot.title("Number of Antivirus Detections Versus File Size")
❾ pyplot.show()
```

코드 9-8 plot() 함수를 사용한 데이터 시각화

보다시피, 이 도식을 렌더링하기 위해서는 많은 코드가 필요하지 않다. 한 줄씩 살펴보자. 우선, pandas와 matplotlib 라이브러리의 pyplot 모듈을 포함한 필수 라이브러리들을 임포트한다❶. 그리고 앞서 학습한 바와 같이 멀웨어 데이터셋을 pandas DataFrame에 로드하기 위해 read_csv 함수를 호출한다❷.

다음으로, plot() 함수를 호출한다. 함수의 첫 번째 인자는 멀웨어 size 데이터❸이며, 다음 인자는 각 멀웨어 샘플에 대한 정탐 수인 멀웨어 positives 데이터❹이다. 인자들은 matplotlib가 플로팅할 데이터를 정의하는데, 첫 번째 인자는 x축에 표시할 데이터를, 두 번째 인자는 y축에 표시할 데이터를 나타낸다. 다음 인자인 'bo'❺는 데이터를 나타내기 위해 어떤 색과 모양을 사용할지 matplotlib에 전달한다. 마지막으로 원의 투명도, 즉 알파값을 0.1로 설정하면❻ 원들이 서로 완전히 겹칠 경우에도 데이터가 도식의 서로 다른 영역 내에 얼마나 밀집되어 있는지 알 수 있다.

NOTE bo의 b는 파란색을, o는 원을 의미하는데, 이는 데이터 표시에 파란 원을 사용하도록 matplotlib에 전달하는 것이다. 시도해볼 수 있는 색은 녹색(g), 빨간색(r), 청록색(c), 자홍색(m), 노란색(y), 검은색(k), 흰색(w)이다. 그리고 다른 형태는 점(.), 데이터담 단일 픽셀 점(,), 정사각형(s), 오각형(p)이다. 자세한 내용은 http://matplotlib.org에서 matplotlib 설명서를 참조하라.

plot() 함수를 호출한 후 x축의 스케일을 로그로 설정한다❼. 이제 멀웨어 크기 데이터를 10의 제곱으로 볼 수 있으므로 매우 작은 파일과 매우 큰 파일 간의 관계를 보다 쉽게 확인할 수 있다.

데이터 플로팅이 끝나면 축에 레이블을 붙이고 도식의 제목을 입력한다. x축은 멀웨어 파일 크기("파일 크기, 바이트 (로그 베이스-10)")로, y축은 탐지 개수("탐지 개수")로 적는다. 분석 중인 안티바이러스 엔진이 57개이기 때문에 y축 스케일은 0~57의 범위로 설정한다❽. 마지막으로, show()함수를 호출하여❾ 도식을 표시한다. 도식을 이미지로 저장하려면 이 호출을 pyplot.savefig("myplot.png")로 대체할 수 있다.

이제 첫 번째 예시는 끝났다. 다음 예시를 살펴보자.

랜섬웨어 탐지 비율 플로팅

이번에는 챕터 초반에 보았던 그림 9-1의 랜섬웨어 검출 도식을 재현해 보자. 코드 9-9는 시간의 변화에 따른 랜섬웨어 탐지를 표시하는 전체 코드이다.

```
import dateutil
import pandas
from matplotlib import pyplot

malware = pandas.read_csv("malware_data.csv")
malware['fs_date'] = [dateutil.parser.parse(d) for d in malware['fs_bucket']]
ransomware = malware[malware['type'] == 'ransomware']
pyplot.plot(ransomware['fs_date'], ransomware['positives'], 'ro', alpha=0.05)
pyplot.title("Ransomware Detections Over Time")
pyplot.xlabel("Date")
pyplot.ylabel("Number of antivirus engine detections")
pyplot.show()
```

코드 9-9 시간 변화에 따른 랜섬웨어 탐지 비율 플로팅

위의 코드 중 일부는 지금까지 설명한 내용이므로 익숙하겠지만, 나머지는 그렇지 않을 것이다. 코드를 한 줄씩 살펴보자.

```
import dateutil
```

유용한 파이썬 패키지인 dateutil을 사용하면 여러 가지 포맷에서 쉽게 날짜를 파싱할 수 있다. 시각화를 위해 날짜를 파싱할 것이므로 dateutil를 임포트한다.

```
import pandas
from matplotlib import pyplot
```

pandas와 matplotlib 라이브러리의 pyplot 모듈도 임포트한다.

```
malware = pandas.read_csv("malware_data.csv")
malware['fs_date'] = [dateutil.parser.parse(d) for d in malware['fs_bucket']]
ransomware = malware[malware['type'] == 'ransomware']
```

이 선들은 데이터셋을 읽어들여서 우리에게 필요한 데이터 유형인 랜섬웨어 샘플만 포함하는 ransomware라는 필터링된 데이터셋을 생성한다.

```
pyplot.plot(ransomware['fs_date'], ransomware['positives'], 'ro', alpha=0.05)
pyplot.title("Ransomware Detections Over Time")
pyplot.xlabel("Date")
pyplot.ylabel("Number of antivirus engine detections")
pyplot.show()
```

이 다섯 줄 짜리 코드는 코드 9-8를 미러링한다. 데이터를 플로팅하고, 도식에 제목을 붙이고, x축과 y축에 레이블을 붙인 뒤 전부 스크린에 렌더링한다(그림 9-4 참조). 이 도식을 디스크에 저장하려면 pyplot.show() 호출을 pyplot.savefig("myplot.png")로 대체할 수 있다.

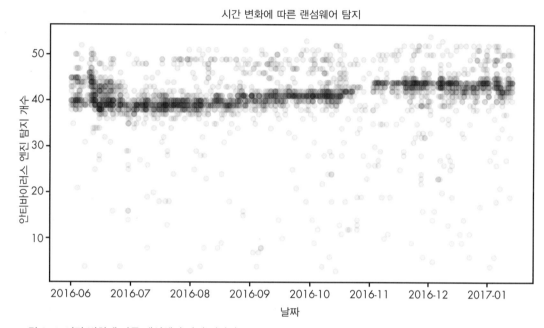

그림 9-4 시간 변화에 따른 랜섬웨어 탐지 시각화

plot() 함수를 사용하여 하나 더 살펴보자.

랜섬웨어 및 웜 탐지 비율 플로팅

랜섬웨어 탐지를 시간 변화에 따라 플로팅하는 것 대신에, 이번에는 같은 그래프로 웜 탐지를 플로팅해 보자. 그림 9-5에서 명확히 알 수 있는 것은 안티바이러스 산업이 랜섬웨어(새로운 멀웨어 추세)보다 웜(기존 멀웨어 추세)을 더 잘 탐지한다는 사실이다.

이 도식에서는 시간 변화(x축)에 따라 멀웨어 샘플(y축)을 탐지한 안티바이러스 엔진의 개수를 알 수 있다. 빨간 점들은 type="ransomware" 멀웨어 샘플을 나타내고, 파란색 점들은 type="worm" 샘플을 나타낸다. 이를 통해 평균적으로 랜섬웨어 샘플보다 웜 샘플을 더 많은 엔진들이 탐지해낸다는 것을 알 수 있다. 하지만 두 샘플을 모두 감지하는 엔진의 수 역시 시간이 지남에 따라 서서히 증가하고 있다.

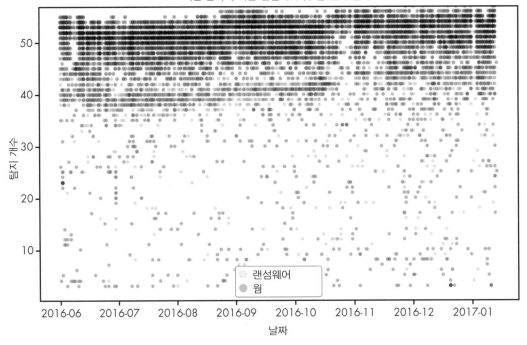

시간 변화에 따른 랜섬웨어 및 웜 벤더 탐지

그림 9-5 시간 변화에 따른 랜섬웨어 및 웜 멀웨어 탐지 시각화

다음은 이 도식을 생성하는 코드이다.

```
import dateutil
import pandas
from matplotlib import pyplot

malware = pandas.read_csv("malware_data.csv")
malware['fs_date'] = [dateutil.parser.parse(d) for d in malware['fs_bucket']]

ransomware = malware[malware['type'] == 'ransomware']
worms = malware[malware['type'] == 'worm']

pyplot.plot(ransomware['fs_date'], ransomware['positives'],
            'ro', label="Ransomware", markersize=3, alpha=0.05)
pyplot.plot(worms['fs_date'], worms['positives'],
            'bo', label="Worm", markersize=3, alpha=0.05)
pyplot.legend(framealpha=1, markerscale=3.0)
pyplot.xlabel("Date")
pyplot.ylabel("Number of detections")
pyplot.ylim([0, 57])
pyplot.title("Ransomware and Worm Vendor Detections Over Time")
pyplot.show()
```

코드 9-10 시간 변화에 따른 랜섬웨어 및 웜 탐지 속도 플로팅 코드 9-10의 첫 번째 부분을 통해 코드를 살펴보자.

```
import dateutil
import pandas
from matplotlib import pyplot

malware = pandas.read_csv("malware_data.csv")
malware['fs_date'] = [dateutil.parser.parse(d) for d in malware['fs_bucket']]

ransomware = malware[malware['type'] == 'ransomware']
❶ worms = malware[malware['type'] == "worm"]
--snip--
```

코드는 앞선 예시와 비슷하다. 지금까지의 차이점은 ransomware 필터링 데이터를 생성할 때와 동일한 메서드로 데이터 worm 필터링 버전을 생성한다는 것이다❶. 이제 나머지 코드를 살펴보자.

```
--snip--
❶ pyplot.plot(ransomware['fs_date'], ransomware['positives'],
            'ro', label="Ransomware", markersize=3, alpha=0.05)
❷ pyplot.plot(worms['fs_bucket'], worms['positives'],
            'bo', label="Worm", markersize=3, alpha=0.05)
❸ pyplot.legend(framealpha=1, markerscale=3.0)
pyplot.xlabel("Date")
pyplot.ylabel("Number of detections")
pyplot.ylim([0,57])
pyplot.title("Ransomware and Worm Vendor Detections Over Time")
pyplot.show()
pyplot.gcf().clf()
```

위의 코드와 코드 9-9의 주요한 차이점은 plot() 함수를 두 번 호출한다는 것이다. 한 번은 ro 셀렉터❶를 사용해서 랜섬웨어 데이터를 나타내는 빨간 원을 만들고, 한 번은 bo 셀렉터❷를 사용해서 웜 데이터를 나타내는 파란색 원을 만든다. 세 번째 데이터셋을 구성하고자 할 때에도 이 작업을 수행할 수 있다. 또한, 코드 9-9와는 달리 ❸에서는 웜 멀웨어를 나타내는 파란색 마크와 랜섬웨어를 나타내는 빨간색 마크를 보여주는 범례를 생성한다. framealpha 매개변수는 범례의 배경 투명도를 결정하며(1로 설정하면 완전히 불투명), markerscale 매개변수는 범례의 마커 크기를 조정한다(이 경우에는 3배).

이 섹션에서는 matplotlib에서 몇 가지 간단한 도식을 생성하는 방법을 학습했다. 하지만 솔직히 그리 멋지지는 않았다. 다음 섹션에서는 도식을 좀 더 전문적으로 보이게 하고 보다 복잡한 시각화를 신속하게 구현할 수 있도록 도와주는 또 다른 플로팅 라이브러리를 사용할 것이다.

seaborn을 사용하여 데이터 시각화

지금까지는 pandas와 matplotlib에 대해 알아보았다. 이제 matplotlib를 토대로 만들어졌지만 더 멋지게 포장된 시각적 라이브러리인 seaborn을 알아보도록 하자. seaborn은 그래픽을 스타일링하는 기본 제공 테마를 포함하며, 더 복잡한 분석 수행시간을 단축시키는 고급 함수도 가지고 있다. 이러한 기능들은 정교하고 아름다운 도식을 제작하는 작업을 단순하고 쉽게 만들어 준다.

seaborn을 탐구하기 위해 데이터셋에 있는 각 멀웨어 유형의 예시 수를 나타내는 막대 그래프를 만들어보자(그림 9-6 참조).

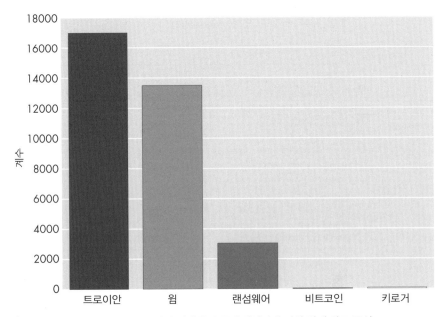

그림 9-6 이 챕터의 데이터셋에 포함된 다양한 종류의 멀웨어에 관한 막대 차트 도식

코드 9-11은 이 도식을 생성하는 코드이다.

```
import pandas
from matplotlib import pyplot
import seaborn

❶ malware = pandas.read_csv("malware_data.csv")
❷ seaborn.countplot(x='type', data=malware)
❸ pyplot.show()
```

코드 9-11 유형별 멀웨어 개수 막대 차트 생성

이 코드에서는 먼저 pander.read_csv를 통해 데이터를 읽어들이고❶, seaborn의 countplot 함수를 사용하여 DataFrame에 있는 type 열 막대 그래프를 작성한다❷. 마지막으로, ❸에서 pyplot의 show() 메소드를 호출하여 도식을 표시한다.

seaborn이 matplotlib을 감싸고 있다는 것을 기억하자. 그렇기 때문에 matplotlib에게 seaborn 형태를 보여달라고 요청해야 한다. 이제 좀 더 복잡한 샘플 도식으로 넘어가자.

안티바이러스 탐지 분포 도식

다음 그림의 전제는 다음과 같다. 대부분의 안티바이러스 엔진에서 누락된 멀웨어의 백분율과 대부분의 엔진에서 탐지된 멀웨어의 비율을 이해하기 위해 데이터셋의 멀웨어 샘플 간 안티바이러스 탐지 분포(빈도)를 확인하려 한다고 가정한다. 이 정보를 통해 우리는 상용 안티바이러스 엔진의 효율에 대한 인사이트를 얻을 수 있다. 그림 9-7과 같이 각 탐지 개수에 대해 해당 탐지 개수를 가진 멀웨어 샘플의 비율을 나타내는 막대 차트(히스토그램)를 표시하여 이를 수행할 수 있다.

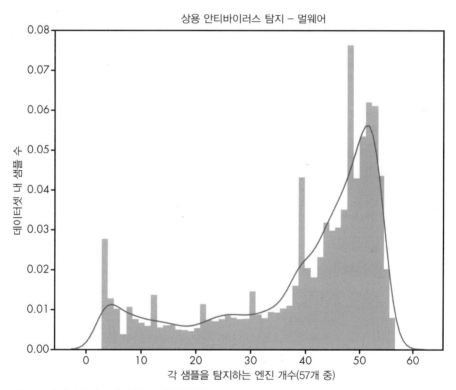

그림 9-7 안티바이러스 탐지 분포 시각화(정탐)

이 도식의 x축은 전체 안티바이러스 엔진 57개 중 몇 개가 탐지에 성공했는지에 따라 정렬된 멀웨어 샘플의 범주를 나타낸다. 57개 엔진 중 50개 엔진에서 악성으로 검출된 샘플은 50으로, 57개 엔진 중 10개 엔진에서만 검출된 경우 10에 들어간다. 각 막대의 높이는 해당 범주에 포함되는 총 샘플 수와 비례한다.

이 도식을 통해 57개의 안티바이러스 엔진 중 대부분(도식의 오른쪽 상단 큰 혹)이 상당수의 멀웨어 샘플을 탐지한다는 것을 보여주며, 소수의 엔진(도식의 가장 왼쪽 영역에 표시됨)에 의해서도 꽤 많은 샘플들이 탐지된다는 것을 알 수 있다. 이 데이터셋을 구성할 때 사용한 방법론 때문에 5개 미만의 엔진에서 감지된 샘플은 표시되지 않는다. 나는 멀웨어를 5개 이상의 안티바이러스 엔진이 탐지하는 샘플로 정의한다. 표시된 결과는 상당수의 샘플이 단지 5~30개의 탐지를 받으며, 멀웨어 탐지 엔진 간에 여전히 상당한 격차가 있음을 보여준다. 엔진 57개 중 10개에서 멀웨어로 검출된 샘플은 엔진 47개가 이를 감지하지 못했거나, 10개에서 오류가 발생해 양성 파일을 오탐했을 수 있다. 하지만 후자의 가능성은 매우 낮다. 안티바이러스 벤더들의 제품들은 매우 낮은 오탐 비율을 가지기 때문이다. 대부분의 엔진들이 샘플을 놓쳤을 가능성이 훨씬 더 높다.

코드 9-12에 있는 단 몇 줄의 플로팅 코드만으로 이 도식을 생성할 수 있다.

```
import pandas
import seaborn
from matplotlib import pyplot
malware = pandas.read_csv("malware_data.csv")
❶ axis = seaborn.distplot(malware['positives'])
❷ axis.set(xlabel="Number of engines detecting each sample (out of 57)",
        ylabel="Amount of samples in the dataset",
        title="Commercial Antivirus Detections for Malware")
pyplot.show()
```

코드 9-12 정탐 분포 플로팅

seaborn 패키지에는 분포 도식(히스토그램)을 만드는 함수가 내장되어 있기 때문에, 표시하고자 하는 데이터인 malware['positives']를 distplot 함수에 전달하기만 하면 된다 ❶. 그런 다음, seaborn이 반환한 축 객체를 사용하여 도식을 설명하는 제목과 x축 레이블 및 y축 레이블을 설정한다❷.

이제 두 개의 변수로 seaborn 도식을 시도해 보자. 멀웨어(탐지가 5개 이상인 파일)에 대한 정탐 개수와 파일 크기. 지난 번에는 그림 9-3의 matplotlib을 통해 이 도식을 생성했지만, seaborn의 jointplot 함수를 사용하면 더 매력적이고 유용한 결과를 얻을 수 있다. 그림 9-8의 결과 도식은 풍부한 정보를 제공하지만 처음에는 이해하기 위해 약간의 노력이 필요하다.

이 도식은 그림 9-7에서 생성한 히스토그램과 유사하지만, 막대 높이를 통해 단일 변수의 분포를 표시하는 대신, 두 개의 변수(x축에 멀웨어 파일의 크기, y축에 탐지 개수)의 분포를 색상 강도를 통해 보여준다. 어두울수록 해당 영역에 더 많은 데이터가 존재하는 것이다. 예를 들어, 파일의 크기는 일반적으로 약 $10^{5.5}$이고 정탐 값은 약 53이라는 것을 알 수 있다. 주 도식의 상단과 오른쪽에 있는 하위 도식은 크기 및 탐지 데이터의 빈도를 매끄럽게 나타낸 것으로, 탐지와(이전 도식에서 본 것과 같이) 파일 크기의 분포를 보여준다.

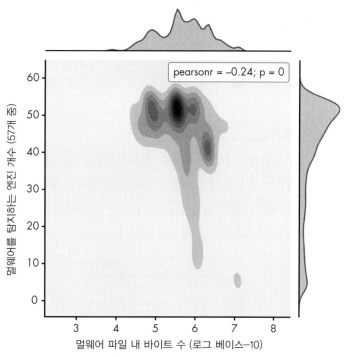

그림 9-8 멀웨어 파일 크기 분포 vs 정탐 시각화

중심 도식은 크기와 정탐의 관계를 보여주기 때문에 가장 흥미롭다. 그림 9-3과 같이 matplotlib을 사용하여 개별 데이터 포인트를 보여주는 대신, 훨씬 더 명확한 방법으로 전체적인 추세를 보여준다. 이것은 매우 큰 멀웨어 파일(크기 10^6 이상)이 안티바이러스 엔진에 의해 발견되는 빈도가 낮다는 것을 보여준다. 이 경우, 특정 멀웨어 탐지 전문 솔루션을 맞춤 제작해도 좋을 것이다.

코드 9-13에서 확인할 수 있듯이, seaborn에 대한 단 한 번의 호출만으로도 이러한 도식을 생성할 수 있다.

```
import pandas
import seaborn
import numpy
from matplotlib import pyplot

malware = pandas.read_csv("malware_data.csv")
❶ axis=seaborn.jointplot(x=numpy.log10(malware['size']),
                         y=malware['positives'],
                         kind="kde")
❷ axis.set_axis_labels("Bytes in malware file (log base-10)",
                       "Number of engines detecting malware (out of 57)")
pyplot.show()
```

코드 9-13 멀웨어 파일 크기 분포 vs 정탐 플로팅 우리는 seaborn의 jointplot 함수를 사용하여 DataFrame 내 positives와 size 열의 공동 분포 도식을 작성한다❶. 혼란스럽게도, seaborn의 jointplot 함수를 사용하려면 보기 9-11과는 다른 또 다른 함수를 호출해야 하는데, 바로 축에 레이블을 붙이는 set_axis_labels()이다❷. 첫 번째 인자는 x축 레이블, 두 번째 인자는 y축 레이블이다.

바이올린 도식 생성

이 챕터에서 우리가 학습할 마지막 도식 유형은 seaborn 바이올린 도식이다. 이 도식은 여러 가지 멀웨어 유형에 걸쳐 주어진 변수의 분포를 우아하게 살펴볼 수 있도록 해준다. 예를 들어, 데이터셋에서 멀웨어 유형별 파일 크기 배포를 보고 싶다고 가정해 보자. 이 경우 그림 9-9와 같은 도식을 생성할 수 있다.

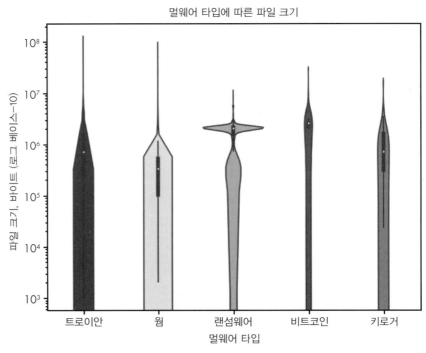

그림 9-9 멀웨어 유형별 파일 크기 시각화

도식의 y축에는 10의 제곱으로 표현되는 파일 크기가 표시된다. x축에는 각 멀웨어 유형이 열거된다. 보다시피 각 파일 유형을 나타내는 막대의 두께는 다양하며, 이는 해당 멀웨어 유형에 대한 데이터의 크기를 나타낸다. 이를 통해 매우 큰 크기의 랜섬웨어 파일이 상당수라는 것, 웜은 파일 크기가 더 작다는 것 등을 알 수 있다. 웜은 네트워크 전체에 빠르게 퍼지는 것을 목표로 하기 때문에 웜 작성자는 파일 크기를 최소화하는 경향이 있을 것이다. 이러한 패턴을 알면 알려지지 않은 파일을 더 잘 분류하거나(크기가 큰 파일은 랜섬웨어일 가능성이 높고 웜일 가능성이 적음), 특정 유형의 멀웨어를 대상으로 하는 방어 도구가 어떤 파일 크기에 초점을 맞춰야 하는지도 알 수 있다.

바이올린 도식을 생성하려면 코드 9-14처럼 한 번의 플로팅 호출이 필요하다.

```
import pandas
import seaborn
from matplotlib import pyplot

malware = pandas.read_csv("malware_data.csv")
```
❶ `axis = seaborn.violinplot(x=malware['type'], y=malware['size'])`
❷ `axis.set(xlabel="Malware type", ylabel="File size in bytes (log base-10)",`
    `title="File Sizes by Malware Type", yscale="log")`
❸ `pyplot.show()`

코드 9-14 바이올린 도식 생성

코드 9-14에서 먼저 바이올린 도식을 생성했다❶. 다음으로, 우리는 seaborn에게 축 레이블과 제목을 설정하고 y축을 로그 스케일로 설정하라고 지시한다❷. 마지막으로, 도식을 표시한다❸. 또한, 그림 9-10처럼 각 멀웨어 유형에 대한 정탐 개수를 보여주는 유사 도식도 생성할 수 있다.

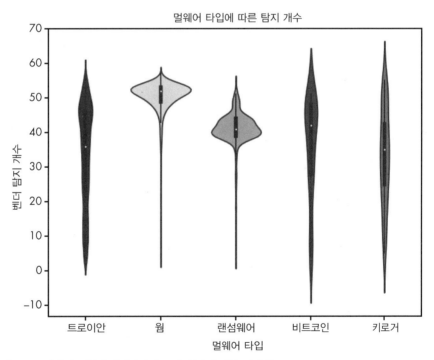

그림 9-10 멀웨어 유형별 안티바이러스 정탐(탐지) 개수 시각화

그림 9-9와 그림 9-10의 유일한 차이점은 y축에서 파일 크기를 보는 대신, 각 파일이 받는 정탐 개수를 본다는 것이다. 결과는 몇 가지 흥미로운 추세를 보여준다. 예를 들어, 랜섬웨어는 거의 항상 30개 이상의 스캐너에 의해 탐지된다. 반면, 비트코인, 트로이 목마, 키로거 멀웨어 유형은 상당수가 30개 미만의 스캐너에 의해 탐지되는데, 이는 이러한 유형들이 보안 업계의 감시망을 빠져나가고 있다는 것을 의미한다(설치된 파일을 탐지하는 스캐너가 없는 사용자는 이러한 샘플들에 감염될 수도 있다).

코드 9-15는 그림 9-10에 표시된 도식을 생성하는 방법을 보여준다.

```
import pandas
import seaborn
from matplotlib import pyplot

malware = pandas.read_csv("malware_data.csv")

axis = seaborn.violinplot(x=malware['type'], y=malware['positives'])
axis.set(xlabel="Malware type", ylabel="Number of vendor detections",
    title="Number of Detections by Malware Type")
pyplot.show()
```

코드 9-15 멀웨어 유형별 안티바이러스 탐지 시각화

이 코드와 이전 코드의 차이점은 violinplot 함수에 다른 데이터(malware['size'] 대신 malware['positives'])를 전달하고, 축에 다른 레이블을 붙이고, 제목을 다르게 붙인다는 것이다. 또한, y축 스케일을 log-10으로 설정하는 것은 생략한다는 것뿐이다.

요약

이 챕터에서는 멀웨어 데이터의 시각화를 통해 최신 위협과 보안 툴의 효과에 대한 거시적인 인사이트를 얻을 수 있는 방법에 대해 알아보았다. pandas, matplotlib, seaborn을 사용하여 자신만의 시각화를 만들고 샘플 데이터셋에 대한 인사이트도 얻었다.

또한, 유용한 통계를 보여주기 위해 pandas의 describe()와 같은 메서드를 사용하는 방법과 데이터셋의 서브셋을 추출하는 방법에 대해서도 학습했다. 그리고 이러한 데이터 서브셋을 사용하여 안티바이러스 탐지 향상 평가와 최신 멀웨어 유형 분석 및 기타 여러 질문에 해답을 제공하기 위한 고유 시각화를 생성했다.

이것들은 보안 데이터를 새로운 툴 및 기술 개발을 위해 실행 가능한 인텔리전스로 변환하는 강력한 툴이다. 데이터 시각화에 대해 더욱 자세히 알아보고 멀웨어 및 보안 분석 워크플로우에 포함시키기를 권장한다.

10

딥러닝 기초

딥러닝은 처리 능력과 기술의 발달로 지난 몇 년 사이 급속히 발전한 머신러닝의 일종이다. 딥러닝은 보통 깊거나 다층적인 신경망을 의미하며, 이미지 인식이나 언어 번역과 같이 매우 복잡하고 종종 인간중심적인 업무 수행에 뛰어난 성능을 보여준다.

예를 들어, 알려진 일부 악성 코드의 완전한 사본이 파일에 포함되어 있는지 탐지하는 것은 컴퓨터 프로그램에게 간단한 작업이기에 고급 머신러닝은 필요하지 않다. 하지만 알려진 악성 코드와 유사한 악성 코드가 파일에 포함되어 있는지 탐지하는 것은 훨씬 더 복잡한 작업이다. 기존의 시그니처 기반 탐지 체계는 융통성이 없고 알려지지 않았거나 난독화된 멀웨어에 대해 제대로 탐지를 수행하지 못하는 반면, 딥러닝 모델은 표면적인 변화를 꿰뚫어 보고 악성 샘플의 핵심 특성들을 식별할 수 있다. 네트워크 활동, 행동 분석을 비롯한 기타 관련 분야도 마찬가지이다.

수많은 특성들 중에서 유용한 특성을 선택할 수 있는 능력 덕분에 딥러닝은 사이버 보안 애플리케이션을 위한 매우 강력한 도구가 된다.

딥러닝은 머신러닝의 일종일 뿐이다(우리는 챕터 6과 챕터 7에서 일반적인 머신러닝을 다루었다). 다만, 이전 챕터들에서 논의했던 접근법들보다 더 높은 정확도를 달성하는 모델들로 이어지는 경우가 많은데, 이 때문에 지난 5년여 동안 머신러닝의 전 분야에서 딥러닝에 주목해 온 것이다. 최첨단 보안 데이터 과학 분야에서 일하는 데 관심이 있다면 필수적으로 딥러닝 사용 방법을 학습해야 한다. 그러나 주의할 점이 있다. 딥러닝은 이 책의 초반에 논의했던 머신러닝 방식보다 이해하기 어려우며, 완전히 이해하려면 약간의 노력과 고등학교 수준의 미적분학을 필요로 한다. 투자하는 시간이 길수록 보안 데이터 과학 업무를 수행할 때 더 정확한 머신러닝 시스템을 구축할 수 있을 것이다. 이 챕터를 주의 깊게 읽고 원하는 지식을 얻을 때까지 최대한 이해할 수 있도록 노력해 보자!

딥러닝이란 무엇인가?

딥러닝 모델들은 훈련 데이터를 매우 복잡한 패턴을 나타내는 중첩된 개념 계층으로 보는 법을 학습한다. 다시 말해, 이러한 모델은 사용자가 제공하는 특성들을 고려할 뿐만 아니라 이러한 특성들을 자동으로 결합하여 새롭고 최적화된 메타 특성들을 형성하고, 그 특성들을 결합하여 훨씬 더 많은 특성들을 형성한다.

"딥"은 이를 위해 사용되는 구조를 뜻하는데, 일반적으로 이전 계층의 출력을 입력으로 사용하는 여러 계층의 처리 유닛으로 구성된다. 이러한 처리 단위를 뉴런이라고 부르며, 구축된 전체 모델은 신경망이라고 부르고, 계층이 많을 경우, 딥 신경망이라고 부른다.

이 구조가 어떻게 도움이 될 수 있는지 이해하기 위해, 특정 이미지를 자전거 또는 외발 자전거로 분류하는 프로그램에 대해 생각해 보자. 인간에게는 쉬운 작업이지만, 컴퓨터 프로그램이 픽셀로 이루어진 격자를 보고 어떤 물체를 나타내는지 구별하는 것은 꽤 어렵다. 이미지에 외발 자전거가 존재한다는 것을 나타내는 특정 픽셀들은 외발 자전거가 약간 움직이거나, 다른 각도로 배치되거나, 다른 색상을 가지고 있다면 다음 이미지에서 완전히 다른 의미를 갖는다.

딥러닝 모델들은 문제를 좀 더 다루기 쉬운 조각들로 분해함으로써 이것을 극복한다. 예를 들어, 딥 신경망의 첫 번째 계층에 있는 뉴런은 이미지를 분해하고 가장자리나 형상의 경계와 같은 낮은 수준의 시각적 특성만을 식별할 수 있다. 이렇게 생성된 형상은 패턴을 찾기 위해 네트워크의 다음 계층으로 전달된다. 그리고 이 패턴은 네트워크가 일반적인 도형부터 최종적으로는 완전한 형태를 식별할 때까지 후속 계층으로 전달된다. 이 외발 자전거 예시에서 첫 번째 계층은 선을 찾을 수 있고, 두 번째 계층은 원을 형성하는 선을 볼 수 있으며, 세 번째 계층은 원들이 실제로는 바퀴라는 것을 식별할 수 있다. 이렇게 해서 모델은 픽셀 더미가 아니라 각 이미지에 "바퀴" 메타 특성에 몇 개 존재하는지 알 수 있다. 이를 통해 두 개의 바퀴는 자전거를 나타내고 한 개의 바퀴는 외발 자전거를 의미한다는 것을 학습할 수 있다.

이 챕터에서는 수학적, 구조적으로 신경망이 실제로 어떻게 작용하는지에 초점을 맞춘다. 먼저 기본적인 신경망을 예시로 뉴런이 무엇인지, 다른 뉴런과 어떻게 연결되어 신경망을 형성하는지 자세히 설명한다. 그런 다음, 이러한 네트워크를 훈련시키기 위해 사용되는 수학적인 원리를 설명한다. 마지막으로, 유명한 신경망 유형 몇 가지를 소개하면서 해당 유형들이 왜 특별한지, 어떤 기능을 갖고 있는지 설명한다. 이를 통해 실제로 파이썬 딥러닝 모델을 구축하는 챕터 11을 위한 토대를 만들 것이다.

신경망의 원리

머신러닝 모델은 수학적인 함수 뭉치로 이루어져 있다. 예를 들어, 입력 데이터(일련의 숫자로 표현되는 HTML 파일 등)를 수집하고 머신러닝 함수(신경망 등)를 적용하여 HTML 파일의 악성 의심도를 출력한다. 이렇듯 모든 머신러닝 모델은 훈련 중 최적화되는 조정 가능한 매개변수를 포함하는 함수일 뿐이다.

그렇다면 딥러닝 함수는 실제로 어떻게 작용하고 어떤 모습일까? 신경망은 이름에서 알 수 있듯이 단지 수많은 뉴런의 네트워크일 뿐이다. 그래서 신경망이 어떻게 작동하는지 이해하기 전에 먼저 뉴런이 무엇인지 알아야 한다.

뉴런의 구조

뉴런 자체는 작고 단순한 함수의 일종일 뿐이다. 그림 10-1은 하나의 뉴런이 어떻게 생겼는지 보여준다.

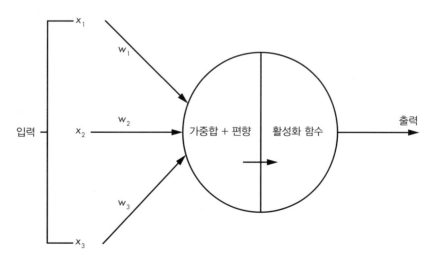

그림 10-1 단일 뉴런의 시각화

왼쪽에서 입력 데이터가 들어오고 오른쪽에서 하나의 숫자가 출력된다는 것을 알 수 있다(일부 뉴런 유형은 여러 개의 출력을 생성하기도 한다). 출력값은 뉴런 입력 데이터의 함수와 일부 매개변수(훈련 중 최적화)이다. 모든 뉴런 내부에서 입력 데이터를 출력으로 변환할 때에는 두 단계가 발생한다.

첫째, 뉴런 입력의 가중합을 계산한다. 그림 10-1에서는 뉴런으로 이동하는 각 입력 숫자 x_i에 연관된 가중치 값인 w_i가 곱해진다. 결과 값은 편향이라는 것에 더해진다(가중합 산출). 편향과 가중치는 모델을 최적화하기 위해 훈련 중 수정되는 뉴런의 매개변수들이다.

둘째, 가중합와 편향의 합에 활성화 함수를 적용한다. 활성화 함수의 목적은 뉴런 입력 데이터의 선형 변환인 가중합에 비선형 변환을 적용하는 것이다. 활성화 함수에는 다양한 유형이 존재하며, 꽤 간단한 편이다. 활성화 함수의 유일한 요건은 미분이 가능해야 한다는 것으로, 역분사를 통해 매개변수를 최적화할 수 있다(189 페이지의 "신경망 훈련"에서 해당 프로세스에 대해 논의).

표 10-1은 일반적인 활성화 함수들을 보여주고 각기 적합한 목적을 설명한다.

표 10-1 일반적인 활성화 함수들

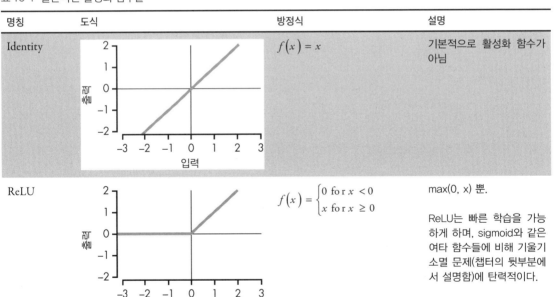

명칭	도식	방정식	설명
Identity		$f(x) = x$	기본적으로 활성화 함수가 아님
ReLU		$f(x) = \begin{cases} 0 \text{ for } x < 0 \\ x \text{ for } x \geq 0 \end{cases}$	max(0, x) 뿐. ReLU는 빠른 학습을 가능하게 하며, sigmoid와 같은 여타 함수들에 비해 기울기 소멸 문제(챕터의 뒷부분에서 설명함)에 탄력적이다.

명칭	도식	방정식	설명
Leaky ReLU		$f(x) = \begin{cases} \alpha x & \text{for } x < 0 \\ x & \text{for } x \geq 0 \end{cases}$	ReLU와 비슷하지만 0 대신 작은 규모의 x가 반환된다. 일반적으로 0.01과 같이 매우 작은 값이 a가 된다. 또한 a는 훈련 중 고정되어 있다.
PReLU		$f(x) = \begin{cases} \alpha x & \text{for } x < 0 \\ x & \text{for } x \geq 0 \end{cases}$	leaky ReLU와 흡사하지만, PReLU에서 매개변수 a는 표준 가중치 및 편향 매개변수와 함께 훈련 중 값이 최적화된다.
ELU		$f(x) = \begin{cases} \alpha\left(e^x - 1\right) & \text{for } x < 0 \\ x & \text{for } x \geq 0 \end{cases}$	a가 매개변수인 것은 PReLU와 같지만 x 〈 0일 때 a의 기울기로 무한히 하강하는 대신, x 〈 0일 때 e^x는 항상 0과 1 사이에 있기 때문에 곡선은 a에 국한된다.
Step		$f(x) = \begin{cases} 0 & \text{for } x < 0 \\ 1 & \text{for } x \geq 0 \end{cases}$	Step 함수는 x ≤ 0일 경우 1을 반환하며, 반대의 경우 0을 반환한다.
Gaussian		$f(x) = e^{-x^2}$	x = 0일 때 최대값이 1 이하인 종형 곡선.

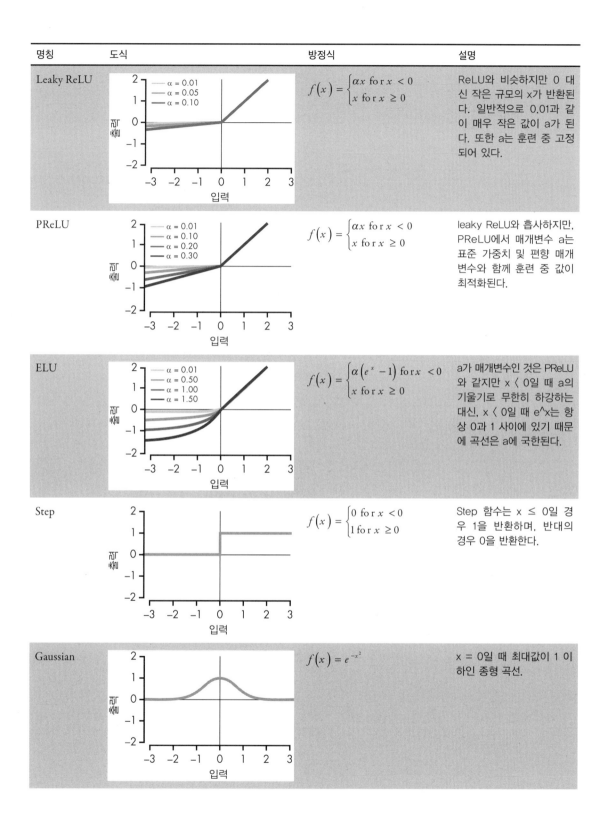

명칭	도식	방정식	설명
Sigmoid		$$f(x) = \frac{e^x}{e^x + 1}$$	기울기 소멸 문제 때문에 (챕터의 뒷부분에서 설명) sigmoid 활성화 함수는 대부분 신경망의 최종 계층에만 사용된다. 출력이 연속적이고 0과 1 사이에 국한되어 있기 때문에 sigmoid 뉴런은 확률 출력의 좋은 대체재가 된다.
Softmax	(multi-output)	$$f(x) = \frac{e^{x_j}}{\sum_{k=1}^{k=K} e^{x_k}}$$ for $j = 1, 2, \ldots, K$	합이 1이 되는 여러 값을 출력한다. Softmax는 뉴런의 모든 출력을 합하여 1로 강제하기 때문에, 분류 확률을 나타내기 위해 네트워크의 최종 계층에서 종종 사용된다.

정류 선형 유닛(ReLU)은 오늘날 가장 보편적으로 사용되는 활성화 함수이며, 단순히 max(0, s)이다. 예를 들어, 가중합과 편향 값의 합을 s라고 하자. s가 0보다 크면 뉴런의 출력은 s이고, s가 0 이하일 경우 뉴런의 출력은 0이다. ReLU 뉴런의 전체 함수는 단순히 max(0, 입력 가중합 + 편향)으로 표현해도 되고, 구체적으로 n 입력에 대해 다음과 같이 표현해도 된다.

$$\max \left(0, \sum_{i=1}^{n} w_i * x_i + b \right)$$

비선형 활성화 함수는 실제로 이러한 뉴런들의 네트워크가 연속적인 함수들을 근사할 수 있게 해주는 핵심 근거이다. 다음 섹션들에서 뉴런이 어떻게 연결되어 네트워크를 형성하는지 학습하고 비선형 활성화 함수가 중요한 이유에 대해 학습할 것이다.

뉴런들의 네트워크

신경망을 만들기 위해 뉴런을 여러 계층이 존재하는 방향 그래프(네트워크)에 배열하여 훨씬 더 큰 함수를 형성한다. 그림 10-2는 작은 신경망 예시이다.

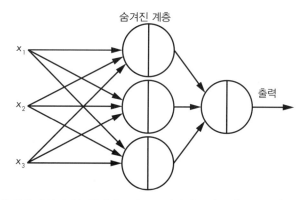

숨겨진 계층

출력

그림 10-2 연결을 통해 데이터가 뉴런에서 뉴런으로 전달되는 매우 작은 4-뉴런 신경망의 예시.

그림 10-2에서 우리는 원래 왼쪽에 x1, x2, x3로 입력을 표기했다. 이러한 x_i 값의 사본은 숨겨진 계층(출력이 모델의 최종 출력이 아닌 뉴런 계층)의 각 뉴런에 대한 연결을 따라 전송되며, 각 뉴런에서 각각 하나씩 3개의 출력 값을 생성한다. 마지막으로, 이 세 개의 출력 값은 신경망의 최종 결과를 출력하는 최종 뉴런으로 전달된다.

신경망의 모든 연결은 가중치 변수 w와 연관되어 있고 모든 뉴런은 편향 매개변수 b(가중합에 더해짐)도 포함하고 있으므로, 기본적인 신경망 내 최적화된 매개변수의 총수는 입력을 뉴런에 연결하는 엣지 수와 뉴런 수의 합이다. 예를 들어, 그림 10-2에 있는 네트워크에는 총 4개의 뉴런과 9 + 3개의 엣지가 있으므로 총 16개의 최적 매개변수를 산출한다. 예시에서는 매우 작은 신경망을 사용했지만 실제 신경망은 수천 개의 뉴런과 수백만 개의 연결을 가지고 있는 경우도 있다.

범용 근사 정리

신경망은 범용 근사치라는 특징을 갖는다. 충분한 뉴런과 적절한 가중치, 편향 값이 주어지면 신경망은 기본적으로 어떤 종류의 행동도 모방할 수 있다. 그림 10-2에 있는 신경망은 피드 포워드이며, 이는 데이터가 항상 앞쪽으로(이미지에서는 왼쪽에서 오른쪽으로) 흐른다는 것을 의미한다.

범용 근사 정리는 범용 개념을 더 구체적으로 기술한다. 비선형 활성화 함수를 지닌 뉴런의 숨겨진 단일 계층을 가진 피드 포워드 네트워크는 $R^{n[1]}$의 서브셋에서 연속적인 기능을 근사(작은 오차로)할 수 있다고 명시한다. 복잡하게 들리지만, 대충 충분한 뉴런이 있으면 신경망이 입출력이 유한한 어떠한 연속적 함수라도 상당히 근사할 수 있다는 것을 의미한다.

---

1 R^n은 모든 숫자가 실수인 n차원 유클리드 공간이라고 할 수 있다. 예를 들어, R^2는 (3.5, -5)와 같이 2의 길이를 지닌 가능한 모든 실제 값 튜플을 나타낸다.

다시 말해, 이 정리에 따르면 근사하려는 함수와 관계 없이 이론적으로는 적절한 매개변수를 가진 신경망이 언제나 존재한다는 것이다. 예를 들어, 그림 10-3과 같이 f(x)의 연속 함수 f(x)를 그릴 경우, 함수 f(x)가 아무리 복잡하더라도 x, f(x) ≈ network(x)의 모든 가능한 입력에 대한 신경망이 존재한다. 이것이 신경망이 그토록 강력한 이유 중 하나이다.

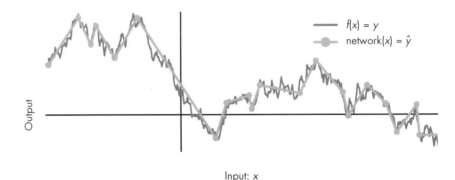

그림 10-3 작은 신경망이 복잡한 함수를 근사하는지 보여주는 예시. 뉴런의 수가 증가함에 따라 y와 ŷ의 차이는 0에 수렴한다.

다음 섹션들에서는 적절한 매개변수가 있다면 어떻게, 왜 이렇게 다양한 유형의 행동을 모델링할 수 있는지 이해하기 위해 간단한 신경망을 구축해 본다. 하나의 입력과 출력만을 사용하여 아주 작은 규모로 수행하지만, 여러 개의 입력과 출력, 그리고 믿을 수 없을 정도로 복잡한 행동을 다룰 때에도 원리는 동일하다.

자신만의 신경망 구축

이러한 범용성을 확인하기 위해 우리만의 신경망을 구축해 보자. 그림 10-4와 같이 하나의 입력 x과 두 개의 ReLU 뉴런으로 시작한다. 그런 다음 다양한 가중치와 편향 값들(매개변수)을 사용하여 다른 함수들과 결과들을 모델링해 보자.

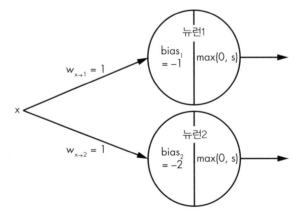

그림 10-4 입력 데이터 x를 전달받는 두 개의 뉴런 시각화

여기서 두 뉴런의 가중치는 1이며, 두 뉴런은 모두 ReLU 활성화 함수를 사용한다. 둘 사이의 유일한 차이점은 뉴런1이 -1의 편향 값을 적용하고, 뉴런2는 -2의 편향 값을 적용한다는 것이다. 우리가 뉴런1에게 다른 값들을 전달하면 어떻게 되는지 확인해 보자. 표 10-2에 결과가 요약되어 있다.

표 10-2 뉴런1

입력 x	가중합 $x * w_{x \to 1}$	가중합 + 편향 $x * w_{x \to 1} + bias_1$	출력 $\max(0, x * w_{x \to 1} + bias_1)$
0	$0 * 1 = 0$	$0 + -1 = -1$	$\max(0, -1) = 0$
1	$1 * 1 = 1$	$1 + -1 = 0$	$\max(0, 0) = 0$
2	$2 * 1 = 2$	$2 + -1 = 1$	$\max(0, 1) = 1$
3	$3 * 1 = 3$	$3 + -1 = 2$	$\max(0, 2) = 2$
4	$4 * 1 = 4$	$4 + -1 = 3$	$\max(0, 3) = 3$
5	$5 * 1 = 5$	$5 + -1 = 4$	$\max(0, 4) = 4$

첫 번째 열은 x의 샘플 입력들이고, 두 번째 열은 결과 가중합이다. 세 번째 열은 편향 매개변수를 더한 것이고, 네 번째 열은 주어진 입력 x에 대한 뉴런의 출력을 산출하기 위해 ReLU 활성화 함수를 적용한 것이다. 그림 10-5는 뉴런1 함수의 그래프를 보여준다.

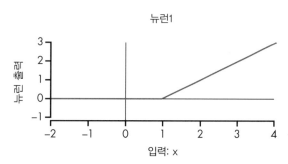

그림 10-5 함수로서의 뉴런1 시각화. x축은 뉴런의 단일 입력값을 나타내고, y축은 뉴런의 출력을 나타낸다.

뉴런1은 -1의 편향을 가지기 때문에 가중합이 1을 초과할 때까지 뉴런1의 출력은 0에 고정되고 그림 10-5에서처럼 일정한 기울기로 상승한다. 1의 기울기는 wx→1의 가중치 값인 1과 연관된다. 가중치가 2가 되면 어떻게 될지 생각해 보자. 가중합 값은 두 배가 되고, 그림 10-5의 상승부는 x = 1이 아닌 x = 0.5에서 발생하며, 선은 1이 아닌 2의 기울기로 상승할 것이다.

이제 편향 값이 -2인 뉴런2를 살펴보자(표 10-3 참조).

표 10-3 뉴런2

입력 x	가중합 $x * w_{x \to 2}$	가중합 + 편향 $(x * w_{x \to 2}) + bias_2$	출력 $max(0, (x * w_{x \to 2}) + bias_2)$
0	0 * 1 = 0	0 + −2 = −2	max(0, −2) = 0
1	1 * 1 = 1	1 + −2 = −1	max(0, −1) = 0
2	2 * 1 = 2	2 + −2 = 0	max(0, 0) = 0
3	3 * 1 = 3	3 + −2 = 1	max(0, 1) = 1
4	4 * 1 = 4	4 + −2 = 2	max(0, 2) = 2
5	5 * 1 = 5	5 + −2 = 3	max(0, 3) = 3

뉴런2의 편향은 -2이기 때문에 그림 10-6의 상승부는 x = 1이 아니라 x = 2에서 발생한다.

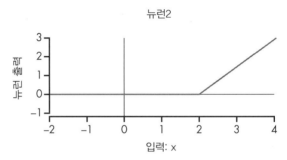

그림 10-6 함수로서의 뉴런2 시각화

이렇게 두 가지 간단한 함수(뉴런)를 구축했는데, 둘 다 일정 범위에서는 고정되어 있다가 1의 기울기로 무한히 올라갔다. ReLU 뉴런을 사용하고 있기 때문에 각 뉴런 함수의 기울기는 가중치에 의해 영향을 받고, 편향과 가중치는 상승부가 시작되는 곳에 영향을 미친다. 다른 활성화 함수를 사용할 때에도 유사한 규칙이 적용된다. 매개변수를 조정함으로써 각 뉴런 함수의 상승부와 기울기를 변경할 수 있다.

하지만 범용성을 얻기 위해서는 뉴런을 결합시켜야 하며, 이를 통해 더 복잡한 함수들을 근사할 수 있을 것이다. 그림 10-7과 같이 두 개의 뉴런을 세 번째 뉴런까지 연결해 보자. 이렇게 하면 뉴런1과 뉴런2로 구성된 하나의 숨겨진 계층을 지닌 작은 3-뉴런 네트워크가 형성된다.

그림 10-7에서 입력 데이터 x는 뉴런1과 뉴런2에 모두 전달된다. 그런 다음 뉴런1과 뉴런2의 출력이 뉴런3에 입력으로써 전달되어 네트워크의 최종 출력을 산출한다.

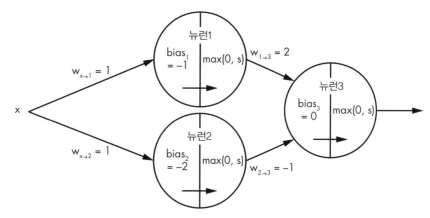

그림 10-7 작은 3-뉴런 네트워크의 시각화

그림 10-7의 가중치를 살펴보면 w1→3 가중치가 뉴런3에 대한 뉴런1의 기여도의 두 배인 것을 알 수 있다. 한편, w2→3은 -1로, 뉴런2 기여도의 반전이다. 본질적으로 뉴런 3은 단순히 뉴런1 * 2 - 뉴런2에 자신의 활성화 함수를 적용한다. 표 10-4는 결과 네트 워크에 대한 입력과 그에 상응하는 출력을 요약한다.

표 10-4 3-뉴런 네트워크

원본 네트워크 입력	뉴런3 입력		가중합	가중합 + 편향	최종 네트워크 출력
x	neuron$_1$	neuron$_2$	(neuron$_1$ * w$_{1\to3}$) + (neuron$_2$ * w$_{2\to3}$)	(neuron$_1$ * w$_{1\to3}$) + (neuron$_2$ * w$_{2\to3}$) + bias$_3$	max(0, (neuron$_1$ * w$_{1\to3}$) + (neuron$_2$ * w$_{2\to3}$) + bias$_3$)
0	0	0	(0 * 2) + (0 * −1) = 0	0 + 0 + 0 = 0	max(0, 0) = 0
1	0	0	(0 * 2) + (0 * −1) = 0	0 + 0 + 0 = 0	max(0, 0) = 0
2	1	0	(1 * 2) + (0 * −1) = 2	2 + 0 + 0 = 2	max(0, 2) = 2
3	2	1	(2 * 2) + (1 * −1) = 3	4 + −1 + 0 = 3	max(0, 3) = 3
4	3	2	(3 * 2) + (2 * −1) = 4	6 + −2 + 0 = 4	max(0, 4) = 4
5	4	3	(4 * 2) + (3 * −1) = 5	8 + −3 + 0 = 5	max(0, 5) = 5

첫 번째 열은 원본 네트워크 입력인 x이고 그 다음은 뉴런1과 뉴런2의 결과이다. 나 머지 열은 뉴런3이 출력들을 어떻게 처리하는지를 보여준다. 가중합이 계산되고 편향이 더해지며, 마지막 열에는 ReLU 활성화 함수가 적용되어 원본 입력 값 x에 대한 뉴런과 네트워크 출력을 산출한다. 그림 10-8은 네트워크의 함수 그래프를 나타낸다.

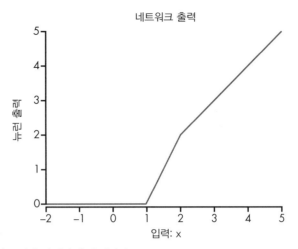

그림 10-8 네트워크 입력 및 연관 출력 시각화

이제 이렇게 간단한 함수들의 조합을 통해 그림 10-8과 같이 어떤 점에서든 원하는 상승부에서 상승하는 그래프를 만들 수 있다. 다시 말해, 곧 입력 x에 대한 모든 유한 함수를 표현할 수 있을 것이다.

네트워크에 다른 뉴런 추가

뉴런을 추가하여 네트워크의 함수 그래프를 상승시키는 방법은 알았지만, 그래프를 아래로 내리려면 어떻게 해야 할까? 그림 10-9와 같이 또 다른 뉴런(뉴런4)을 추가해 보자.

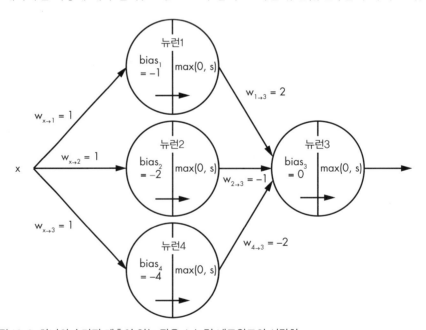

그림 10-9 하나의 숨겨진 계층이 있는 작은 4-뉴런 네트워크의 시각화

그림 10-9에서 입력 데이터 x는 뉴런1, 뉴런2, 그리고 뉴런4로 전달된다. 각 출력은 뉴런3의 입력으로 전달되며, 이는 네트워크의 최종 출력을 산출한다. 뉴런4는 뉴런1, 뉴런2와 동일하지만 편향이 -4로 설정되어 있다. 표 10-5는 뉴런4의 출력을 요약한 것이다.

표 10-5 뉴런4

입력	가중합	가중합 + 편향	출력
x	$x * w_{x \to 4}$	$(x * w_{x \to 4}) + bias_4$	$max(0, (x * w_{x \to 4}) + bias_4)$
0	$0 * 1 = 0$	$0 + -4 = -4$	$max(0, -4) = 0$
1	$1 * 1 = 1$	$1 + -4 = -3$	$max(0, -3) = 0$
2	$2 * 1 = 2$	$2 + -4 = -2$	$max(0, -2) = 0$
3	$3 * 1 = 3$	$3 + -4 = -1$	$max(0, -1) = 0$
4	$4 * 1 = 4$	$4 + -4 = 0$	$max(0, 0) = 0$
5	$5 * 1 = 5$	$5 + -4 = 1$	$max(0, 1) = 1$

네트워크 그래프가 하강하도록 만들기 위해 뉴런4에서 뉴런3과 -2로 연결되는 가중치를 설정하여 뉴런3의 가중합에 있는 뉴런1과 뉴런2의 함수에서 뉴런4를 뺀다. 표 10-6은 전체 네트워크의 새로운 출력을 보여준다.

표 10-6 4-뉴런 네트워크

원본 네트워크 입력	뉴런 3 입력			가중합	가중합 + 편향	최종 네트워크 출력
x	$neuron_1$	$neuron_2$	$neuron_4$	$(neuron_1 * w_{1 \to 3}) + (neuron_2 * w_{2 \to 3}) + (neuron_4 * w_{4 \to 3})$	$(neuron_1 * w_{1 \to 3}) + (neuron_2 * w_{2 \to 3}) + (neuron_4 * w_{4 \to 3}) + bias_3$	$max(0, (neuron_1 * w_{1 \to 3}) + (neuron_2 * w_{2 \to 3}) + (neuron_4 * w_{4 \to 3}) + bias_3)$
0	0	0	0	$(0 * 2) + (0 * -1) + (0 * -2) = 0$	$0 + 0 + 0 + 0 = 0$	$max(0, 0) = 0$
1	0	0	0	$(0 * 2) + (0 * -1) + (0 * -2) = 0$	$0 + 0 + 0 + 0 = 0$	$max(0, 0) = 1$
2	1	0	0	$(1 * 2) + (0 * -1) + (0 * -2) = 2$	$2 + 0 + 0 + 0 = 2$	$max(0, 2) = 2$
3	2	1	0	$(2 * 2) + (1 * -1) + (0 * -2) = 3$	$4 + -1 + 0 + 0 = 3$	$max(0, 3) = 3$
4	3	2	0	$(3 * 2) + (2 * -1) + (0 * -2) = 4$	$6 + -2 + 0 + 0 = 4$	$max(0, 4) = 4$
5	4	3	1	$(4 * 2) + (3 * -1) + (1 * -2) = 5$	$8 + -3 + -2 + 0 = 3$	$max(0, 3) = 3$

그림 10-10은 이것이 어떻게 생겼는지 보여준다.

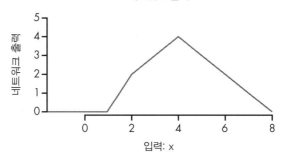

그림 10-10 4-뉴런 네트워크의 시각화

　이제 당신은 신경망 구조가 어떻게 단순히 뉴런들을 조합하는 것만으로 임의의 점에서 그래프를 위아래로 움직일 수 있는지 알았을 것이다(범용적으로). 훨씬 더 복잡한 함수를 생성하기 위해 더 많은 뉴런을 추가할 수도 있다.

자동 특성 생성

하나의 숨겨진 계층을 가진 신경망과 충분한 뉴런이 갖춰진다면 모든 유한 함수를 근사할 수 있다는 것을 확인했다. 이것은 아주 강력한 발상이다. 그렇다면 여러 개의 숨겨진 뉴런 계층을 가지고 있다면 어떻게 될까? 결론부터 말하자면, 자동 특성 생성이 이루어진다. 이는 신경망을 한 층 더 강력하게 만들어주는 측면이다.

　특성 추출은 머신러닝 모델을 만드는 과정 중 큰 부분을 차지한다. HTML 파일의 경우, HTML 파일의 어떤 숫자적 측면(섹션 헤더 수, 고유 단어 수 등)이 모델에 도움이 될 수 있는지 판단하는 데 많은 시간이 소요될 것이다.

　다수의 계층과 자동 특성 생성을 지닌 신경망은 그러한 작업을 수월하게 해 준다. 일반적으로 신경망에 다소 원시적인 특성(HTML 파일의 문자나 단어 등)을 전달하면, 각 뉴런 계층은 그러한 원시적 특성들을 이후 계층의 입력처럼 적절한 형태로 표현하는 법을 학습한다. 다시 말해서, 멀웨어 검출에 영향을 주는 사안이라면, 신경망은 인간의 실제 입력이 없더라도 HTML 문서에 나타나는 문자의 수를 계산하는 법을 학습하게 될 것이다.

　이미지 처리 자전거 예시에서 네트워크에게 가장자리나 바퀴 메타 특성이 유용하다고 말한 적은 없다. 이 모델은 훈련 과정에서 다음 뉴런 계층 입력으로써 이러한 특성들이 유용하다는 것을 인식한 것이다. 괄목할만한 점은 이러한 하위 레벨 학습 특성들이 추후 계층들에서 다른 방식으로 사용될 수 있다는 점인데, 이는 딥 신경망이 단일 계층 네트워크보다 훨씬 적은 뉴런과 매개변수를 사용하여 믿을 수 없을 정도로 복잡한 패턴들을 추정할 수 있다는 것을 의미한다.

　신경망은 이전에 많은 시간과 노력이 필요했던 특성 추출 작업을 대거 수행해줄 뿐만 아니라, 훈련 과정을 통해 최적화되고 공간 효율성을 높인다.

신경망 훈련

지금까지 많은 수의 뉴런, 적절한 가중치와 편향을 통해 신경망이 어떻게 복잡한 기능을 근사할 수 있는지 알아보았다. 지금까지는 모든 예시에서 수동으로 가중치와 편향 매개변수를 설정했다. 하지만 실제 신경망은 일반적으로 수천 개의 뉴런과 수백만 개의 매개변수를 포함하고 있기 때문에, 최적화할 수 있는 효율적인 방법이 필요하다.

일반적으로 모델을 교육할 때에는 최적화되지 않은(무작위로 초기화된) 매개변수들이 담긴 훈련 데이터셋과 네트워크로 시작한다. 훈련은 목적 함수를 최소화를 위해 매개변수를 최적화해야 한다. "양성"은 0, "멀웨어"는 1과 같이 레이블을 예측할 수 있도록 모델을 교육하는 감독된 학습에서 목적 함수는 훈련 중 네트워크의 예측 오류와 관련이 있다. 특정 입력 x(예를 들면, 특정 HTML 파일)에 대해 이것은 레이블 y(예를 들면, "멀웨어"의 경우 1.0)와 현재 네트워크에서 얻는 출력 ŷ(예를 들면, 0.7)의 차이이다. network(x) = ŷ이고 f(x) = y와 같이 알려지지 않은 함수 f를 근사하려는 경우, 예측된 레이블 ŷ와 알려진 진짜 레이블 y 사이의 차이로도 생각할 수 있다. 즉, network = f̂이다.

훈련 네트워크 이면의 기본적인 아이디어는 네트워크에 관측값 x을 제공하고 훈련 데이터셋에서 출력 ŷ를 받아 패러미터를 어떻게 변경하면 ŷ가 목표에 더 가까워질 것인지 알아내는 것이다. 당신이 여러 개의 노브가 달려있는 우주선에 타고 있다고 상상해 보라. 각각의 노브가 어떤 역할을 하는지는 모르지만, 가고 싶은 방향(y)은 알고 있다. 문제를 해결하기 위해 페달을 밟고 추진되는 방향(ŷ)을 메모한다. 그런 다음 노브를 조금 돌리고 다시 페달을 밟는다. 첫 번째 방향과 두 번째 방향의 차이는 그 노브가 방향에 얼마나 영향을 미치는지 알려준다. 이런 식으로 우주선 운전 방법을 알아낼 수 있다.

신경망을 훈련시키는 것도 비슷하다. 먼저, 훈련 데이터셋에서 관측값 x를 네트워크에 전달하고 일부 출력을 받는다. 이 단계를 전방향 전파라고 한다. 최종 출력 ŷ를 얻기 위해 입력 x를 네트워크 앞쪽으로 전달하기 때문이다. 다음으로, 각 매개변수가 출력에 어떤 영향을 미치는지 판단한다. 예를 들어, 네트워크의 출력이 0.7이고 올바른 출력이 1에 가까워야 한다면, 패러미터 w를 조금씩 증가시키면서 ŷ가 y에 얼마나 가까워지거나 멀어지는지 확인할 수 있다.[2] 이를 w, 또는 $\partial ŷ/\partial w$에 대한 ŷ의 편도함수라고 한다.

네트워크 전역에 걸친 매개변수는 이후 ŷ가 y에 가깝게(네트워크를 f에 더 가깝게) 이동시키는 방향으로 약간 수정된다. $\partial ŷ/\partial w$가 양수라면 w를 조금($\partial (y - ŷ)/\partial w$에 비례하여) 증가시켜 새로운 ŷ가 0.7에서 약간 벗어나 1(y) 방향으로 이동하게 해야 한다는 것을 알 수 있다.

---

2 실제로는 매개변수를 증가시킬 때마다 네트워크의 결과 출력을 재평가할 필요는 없다. 네트워크 전체가 서로 다른 함수이기 때문에 미적분을 이용하면 정확하고 빠르게 ($\partial ŷ/\partial w$)를 계산할 수 있다. 그러나 필자는 조금씩 재평가를 해 나가는 것이 파생 미적분을 사용하는 것보다 더 직관적이라고 생각한다.

다시 말해, 네트워크에게 알려진 레이블로 훈련 데이터의 오류를 수정하여 알려지지 않은 함수 f가 근사할 수 있도록 학습시키는 것이다.

이렇게 편도함수를 계산하고 매개변수를 갱신한 뒤 반복하는 과정을 경사 하강법이라고 한다. 그러나 수천 개의 뉴런, 수백만 개의 매개변수, 종종 수백만 개의 훈련 관측 값으로 이루어진 네트워크의 미적분은 많은 계산을 필요로 한다. 이러한 계산을 가능케 하기 위해서는 역전파라는 알고리즘이 필요하다. 역전파를 활용하면 신경망과 같은 계산 그래프를 따라 편도함수를 효율적으로 계산할 수 있다!

역전파를 통한 신경망 최적화

이 섹션에서는 간단한 신경망을 구축하고 역전파가 어떻게 이루어지는지 살펴본다. 값이 x = 2인 훈련 예시와 y = 10인 연관 레이블이 있다고 가정해 보자. 일반적으로 x는 값의 배열이지만, 여기서는 하나의 값에만 집중하도록 하자. 그림 10-11에서 이 값들을 연결하면 네트워크가 입력 x 값 2로 ŷ 값 5를 출력한다는 것을 알 수 있다.

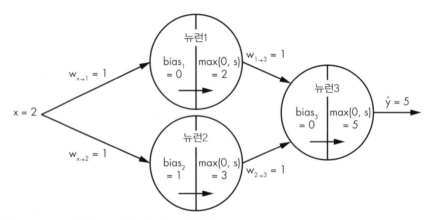

그림 10-11 x = 2 입력 시 3-뉴런 네트워크 시각화

x = 2인 네트워크의 출력 ŷ가 알려진 y 값에 더 가깝게 이동하도록 매개변수를 변경하려면 $w_{1\to3}$이 최종 출력 ŷ에 어떻게 영향을 미치는지 계산해야 한다. $w_{1\to3}$을 조금 증가시켜 보면(0.01 정도) 어떻게 되는지 보자. 뉴런3의 가중합은 1.01 * 2 + (1 * 3)가 되어 최종 출력 ŷ는 5에서 0.02가 증가하여 5.02로 변경된다. $w_{1\to3}$을 변경하면 ŷ의 두 배만큼 변화가 생기기 때문에, $w_{1\to3}$에 대한 ŷ의 편도함수는 2이다.

y는 10이고 현재 출력 ŷ(현재 매개변수 값과 x = 2에 따라)는 5이므로, 이제 $w_{1\to3}$을 소폭 증가시켜 y를 10에 가깝게 이동시켜야 한다는 것을 알게 되었다.

이 작업은 꽤 간단하다. 하지만 최종 계층의 뉴런에 있는 변수들뿐만 아니라 네트워크 내의 모든 변수들을 어느 방향으로 이동시킬 수 있는지 알아야 한다. 예를 들어, wx→1은 어떨까? $\partial\hat{y}/\partial wx→1$을 계산하는 것은 $\hat{y}$에 간접적으로만 영향을 주기 때문에 더욱 복잡하다. 먼저, 뉴런3의 함수에게 $\hat{y}$가 뉴런1의 출력에 어떤 영향을 받는지 묻는다. 뉴런1의 출력을 2에서 2.01로 바꾸면 뉴런3의 최종 출력이 5에서 5.01로 바뀌기 때문에 $\partial\hat{y}/\partial$뉴런1 = 1이다. wx→1이 $\hat{y}$에 미치는 영향을 알기 위해서는 $\partial\hat{y}/\partial$뉴런1에 wx→1이 뉴런1의 출력에 미치는 영향을 곱하기만 하면 된다. wx→1을 1에서 1.01로 바꾸면 뉴런1의 출력이 2에서 2.02로 바뀌므로 ∂뉴런1$/\partial wx→1$은 2이다. 따라서

$$\frac{\partial \hat{y}}{\partial w_{x\to1}} = \frac{\partial \hat{y}}{\partial neuron_1} * \frac{\partial neuron_1}{\partial w_{x\to1}}$$

또는

$$\frac{\partial \hat{y}}{\partial w_{x\to1}} = 1 * 2 = 2$$

눈치 챘을지 모르겠지만, 이것은 체인 규칙이다.[3]

네트워크 깊숙한 곳에 있는 wx→1과 같은 매개변수가 최종 출력에 어떻게 영향을 미치는지 알아내기 위해 변수 wx→1과 $\hat{y}$ 사이의 경로를 따라 각 지점에서 편도함수를 곱한다. 이는 wx→1이 출력이 10개의 다른 뉴런으로 전달되는 뉴런에 전달될 경우, $\hat{y}$에 미치는 wx→1의 영향에 단 하나의 경로가 아니라 wx→1에서 $\hat{y}$로 이어지는 모든 경로의 합계가 수반된다는 것을 의미한다. 그림 10-12는 샘플 가중치 매개변수 wx→2의 영향을 받는 경로를 시각화한다.

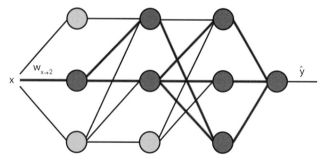

그림 10-12 wx→2의 영향을 받는 경로(어두운 회색으로 표시): 첫 번째(맨 왼쪽) 계층의 입력 데이터 x와 중간 뉴런 사이의 연결과 관련된 가중치

---

3 체인 규칙은 복합 함수의 편도함수를 계산하는 공식이다. 예를 들어, f와 g가 함수이고 h가 복합 함수 h(x) = f(x)인 경우, 체인 규칙은 h′(x) = f′(g(x)) * g′(x)이며, 여기서 f′(x)는 x에 대한 함수 f의 편도함수를 나타낸다.

이 네트워크의 숨겨진 계층들은 완전히 연결되어 있지 않은데, 이것으로 두 번째 숨겨진 계층의 하단 뉴런이 강조되지 않는 이유를 설명할 수 있다.

경로 폭발

하지만 네트워크 규모가 훨씬 더 커지면 어떻게 될까? 하위 레벨 매개변수의 편도함수를 계산하기 위해 추가해야 하는 경로의 수는 기하급수적으로 증가한다. 출력이 천 개의 뉴런 계층으로 전달되고, 그 출력이 다시 천 개의 뉴런으로 전달되고, 그 출력이 최종 출력 뉴런으로 전달되는 뉴런을 생각해 보자.

무려 백만 개의 경로가 생길 것이다. 다행히 $\partial \hat{y} / (\partial \text{parameter})$를 얻기 위해 모든 경로를 거치고 합치는 것은 불필요하다. 바로 여기서 역전파가 빛을 발한다. 최종 출력(들)로 이어지는 모든 경로를 따라 걷는 대신, 편도함수(들)은 계층별로 위에서 아래로 또는 뒤쪽으로 계산된다.

지난 섹션의 체인 규칙 논리를 사용하여 모든 편도함수 $\partial \hat{y} / \partial w$를 계산할 수 있는데, 여기서 w는 계층 i-1의 출력과 계층i의 뉴런 i-1을 연결하는 매개변수로, 뉴런i(w의 뉴런)가 연결된 계층 i-1의 뉴런일 때 각 뉴런 i+1을 합하여 구한다.

$$\frac{\partial \hat{y}}{\partial neuron_{i+1}} * \frac{\partial neuron_{i+1}}{\partial neuron_i} * \frac{\partial neuron_i}{\partial w}$$

계층별로 위에서 아래로 이러한 작업을 수행함으로써 각 계층에서 편도함수를 통합하여 경로 폭발을 제한한다. 다시 말해, 최상위 계층 i+1($\partial \hat{y}$/뉴런i+1 등)에서 계산한 편도함수를 기록하여 계층 i 내 편도함수 계산을 돕는 것이다. 그런 다음 계층 i-1의 편도함수를 계산하기 위해 계층 i($\partial \hat{y}$/뉴런i 등)에서 기록한 편도함수를 사용한다. 그런 다음 계층 i-2는 계층 i-1의 편도함수를 사용하고, 이런 식으로 반복된다. 이 기법을 통해 반복적인 계산을 크게 줄이고 신경망 훈련 속도를 높일 수 있다.

경사 소실

고차원적인 딥 신경망이 직면하게 되는 문제 중 하나는 경사 소실 문제이다. 10개의 계층을 가진 신경망의 첫 번째 계층에 존재하는 가중치 매개변수를 생각해 보자. 역전파에서 얻는 신호는 이 가중치의 뉴런에서 최종 출력에 이르는 모든 경로의 신호를 합한 것이다.

문제는, 10뉴런 깊이의 경로를 따라 지점마다 편도함수를 곱함으로서 각 경로의 신호를 계산하므로 믿을 수 없을 정도로 작을 가능성이 높다는 점인데, 모두 1보다 작은 숫자가 된다. 이는 하위 레벨 뉴런의 매개변수가 다량의 아주 작은 숫자의 합을 기반으로 업데이트된다는 것을 의미하며, 결국 그 중 대부분이 서로를 상쇄하게 된다.

결과적으로, 네트워크는 하위 레벨의 매개변수로 강한 신호를 보내는 것이 어려워진다. 이 문제는 계층을 추가할수록 기하급수적으로 악화된다. 다음 섹션에서는 이러한 문제를 해결하기 위한 특정 네트워크 설계에 대해 알아본다.

신경망 유형

간단히 말하자면, 지금까지 본 모든 예시는 피드 포워드 신경망이라고 불리는 네트워크를 사용한다. 현실에는 다양한 종류의 문제에 사용할 수 있는 유용한 네트워크 구조들이 다수 존재한다. 가장 흔한 신경망 유형 몇 가지와 사이버 보안 환경에서의 적용에 대해 살펴보자.

피드 포워드 신경망

가장 단순한 유형의 신경망인 피드 포워드 신경망은 액세서리가 없는 바비 인형과 같다. 다른 유형의 신경망들은 대부분 이 "기본" 구조의 변형이다. 피드 포워드 구조는 친숙한 뉴런 계층으로 구성되어 있다. 각 뉴런 계층은 다음 계층의 일부 또는 모든 뉴런에 연결되어 있지만, 연결은 결코 뒤쪽을 향하거나 원형이 되지 않기 때문에 "피드 포워드"라는 이름이 붙는다.

피드 포워드 신경망에 존재하는 모든 연결은 계층 i의 뉴런(또는 원본 입력)을 계층 j > i의 뉴런에 연결한다. 계층 i에 있는 각 뉴런이 반드시 계층 i+1의 모든 뉴런에 연결되어야 하는 것은 아니지만, 모든 연결은 반드시 앞쪽으로 전달되어야 하며, 이전 계층을 다음 계층으로 연결해야 한다.

피드 포워드 네트워크는 당면한 문제에 적용할 수 있는 다른 구조(이미지 인식을 위한 합성곱 신경망 등)가 떠오르지 않을 때 먼저 시도해 보는 네트워크 유형이다.

합성곱 신경망

합성곱 신경망(CNN)은 각 뉴런에 전달되는 입력이 입력 공간 위로 열리는 창에 의해 정의되는 합성곱층을 포함한다. 창을 통해 볼 수 있는 픽셀들만 다음 계층의 특정 뉴런에 연결되도록 하는 작은 사각형 창을 상상해 본다. 창문이 열리면 새로운 픽셀 세트가 새로운 뉴런에 연결된다. 그림 10-13은 이것을 도식화한다.

이러한 네트워크의 구조는 국부적인 특성 학습을 장려한다. 예를 들어, 네트워크의 하위 계층이 이미지(가장자리, 도형 등을 형성)에서 가까운 픽셀 사이의 관계에 초점을 맞추는 것이 이미지에 무작위로 흩어져 있는 픽셀 사이의 관계(큰 의미가 없음)에 초점을 맞추는 것보다 더 유용하다. 창은 이 초점을 명확히 강제하며, 국부적 특성 추출이 특히 중요한 영역에서 학습을 개선하고 속도를 높인다.

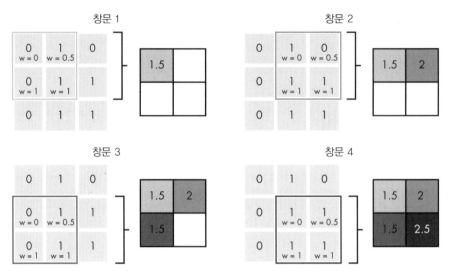

그림 10-13 2 x 2 출력을 산출하기 위해 스트라이드(단계 크기)가 1인 3 x 3 입력 공간 위로 열리는 2 x 2 합성곱 창 시각화

입력 데이터의 국부적인 부분에 초점을 맞추는 능력 덕분에, 합성곱 신경망은 이미지 인식과 분류에 매우 효과적이다. 또한, 사이버 보안에 영향을 미치는 특정 유형의 자연어 처리에도 효과를 보인다.

각 합성곱 창의 값이 합성곱층의 특정 뉴런들에 전달된 후, 창은 다시 이 뉴런들의 출력 위에서 열리지만, 각 입력의 연관 가중치가 있는 표준 뉴런(예를 들면, ReLU)에 전달되지 않고 가중치가 없는 뉴런(1로 고정)과 최대(또는 비슷한) 활성화 함수로 전달된다. 다시 말해, 작은 창이 합성곱층의 출력 위로 열리고, 각 창의 최대값이 다음 계층으로 전달되는 것이다. 이를 풀링층이라고 한다. 계층을 풀링하는 목적은 데이터(일반적으로 이미지)에서 가장 중요한 정보는 유지하면서 "축소"를 통해 특성들의 크기를 줄이고 계산 속도를 높이기 위함이다.

합성곱 신경망은 한 세트 이상의 합성곱층과 풀링층을 가질 수 있다. 표준 구조에는 합성곱층, 풀링층, 다른 합성곱 및 풀링층 세트, 그리고 피드 포워드 네트워크에서와 같이 완전 연결된 몇 개의 계층이 포함될 수 있다. 이 구조의 목표는 이러한 최종 완전 연결 계층의 입력으로 상당히 높은 수준의 특징을 수신(예를 들면, 외발자전거의 바퀴)하고, 결과적으로 복잡한 데이터(이미지 등)를 정확하게 분류하는 것이다.

오토인코더 신경망

오토인코더는 최소한의 원본 훈련 입력과 압축된 출력의 차이로 입력을 압축, 해제하는 신경망의 일종이다. 오토인코더의 목적은 데이터셋에 대한 효율적인 표현을 학습하는 것이다.

다시 말해, 오토인코더는 입력 데이터를 더 작은 표현으로 압축한 뒤에 다시 원본 입력 크기로 압축을 해제하는 최적화된 손실 압축 프로그램과 같은 기능을 수행한다.

주어진 입력 x에 대해 알려진 레이블(y)과 예측된 레이블(ŷ)의 차이를 최소화하여 매개변수를 최적화하는 신경망과는 달리, 이 네트워크는 원본 입력 x와 재구성된 출력 x̂의 차이를 최소화한다.

구조적으로는 그림 10-14와 같이 중간층이 초반과 후반 단계의 계층보다 적은 뉴런을 포함하고 있다는 점을 제외하면 오토인코더는 표준 피드 포워드 신경망과 매우 유사하다.

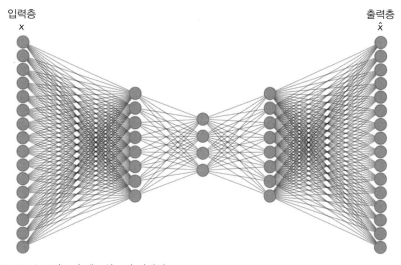

그림 10-14 오토인코더 네트워크의 시각화

보이는 바와 같이 중간층은 각각 크기가 동일한 가장 왼쪽(입력), 가장 오른쪽(출력) 계층보다 훨씬 작다. 마지막 계층은 언제나 원본 입력과 동일한 출력 수를 포함해야 하므로, 각 훈련 입력 x_i는 압축되고 재구성된 사촌 $x̂_i$와 비교할 수 있다.

오토인코더 네트워크는 훈련을 마치면 효율적인 압축/압축 해제 프로그램을 비롯한 여러 목적으로 사용될 수 있다. 이미지 파일을 압축하도록 훈련된 오토인코더는 JPEG를 통해 압축된 동일한 이미지보다 훨씬 선명한 이미지를 생성할 수 있다.

생성적 대립쌍 네트워크

생성적 대립쌍 네트워크(GAN)는 두 신경망이 각자의 임무를 수행함에 있어 스스로를 향상시키기 위해 서로 경쟁하는 시스템이다. 일반적으로 생성적 네트워크는 무작위 노이즈로부터 가짜 샘플(예를 들면, 일종의 이미지)을 생성하려고 한다. 그런 다음 두 번째 판별자 네트워크는 실제 샘플과 가짜 생성 샘플 구별을 시도한다(예를 들면, 침실의 실제 이미지와 생성된 이미지 구별).

GAN의 두 신경망은 역분포로 최적화된다. 생성적 네트워크는 주어진 라운드에서 얼마나 판별자 네트워크를 잘 속였는지를 기준으로 매개변수를 최적화하는 반면, 판별자 네트워크는 생성된 샘플과 실제 샘플을 얼마나 정확하게 구별할 수 있는지를 바탕으로 매개변수를 최적화한다. 다시 말해, 두 네트워크의 손실 함수는 직접적으로 상반되는 것이다.

GAN은 실제처럼 보이는 데이터 생성이나 낮은 품질 또는 손상된 데이터 개선에 사용될 수 있다.

순환 신경망

순환 네트워크(RRN)는 뉴런 사이의 연결이 시간 단계에 따라 활성화 함수가 좌우되는 순환 구조를 형성하는 비교적 광범위한 신경망 유형이다. 이를 통해 네트워크는 메모리를 개발할 수 있으며, 이는 데이터 시퀀스의 패턴을 학습하는 데 도움이 된다. RNN의 입출력은 일종의 시계열이다.

RNN은 연결된 필기 인식, 음성 인식, 언어 번역 및 시계열 분석과 같이 데이터의 순서가 중요한 작업에 적합하다. 사이버 보안 분야에서는 네트워크 트래픽 분석, 행동 탐지, 정적 파일 분석과 같은 문제에 적용된다. 프로그램 코드 역시 자연어와 마찬가지로 순서가 중요하기 때문에 시계열로 취급할 수 있다.

RNN의 문제점 한 가지는 경사 소실 문제 때문에 RNN에 도입된 각 시간 단계는 피드 포워드 신경망의 추가 계층과 유사하다는 것이다. 역전파가 진행되는 동안 경사 소실 문제는 하위 계층(여기서는 초기 시간 단계)의 신호를 상당히 희미하게 만든다.

장단기 메모리(LSTM) 네트워크는 이러한 문제를 해결하기 위해 설계된 특별한 유형의 RNN이다. LSTM에는 기억해야 할 정보와 잊어버려야 할 정보를 판단하는 메모리 셀과 특수한 뉴런들이 포함되어 있다. 대부분의 정보를 방출함으로써 경로 폭발을 줄일 수 있고, 경사 소실 문제가 크게 감소한다.

ResNet

ResNet(잔류 네트워크)은 하나 이상의 중계 계층을 건너뜀으로써 네트워크의 초기/얕은 계층과 더 깊은 계층 사이에 뉴런 간 건너뛰기를 생성하는 신경망의 일종이다. 여기서 잔류라는 단어는 이러한 네트워크들이 표 10-1에 있는 활성화 함수들을 통과해야 하는 숫자 정보 없이 계층 사이에 직접 숫자 정보를 전달하는 방법을 학습한다는 것을 나타낸다.

이 구조는 경사 소실 문제를 크게 줄여주는데, 덕분에 ResNet은 상당히 깊어질 수 있다(100개 이상의 계층을 가질 수도 있다).

매우 깊은 신경망들은 입력 데이터의 매우 복잡하고 기묘한 관계를 모델링하는 데 뛰어난 성능을 보인다. ResNet은 매우 많은 계층을 가질 수 있기 때문에 복잡한 문제에 특히 적합하다. 피드 포워드 신경망과 마찬가지로, ResNet은 특정 유형의 문제보다는 일반적이고 복잡한 문제를 해결하는 범용적인 능력 때문에 널리 활용된다.

요약

이 챕터에서는 뉴런의 구조와 신경망을 형성하기 위해 뉴런이 서로 어떻게 연결되어 있는지에 대해 학습했다. 또한, 이러한 네트워크들이 역전파를 통해 어떻게 훈련되는지 알아보고 범용성, 자동 특성 생성, 경사 소실 문제와 같은 신경망의 강약점을 살펴보았다. 마지막으로, 몇 가지 일반적인 신경망 구조와 이점에 대해 학습했다.

다음 챕터에서는 파이썬의 Keras 패키지를 사용하여 실제로 멀웨어를 탐지하는 신경망을 구축해 볼 것이다.

11

Keras를 활용한 신경망 멀웨어 탐지기 만들기

10년 전에는 기능적이고 확장성이 뛰어나며 속도도 빠른 신경망을 구축하려면 긴 시간과 아주 많은 코드가 필요했다. 그러나 지난 몇 년간 신경망 설계 분야에서 높은 수준의 인터페이스가 발달하면서 이 과정은 훨씬 수월해졌다. 파이썬 패키지 Keras는 이러한 인터페이스 중 하나이다.

이 챕터에서는 Keras 패키지를 사용하여 샘플 신경망을 구축하는 방법을 알아본다. 첫째, Keras에서 모델의 구조를 정의하는 방법을 설명한다. 둘째, 이 모델이 양성 HTML 파일과 악성 HTML 파일을 구별할 수 있도록 훈련시키고, 이 모델을 저장하고 로드하는 방법을 학습한다. 셋째, 파이썬 패키지 sklearn을 사용하여 검증 데이터에 대한 모델의 정확성을 평가하는 방법을 학습한다. 마지막으로, 학습한 내용들을 토대로 검증 정확도 보고와 모델 훈련 프로세스를 통합한다.

이 책에 첨부된 자료에서 관련 코드를 읽고 수정해 보면서 이 챕터를 읽는 것을 권장한다. 이 챕터에서 사용되는 모든 코드(실행과 조정을 용이하게 하기 위해 매개변수화된 함수들로 구성)와 추가 예시들을 찾을 수 있다.

이 챕터가 끝날 때쯤이면 당신도 자신만의 네트워크를 구축할 준비가 되었다고 느낄 것이다.

이 챕터의 코드 보기들을 실행하려면 ch11/requirements.txt에 나열된 패키지(pip install -r requirements.txt)뿐만 아니라 Keras의 백 엔드 엔진 설치 지침도 따라야 한다(TensorFlow, Theano 또는 CNTK). 다음 지침에 따라 TensorFlow를 설치하라.

https://www.tensorflow.org/install/

모델의 구조 정의

신경망을 구축하기 위해서는 어떤 뉴런이 어디로 가는지, 어떻게 후속 뉴런에 연결되는지, 그리고 데이터가 어떻게 흐르는지, 그 구조를 정의해야 한다. 다행히 Keras는 이 모든 것을 정의할 수 있는 간단하고 유연한 인터페이스를 제공한다. Keras는 모델 정의에 유사한 두 가지 구문을 지원하지만, 함수형 API 구문이 순차적 구문보다 유연하고 강력하기 때문에 이것을 사용하려고 한다.

모델을 설계할 때에는 입력, 입력을 처리하는 중간 단계, 출력 세 가지가 필요하다. 당신의 모델은 다수의 입력과 다수의 출력, 매우 복잡한 중간 단계를 가지고 있을 수도 있지만, 결국 모델의 구조를 정의한다는 것은 입력(HTML 파일 연관 특성과 같은 데이터)이 여러 뉴런들(중간 단계)을 통해 마지막 뉴런이 최종 출력을 뱉어낼 때까지 어떻게 흘러갈지를 결정하는 것이다.

이러한 구조 정의를 위해 Keras는 계층을 사용한다. 계층은 동일한 유형의 활성화 함수를 사용하고, 이전 계층에서 데이터를 수신하며, 출력을 후속 뉴런 계층으로 보내는 뉴런 그룹이다. 신경망에서 입력 데이터는 일반적으로 초기 뉴런 계층으로 전달되며, 그 출력은 후속 계층으로, 또 후속 계층으로, 이렇게 뉴런의 마지막 계층이 네트워크의 최종 출력을 생성할 때까지 출력을 다른 계층으로 전송하는 방식으로 전달한다.

코드 11-1은 Keras의 함수형 API 구문을 사용하여 정의한 간단한 모델 예시이다. 새로운 파이썬 파일을 열어서 코드들을 직접 쓰고 실행해 보길 권장한다. 또는 이 책과 함께 제공되는 코드의 ch11/model_architecture.py 파일 일부를 ipython 세션에 복사하여 붙여넣거나 터미널 윈도우에서 python ch11/model_architecture.py를 실행할 수도 있다.

❶ from keras import layers
❷ from keras.models import Model

input = layers.Input(❸ shape=(1024,), ❹ dtype='float32')
❺ middle = layers.Dense(units=512, activation='relu')(input)
❻ output = layers.Dense(units=1, activation='sigmoid')(middle)

❼ model = Model(inputs=input, outputs=output)
model.compile(❽optimizer='adam',
         ❾loss='binary_crossentropy',
         ❿metrics=['accuracy'])

코드 11-1 함수형 API 구문을 사용하여 단순한 모델 정의

먼저 Keras 패키지의 layers 서브모듈을 임포트하고❶ Keras의 models 서브모듈에서 Model 클래스를 임포트한다❷.

다음으로, shape 값(정수 튜플)❸과 데이터 유형(문자열)❹을 layers.Input() 함수에 전달하여 이 모델이 하나의 관측치를 어떤 종류의 데이터를 받아들일지 명시한다. 우리는 여기서 모델의 입력 데이터가 1,024개의 소수형 배열이라고 선언했다. 예를 들어, 입력이 정수 행렬이라면, 첫 번째 행은 input = Input(shape=(100, 100,) dtype='int32') 같은 형태가 될 것이다.

모델이 한 차원에서 가변 크기 입력을 받아들일 경우, 숫자 대신 None을 사용할 수 있다. 예를 들면, (100, None,).

다음으로, 입력 데이터를 전달 받을 뉴런 계층을 지정한다. 이를 위해 다시 임포트한 layers 서브모듈 Dense 함수를 사용하여❺ 이 계층이 밀집 연결(완전 연결)된 계층임을 명시하는데, 이는 이전 계층의 모든 출력이 해당 계층의 모든 뉴런에 전달된다는 것을 의미한다. Dense는 Keras 모델을 개발할 때 사용하게 될 가장 일반적인 유형의 계층이다. 나머지는 데이터의 형태를 변경하는 Reshape, 사용자 정의 계층을 위한 Lambda 등이다.

Dense에 두 개의 매개변수를 전달한다. 이 계층에서 512개의 뉴런을 원한다는 것을 명시하는 units=512, 정류 선형 유닛(ReLU) 뉴런을 원한다는 것을 명시하는 activation='relu'를 전달한다. (챕터 10에서 ReLU 뉴런이 0 또는 뉴런 입력 가중합 중 큰 값을 출력하는 단순한 유형의 활성화 함수를 사용한다는 것을 상기하라.) layers. Dense(units=512, activation='relu')를 통해 계층을 정의하고 행의 마지막 부분(input)은 이 계층의 입력을 선언한다(input 객체). 계층으로 input을 전달하는 것이 모델에서 데이터 플로우가 정의되는 방식이라는 것을 이해하는 것이 중요하다(코드의 행 순서와 반대).

다음 행에서는 Dense 함수를 사용하는 모델의 출력 계층을 정의한다. 그러나 이번에는 계층에 단 하나의 뉴런만 지정하고 'sigmoid' 활성화 함수를 사용하는데❻, 이는 수많은 데이터를 0과 1 사이의 개별 점수로 통합할 때 유용하다. 출력 계층은 (middle) 객체를 입력으로 받아, middle 계층에 있는 512개의 뉴런 출력을 모두 해당 뉴런으로 보내도록 선언한다.

이제 계층을 정의했으니 models 서브모듈의 Model 클래스를 사용해서 모든 계층을 모델로 정리한다❼. 오직 입력 계층(들)과 출력 계층(들)만 지정하면 된다는 점에 주목하

라. 첫 번째 계층 이후의 각 계층은 이전 계층이 입력으로 주어지기 때문에, 최종 출력 계층은 모델이 이전 계층들에 대해 필요로 하는 모든 정보를 포함하고 있다.

input 계층과 output 계층 사이에 10개의 middle 계층을 더 선언하더라도 ❼의 코드 행은 그대로 유지될 것이다.

모델 컴파일

마지막으로, 모델을 컴파일해야 한다. 모델의 구조와 데이터 흐름은 정의했지만 훈련 수행 방식은 아직 지정하지 않았다. 이를 위해 model의 compile 메서드를 사용하여 다음 세 가지 매개변수를 전달한다.

- 첫 번째 매개변수인 optimizer❽는 사용할 역전파 알고리즘의 유형을 특정한다. 문자열을 통해 사용할 알고리즘의 이름을 지정하거나 keras.optimizer에서 직접 알고리즘을 임포트하여 특정 매개변수를 알고리즘에 전달할 수도 있고 자신만의 설계를 수행할 수도 있다.

- loss 매개변수❾는 훈련 과정 중에 최소화된 것을 명시한다(역전파). 특히, 실제 훈련 레이블과 모델의 예측 레이블 사이의 차이를 나타내기 위해 사용할 공식을 명시한다 (출력). 손실 함수의 이름을 지정하거나 keras.losses.mean_squared_error처럼 실제 함수를 전달할 수도 있다.

- 마지막으로, metrics 매개변수❿는 훈련 중이나 이후 모델 성능을 분석할 때 Keras가 보고할 지표 리스트를 전달할 수 있다. ['categorical_accuracy', keras.metrics.top_k_categorical_accuracy]처럼 문자열이나 실제 지표 함수를 전달할 수 있다.

코드 11-1를 실행한 뒤에 model.summary()을 실행하여 화면에 모델 구조를 출력한다. 출력 결과는 그림 11-1과 비슷할 것이다.

```
In [2]: model.summary()

Layer (type)              Output Shape           Param #
=========================================================
input_1 (InputLayer)      (None, 1024)           0

dense_1 (Dense)           (None, 512)            524800

dense_2 (Dense)           (None, 1)              513
=========================================================
Total params: 525,313
Trainable params: 525,313
Non-trainable params: 0
```

그림 11-1 model.summary()의 출력

그림 11-1은 model.summary()의 출력을 나타낸다. 각 계층의 설명은 해당 계층과 관련된 매개변수들과 함께 화면에 출력된다. 예를 들어, dense_1 계층은 512개의 뉴런들이 각자 입력 계층으로부터 1,024개의 입력 값을 복사하기 때문에 524,800개의 매개변수를 가지고 있으며, 이는 1,024 x 512의 가중치가 존재한다는 것을 의미한다. 512의 편향 매개변수를 추가하면 1,024 x 512 + 512 = 524,800이 된다.

아직 모델을 훈련시키거나 검증 데이터로 테스트하지는 않았지만, 이것은 훈련할 준비를 마친 컴파일된 Keras 모델이다.

NOTE 더 복잡한 모델의 예시는 ch11/model_architecture.py의 샘플 코드를 참고하라.

모델 훈련

모델을 훈련시키려면 훈련 데이터가 필요하다. 이 책과 함께 제공되는 가상 머신에는 약 50만 개의 양성, 악성 HTML 파일 세트가 포함되어 있다. 이는 양성(ch11/data/html/benign_files/), 악성(ch11/data/html/malious_files/) HTML 파일로 구성된다. (이 파일들을 브라우저에서 열지 말 것.) 이 섹션에서는 HTML 파일이 양성(0)인지 악성(1)인지 예측할 수 있도록 신경망을 훈련시키기 위해 이 파일들을 사용한다.

특성 추출

먼저, 데이터를 어떻게 표현할지 결정해야 한다. HTML 파일에서 추출하여 모델에 입력으로 사용하고자 하는 특성은 무엇인가? 예를 들어, 단순히 각 HTML 파일의 처음 1,000개 문자를 모델에 전달하거나, 알파벳의 모든 문자가 발생하는 빈도수를 전달하거나, HTML 파서를 사용하여 좀 더 복잡한 기능을 개발할 수도 있다. 보다 수월한 작업을 위해 다양한 길이의(매우 클 수도 있는) HTML 파일들을 모델이 빠르게 처리하고 중요한 패턴을 학습할 수 있도록 균일한 크기로 압축된 표현으로 변환할 것이다.

이 예시에서는 각 HTML 파일을 1,024 길이의 범주 카운트 벡터로 변환하는데, 여기서 각 범주 카운트는 HTML 파일의 해시가 지정된 범주로 분해된 토큰 수를 나타낸다. 코드 11-2에서 특성 추출 코드를 확인할 수 있다.

```
import numpy as np
import murmur
import re
import os

def read_file(sha, dir):
    with open(os.path.join(dir, sha), 'r') as fp:
        file = fp.read()
    return file
```

```
def extract_features(sha, path_to_files_dir,
                     hash_dim=1024, ❶split_regex=r"\s+"):
❷ file = read_file(sha=sha, dir=path_to_files_dir)
❸ tokens = re.split(pattern=split_regex, string=file)
    # now take the modulo(hash of each token) so that each token is replaced
    # by bucket (category) from 1:hash_dim.
    token_hash_buckets = [
        ❹ (murmur.string_hash(w) % (hash_dim - 1) + 1) for w in tokens
    ]
    # Finally, we'll count how many hits each bucket got, so that our features
    # always have length hash_dim, regardless of the size of the HTML file:
    token_bucket_counts = np.zeros(hash_dim)
    # this returns the frequency counts for each unique value in
    # token_hash_buckets:
    buckets, counts = np.unique(token_hash_buckets, return_counts=True)
    # and now we insert these counts into our token_bucket_counts object:
    for bucket, count in zip(buckets, counts):
        ❺ token_bucket_counts[bucket] = count
    return np.array(token_bucket_counts)
```

코드 11-2 특성 추출 코드

Keras가 어떻게 작동하는지 이해하기 위해 코드의 모든 세부 사항까지 완벽히 이해할 필요는 없지만, 무슨 일이 일어나고 있는 것인지는 이해할 수 있도록 코드의 주석들을 읽어볼 것을 권장한다.

extract_features 함수는 HTML 파일에서 큰 문자열로 읽어들여서❷ 정규식을 통해 토큰 집합으로 분할한다❸. 다음으로, 각 토큰의 숫자 해시를 받고 각 해시의 모듈로를 받아 범주로 나눈다❹. 최종 특성 집합은 히스토그램 빈 카운트처럼 각 범주의 해시 수와 같다❺. 원한다면 HTML 파일을 청크로 분할하는 정규식 split_regex❶를 수정하면서 결과 토큰과 특성에 어떤 영향을 미치는지 확인할 수 있다.

만약 당신이 위 내용을 건너뛰었거나 이해하지 못했다고 해도 상관 없다. extract_features 함수가 HTML 파일의 경로를 입력으로 받아 1,024 길이의 특성 배열 또는 hash_dim으로 변환한다는 것만 알면 된다.

데이터 생성기 구축

이제 Keras 모델이 실제로 이러한 특성들을 훈련시키도록 만들어야 한다. 메모리에 이미 로드된 소량의 데이터로 작업할 때는 코드 11-3와 같은 간단한 코드를 사용하여 Keras에서 모델을 훈련할 수 있다.

```
# first you would load in my_data and my_labels via some means, and then:
model.fit(my_data, my_labels, epochs=10, batch_size=32)
```

코드 11-3 데이터가 이미 메모리에 로드된 경우의 모델 훈련

하지만 대량의 데이터로 작업을 시작할 때는 컴퓨터 메모리에 모든 훈련 데이터를 저

장할 수 없기 때문에 이는 유용한 방법이 되지 못한다. 이를 극복하기 위해 조금 더 복잡하지만 확장 가능한 model.fit_generator 함수를 사용한다. 모든 훈련 데이터를 이 함수에 전달하는 대신 컴퓨터의 RAM이 질식하지 않도록 훈련 데이터를 배치 단위로 뽑아내는 생성기를 전달한다.

파이썬 생성기는 yield 구문을 제외하면 파이썬 함수와 동일하게 동작한다. 단일 결과를 반환하는 대신, 생성기는 수많은(또는 무한) 결과 세트를 산출하기 위해 반복해서 호출할 수 있는 객체를 반환한다. 코드 11-4는 특성 추출 함수를 사용하여 자체적으로 데이터 생성기를 구축하는 방법을 보여준다.

```
def my_generator(benign_files, malicious_files,
                 path_to_benign_files, path_to_malicious_files,
                 batch_size, features_length=1024):
    n_samples_per_class = batch_size / 2
❶  assert len(benign_files) >= n_samples_per_class
    assert len(malicious_files) >= n_samples_per_class
❷  while True:
        ben_features = [
            extract_features(sha, path_to_files_dir=path_to_benign_files,
                             hash_dim=features_length)
            for sha in np.random.choice(benign_files, n_samples_per_class,
                                        replace=False)
        ]
        mal_features = [
❸          extract_features(sha, path_to_files_dir=path_to_malicious_files,
                             hash_dim=features_length)
❹          for sha in np.random.choice(malicious_files, n_samples_per_class,
                                        replace=False)
        ]
❺      all_features = ben_features + mal_features
        labels = [0 for i in range(n_samples_per_class)] + [1 for i in range(
                  n_samples_per_class)]

        idx = np.random.choice(range(batch_size), batch_size)
❻      all_features = np.array([np.array(all_features[i]) for i in idx])
        labels = np.array([labels[i] for i in idx])
❼      yield all_features, labels
```

코드 11-4 데이터 생성기 작성

먼저, 코드는 충분한 데이터가 있는지 확인하기 위해 두 개의 assert 구문을 작성한다❶. 그런 다음 while 루프❷ 안에서(영원히 반복되도록) 파일 키의 무작위 샘플을 선택❹함으로써 양성, 악성 특성을 뽑아내고 extract_features 함수를 사용하여 해당 파일에서 특성을 추출한다❸. 그리고 나서 양성, 악성 특성과 관련 레이블(0과 1)을 결합하고❺ 섞는다❻. 마지막으로, 이러한 특성들과 레이블들을 반환한다❼.

인스턴스화되고 나면, 이 생성기가 next() 메서드를 호출할 때마다 (50% 악성, 50% 양성)으로 모델을 훈련시키기 위한 batch_size 특성을 뽑아낸다.

코드 11-5는 이 책과 함께 제공되는 데이터를 사용하여 훈련 데이터 생성기를 만드는 방법과 생성기를 모델의 fit_generator 메서드에 전달하여 모델을 훈련시키는 방법을 보여준다.

```
import os

batch_size = 128
features_length = 1024
path_to_training_benign_files = 'data/html/benign_files/training/'
path_to_training_malicious_files = 'data/html/malicious_files/training/'
steps_per_epoch = 1000 # artificially small for example-code speed!

❶ train_benign_files = os.listdir(path_to_training_benign_files)
❷ train_malicious_files = os.listdir(path_to_training_malicious_files)

# make our training data generator!
❸ training_generator = my_generator(
    benign_files=train_benign_files,
    malicious_files=train_malicious_files,
    path_to_benign_files=path_to_training_benign_files,
    path_to_malicious_files=path_to_training_malicious_files,
    batch_size=batch_size,
    features_length=features_length
)

❹ model.fit_generator(
    ❺ generator=training_generator,
    ❻ steps_per_epoch=steps_per_epoch,
    ❼ epochs=10
)
```

코드 11-5 훈련 생성기 생성와 이를 사용한 모델 훈련

이 코드를 살펴보면서 어떤 작업이 일어나고 있는지 확인해 보자. 필요한 패키지를 임포트하고 각종 매개변수 변수를 만든 뒤에 양성❶, 악성❷ 훈련 데이터의 파일 이름을 메모리로 읽어들인다(파일 자체는 아니다). 그리고 훈련 데이터 생성기를 얻기 위해 이 값들을 새로운 my_generator 함수에 전달한다❸. 마지막으로, 코드 11-1의 model을 사용하는데, model의 내장 fit_generator 메서드로 훈련을 시작한다.

fit_generator 메서드는 세 개의 매개변수를 사용한다. generator 매개변수❺는 각 배치에 대한 훈련 데이터를 생성하는 데이터 생성기를 지정한다. 훈련 도중 매개변수들은 배치의 모든 훈련 관측들의 신호를 평균화하여 배치당 한 번씩 업데이트된다. steps_per_epoch 매개변수❻는 모델이 각 세대를 처리할 배치 수를 설정한다. 결과적으로 모델이 세대마다 보는 총 관측 수는 batch_size*steps_per_epoch가 된다. 관례상, 세대마다 보는 관측의 수는 데이터셋 크기와 같아야 하지만, 이 챕터의 가상 머신 샘플 코드에서는 코드가 더 빨리 실행되도록 steps_per_epoch를 줄인다. epochs 매개변수❼는 실행하고자 하는 세대 수를 설정한다.

이 책과 함께 제공되는 ch11/ 디렉터리에서 이 코드를 실행해 보자. 각 훈련 세대를 실행하는데 걸리는 시간은 컴퓨터 성능에 따라 다르다. 시간이 좀 걸릴 경우 인터랙티브 세션을 사용한다면 프로세스를 자유롭게 취소할 수 있다(CTRL-C).

진행 상황은 유실되지 않고 훈련이 중단될 것이다. 프로세스를 취소한 뒤(또는 코드가 완료된 뒤) 훈련된 모델을 얻게 될 것이다. 가상 시스템 화면의 출력은 그림 11-2와 유사할 것이다.

```
Using TensorFlow backend.
I tensorflow/stream_executor/dso_loader.cc:135] successfully opened CUDA library libcublas.so.7.5 locally
I tensorflow/stream_executor/dso_loader.cc:135] successfully opened CUDA library libcudnn.so.5 locally
I tensorflow/stream_executor/dso_loader.cc:135] successfully opened CUDA library libcufft.so.7.5 locally
I tensorflow/stream_executor/dso_loader.cc:135] successfully opened CUDA library libcuda.so.1 locally
I tensorflow/stream_executor/dso_loader.cc:135] successfully opened CUDA library libcurand.so.7.5 locally
Epoch 1/10
W tensorflow/core/platform/cpu_feature_guard.cc:45] The TensorFlow library wasn't compiled to use SSE3 ins
W tensorflow/core/platform/cpu_feature_guard.cc:45] The TensorFlow library wasn't compiled to use SSE4.1 i
W tensorflow/core/platform/cpu_feature_guard.cc:45] The TensorFlow library wasn't compiled to use SSE4.2 i
W tensorflow/core/platform/cpu_feature_guard.cc:45] The TensorFlow library wasn't compiled to use AVX inst
W tensorflow/core/platform/cpu_feature_guard.cc:45] The TensorFlow library wasn't compiled to use AVX2 ins
W tensorflow/core/platform/cpu_feature_guard.cc:45] The TensorFlow library wasn't compiled to use FMA inst
NVIDIA: no NVIDIA devices found
E tensorflow/stream_executor/cuda/cuda_driver.cc:509] failed call to cuInit: CUDA_ERROR_UNKNOWN
I tensorflow/stream_executor/cuda/cuda_diagnostics.cc:145] kernel driver does not appear to be running on
39/39 [==============================] - 7s 171ms/step - loss: 0.3463 - acc: 0.8476
Epoch 2/10
39/39 [==============================] - 7s 168ms/step - loss: 0.2181 - acc: 0.9139
Epoch 3/10
39/39 [==============================] - 7s 168ms/step - loss: 0.1864 - acc: 0.9253
Epoch 4/10
18/39 [==========>...................] - ETA: 3s - loss: 0.1871 - acc: 0.9262
```

그림 11-2 Keras 모델의 훈련 콘솔 출력

상위 행들을 보면 Keras의 기본 백엔드인 TensorFlow가 로드되어 있다. 그림 11-2와 같은 경고들도 볼 수 있을 것이다. 이는 GPU 대신 CPU로 훈련을 수행한다는 것을 의미한다(신경망 훈련 속도는 GPU가 약 2-20배 빠르지만, 이 책의 목적상 CPU 기반 훈련도 괜찮다). 마지막으로, 각 세대에 소요되는 시간과 해당 세대의 손실 및 정확도 지표가 진행도 막대로 표시된다.

검증 데이터 통합

이전 섹션에서는 확장 가능한 fit_generator 메서드를 사용해서 HTML 파일로 Keras 모델을 훈련시키는 방법을 알아보았다. 앞서 보았듯이, 모델은 훈련 도중 각 세대의 현재 손실 및 정확도 통계를 보여주는 문장을 인쇄한다. 하지만 중요한 것은 이렇게 훈련된 모델이 검증 데이터나 알려지지 않은 데이터에 얼마나 효과를 발휘하는지이다. 그것이 실무 환경에서 모델이 직면할 데이터 유형이기 때문이다.

더 나은 모델을 설계하고 모델 훈련에 필요한 기간을 알아내고자 할 때, 훈련 정확도보다는 검증 정확도를 극대화하도록 노력해야 한다. 이는 그림 11-2에서 확인할 수 있다. 더 현실적인 실무 환경을 시뮬레이션하기 위해서는 훈련 데이터 이후 날짜에 시작된 검증 파일을 사용하는 것이 좋다.

코드 11-6은 코드 11-4의 my_generator 함수를 사용하여 검증 특성을 메모리에 로드하는 방법을 보여준다.

```
import os
path_to_validation_benign_files = 'data/html/benign_files/validation/'
```

```
   path_to_validation_malicious_files = 'data/html/malicious_files/validation/'
   # get the validation keys:
   val_benign_file_keys = os.listdir(path_to_validation_benign_files)
   val_malicious_file_keys = os.listdir(path_to_validation_malicious_files)
   # grab the validation data and extract the features:
❶ validation_data = my_generator(
       benign_files=val_benign_files,
       malicious_files=val_malicious_files,
       path_to_benign_files=path_to_validation_benign_files,
       path_to_malicious_files=path_to_validation_malicious_files,
❷   batch_size=10000,
       features_length=features_length
❸ ).next()
```

코드 11-6 my_generator 함수를 사용하여 검증 특성 및 레이블을 메모리로 판독

이 코드는 파일 경로가 변경되었다는 점을 제외하면 훈련 데이터 생성기를 구축하는
방법과 매우 유사하며, 이제 모든 유효성 데이터를 메모리에 로드하고자 한다. 일반적인
생성기를 구축하는 대신 검증하고자 하는 파일 수와 동일한 큰 batch_size❷를 사용한
검증 데이터 생성기❶를 구축하고, 즉시 .next() 메서드❸를 한 번만 호출한다.

이제 일부 검증 데이터가 메모리에 로드되었으므로 Keras는 코드 11-7과 같이 훈련
도중 간단히 fit_generator()에 검증 데이터를 전달할 수 있다.

```
model.fit_generator(
❶ validation_data=validation_data,
   generator=training_generator,
   steps_per_epoch=steps_per_epoch,
   epochs=10
)
```

코드 11-7 훈련 중 자동 모니터링을 위한 검증 데이터 사용

코드 11-7은 validation_data가 fit_generator로 전달❶되었다는 점을 제외하면 보기
11-5의 끝부분과 거의 동일하다. 이는 검증 손실 및 정확도가 훈련 손실 및 정확도에 따
라 계산되도록 함으로써 모델 모니터링을 강화하는 데 도움이 된다.

이제 훈련 보고서는 그림 11-3과 같이 출력될 것이다.

```
Epoch 1/10
39/39 [==============================] - 8s 192ms/step - loss: 0.1146 - acc: 0.9571 - val_loss: 0.5067 - val_acc: 0.7690
Epoch 2/10
39/39 [==============================] - 7s 184ms/step - loss: 0.1392 - acc: 0.9463 - val_loss: 0.2621 - val_acc: 0.8970
Epoch 3/10
39/39 [==============================] - 7s 189ms/step - loss: 0.1234 - acc: 0.9527 - val_loss: 0.3382 - val_acc: 0.8790
Epoch 4/10
39/39 [==============================] - 7s 189ms/step - loss: 0.0981 - acc: 0.9611 - val_loss: 0.2770 - val_acc: 0.8970
Epoch 5/10
39/39 [==============================] - 7s 189ms/step - loss: 0.1232 - acc: 0.9541 - val_loss: 0.3053 - val_acc: 0.8790
Epoch 6/10
37/39 [===========================>..] - ETA: 0s - loss: 0.1068 - acc: 0.9552
```

그림 11-3 검증 데이터가 적용된 Keras 모델의 콘솔 출력

각 세대의 훈련 loss와 acc 지표를 보여주는 대신, 이제 Keras가 각 세대에 대한 val_loss(검증 손실)와 val_acc(검증 정확도)를 계산하여 보여준다는 점을 제외하면 그림 11-3은 그림 11-2와 유사하다. 검증 정확도가 오히려 하락한다면 모델이 훈련 데이터에 과적합한다는 뜻이기 때문에 훈련을 중단하는 것이 좋다. 검증 정확도가 높아진다면 모델이 발전하고 있다는 것을 의미하며, 훈련을 계속하면 된다.

모델 저장 및 로드

신경망을 구축하고 훈련시키는 방법을 학습했으니, 이제 다른 사람들과 공유할 수 있도록 저장하는 방법에 대해 알아보자.

코드 11-8은 훈련된 모델을 .h5 파일에 저장하고❶ 다시 로드하는❷ 방법을 보여준다 (이후 날짜에).

```
from keras.models import load_model
# save the model
❶ model.save('my_model.h5')
# load the model back into memory from the file:
❷ same_model = load_model('my_model.h5')
```

코드 11-8 Keras 모델 저장 및 로드

모델 평가

모델 훈련 섹션에서 훈련 손실 및 정확도뿐만 아니라 검증 손실 및 정확도와 같은 일부 기본 모델 평가 지표를 관측했다. 이제 좀 더 복잡한 지표들을 검토하여 모델을 더 자세히 평가해 보자.

바이너리 예측의 정확도를 평가하는 유용한 측정 지표 중 하나는 곡선 아래 면적 (AUC)이다. 여기서 곡선은 수신자 조작 특성(ROC) 곡선(챕터 8 참조)이며, 가능한 모든 점수 임계값에 대한 검출 정탐 비율(y축) 대비 오탐 비율(x축)을 표시한다.

예를 들어, 우리의 모델은 0(양성)과 1(악성) 사이의 점수를 사용해서 파일의 악성 여부를 예측하려고 한다. 파일을 악성으로 분류하기 위해 비교적 높은 점수 임계값을 선택한다면 오탐이 더 적게 발생하지만(좋음) 검출 정탐도 적을 것이다(나쁨). 반대로 낮은 점수 임계값을 선택하면 오탐 비율은 높아지지만(나쁨) 탐지율 역시 매우 높을 것이다 (좋음).

이 두 샘플 가능성은 우리 모델의 ROC 곡선에서 두 개의 점으로 표현되며, 첫 번째 샘플은 곡선의 왼쪽으로, 두 번째 샘플은 오른쪽에 위치할 것이다. AUC는 그림 11-4와 같이 단순히 이 ROC 곡선의 아래 영역을 취함으로써 이러한 가능성들을 나타낸다.

간단히 말해서, 0.5의 AUC는 동전 뒤집기의 가능성을 나타내는 반면, 1의 AUC는 완벽하다.

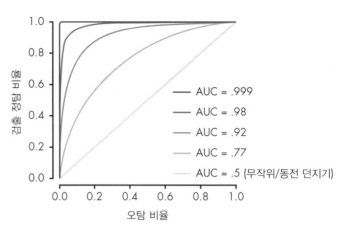

그림 11-4 다양한 샘플 ROC 곡선. 각 ROC 곡선(선)은 서로 다른 AUC 값에 상응한다.

코드 11-9와 검증 데이터를 사용하여 검증 AUC를 계산해 보자.

```
from sklearn import metrics

❶ validation_labels = validation_data[1]
❷ validation_scores = [el[0] for el in model.predict(validation_data[0])]
❸ fpr, tpr, thres = metrics.roc_curve(y_true=validation_labels,
                                        y_score=validation_scores)
❹ auc = metrics.auc(fpr, tpr)
  print('Validation AUC = {}'.format(auc))
```

코드 11-9 sklearn의 metric 서브모듈을 사용하여 검증 AUC 계산

validation_data 튜플을 두 개의 객체로 분할한다. validation_labels로 표시된 검증 레이블❶과 validation_scores로 표시된 평탄화 검증 모델 예측❷. 그리고 모델 예측에 대한 오탐 비율, 검출 정탐 비율 및 관련 임계값을 계산하기 위해 sklearn의 metrics.roc_curve 함수를 사용한다. 이렇게 다시 한 번 sklearn 함수를 이용해서 AUC 지표를 계산한다❸.

여기서는 함수 코드를 검토하지 않지만 첨부된 데이터의 ch11/model_evaluation.py 파일에 포함된 roc_plot() 함수를 사용하여 실제 ROC 곡선을 표시할 수도 있다(코드 11-10 참조).

```
from ch11.model_evaluation import roc_plot
roc_plot(fpr=fpr, tpr=tpr, path_to_file='roc_curve.png')
```

코드 11-10 ch11/model_evaluation.py에서 roc_plot 함수를 사용하여 작성한 ROC 곡선 도식

코드 11-10를 실행하면 그림 11-5와 같은 도식(roc_curve.png로 저장)이 생성된다.

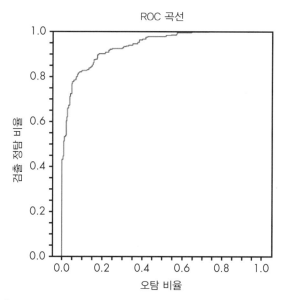

그림 11-5 ROC 곡선

그림 11-5에 있는 ROC 곡선 위의 각 점들은 0부터 1까지의 모델 예측 임계값들과 관련된 오탐 비율(x축)과 검출 정탐 비율(y축)을 나타낸다. 오탐 비율이 증가하면 검출 정탐 비율이 증가하며, 그 반대의 경우도 성립한다. 실무 환경에서는 일반적으로 단일 임계값(검증 데이터가 실무 데이터를 모방한다고 가정할 때, 곡선상의 단일 지점)을 선택해야 하며, 악성 파일이 빠져나갈 위험과 오탐 허용 수준을 저울질하여 결정을 내려야 한다.

콜백을 통한 모델 훈련 프로세스 강화

지금까지 Keras 모델을 설계, 훈련, 저장, 로드 및 평가하는 방법을 알아보았다. 이것만으로도 꽤 좋은 출발을 할 수 있지만, 모델 훈련 과정을 훨씬 더 향상시킬 수 있는 Keras 콜백에 대해 소개하고자 한다.

Keras 콜백은 Keras가 훈련 과정의 특정 단계에서 적용하는 일련의 함수들이다. Keras 콜백을 사용하면 각 세대 끝부분에 .h5 파일이 제대로 저장되는지, 검증 AUC가 화면에 인쇄되는지 확인할 수 있다. 훈련 과정 내에서 모델이 어떻게 동작하는지 보다 정확하게 기록하고 알려줄 수 있는 것이다.

먼저 내장 콜백을 사용해본 뒤 사용자 정의 콜백을 작성해 보자.

내장 콜백 사용

내장 콜백을 사용하려면 훈련 중에 모델의 fit_generator() 메서드를 콜백 인스턴스로 전달하면 된다. 훈련 세대마다 검증 손실을 평가하고 검증 손실이 이전 기간의 검증 손실보다 작을 경우 현재 모델을 파일로 저장하는 callbacks.ModelCheckpoint 콜백을 사용할 것이다. 해당 콜백은 검증 데이터에 대한 액세스 권한이 필요하므로 코드 11-11과 같이 fit_generator() 메서드에 전달한다.

```
from keras import callbacks

model.fit_generator(
    generator=training_generator,
    # lowering steps_per_epoch so the example code runs fast:
    steps_per_epoch=50,
    epochs=5,
    validation_data=validation_data,
    callbacks=[
        callbacks.ModelCheckpoint(save_best_only=True,❶
                                  ❷ filepath='results/best_model.h5',
                                  ❸ monitor='val_loss')
    ],
)
```

코드 11-11 훈련 프로세스에 ModelCheckpoint 콜백 추가

이 코드는 'val_loss'(검증 소실)가 새로운 최저치에 도달할 때마다❸ 모델이 단일 파일인 'results/best_model.h5'에❷ 덮어씌워지도록 한다❶. 이렇게 하면 현재 저장된 모델('results/best_model.h5')이 검증 손실을 감안하여 완료된 모든 세대 중 최상의 모델을 나타낸다.

또는, 코드 11-12를 사용하여 검증 손실에 관계없이 세대마다 모델을 별도의 파일에 저장할 수도 있다.

```
callbacks.ModelCheckpoint(save_best_only=False,❹
                          ❺ filepath='results/model_epoch_{epoch}.h5',
                            monitor='val_loss')
```

코드 11-12 훈련 프로세스에 ModelCheckpoint 콜백을 추가하여 각 세대 이후 모델을 다른 파일로 저장

이를 위해 코드 11-11과 동일하게 ModelCheckpoint 함수를 사용하지만 추가적으로 save_best_only=False❹와 Keras에게 세대 번호를 요구하는 filepath❺를 사용한다. 코드 11-12의 콜백은 "최고"의 단일 모델만 저장하지 않고 results/model_epoch_0.h5, results/model_epoch_1.h5, results/model_epoch_2.h5 등 각 세대 버전의 모델을 저장한다.

사용자 정의 콜백 사용

Keras는 AUC를 지원하지 않지만 각 세대 이후 AUC를 화면에 출력하는 사용자 정의 콜백은 설계할 수 있다.

사용자 정의 Keras 콜백을 생성하려면 keras.callbacks.Callback에서 상속되는 클래스를 만들어야 한다. 이는 새로운 콜백을 만들기 위해 사용되는 추상 기본 클래스이다. 훈련 중에 자동으로 실행되는 하나 이상의 메서드를 추가할 수 있으며, 이름은 다음과 같이 지정한다. on_epoch_begin, on_epoch_end, on_batch_begin, on_batch_end, on_train_begin, on_train_end.

코드 11-13은 검증 AUC를 계산하여 각 세대 이후 화면에 출력하는 콜백을 생성하는 방법을 보여준다.

```
import numpy as np
from keras import callbacks
from sklearn import metrics

❶ class MyCallback(callbacks.Callback):

    ❷ def on_epoch_end(self, epoch, logs={}):
        ❸ validation_labels = self.validation_data[1]
           validation_scores = self.model.predict(self.validation_data[0])
           # flatten the scores:
           validation_scores = [el[0] for el in validation_scores]
           fpr, tpr, thres = metrics.roc_curve(y_true=validation_labels,
                                               y_score=validation_scores)
        ❹ auc = metrics.auc(fpr, tpr)
           print('\n\tEpoch {}, Validation AUC = {}'.format(epoch,
                                               np.round(auc, 6)))

model.fit_generator(
    generator=training_generator,
    # lowering steps_per_epoch so the example code runs fast:
    steps_per_epoch=50,
    epochs=5,
  ❺ validation_data=validation_data,
  ❻ callbacks=[
        callbacks.ModelCheckpoint('results/model_epoch_{epoch}.h5',
                                  monitor='val_loss',
                                  save_best_only=False,
                                  save_weights_only=False)
    ]
)
```

코드 11-13 각 훈련 세대 이후 화면에 AUC를 출력하기 위한 사용자 정의 콜백 작성 및 사용

이 예시에서는 먼저 callbacks.Callbacks로부터 상속되는 MyCallback 클래스를 만든다 ❶. 간단히 하기 위해 단일 메서드 on_epoch_end를 덮어쓰기 하고 ❷ Keras로부터 epoch와 logs(로그 정보의 사전) 두 개의 인자를 전달한다. 이 두 인자 모두 Keras가 훈련 중 함수를 호출할 때 제공한다.

그런 다음 callbacks.Callback 상속 덕분에 이미 self 객체에 저장되어 있는 validation_data를 꺼내고❸ 209 페이지의 "모델 평가"에서 했던 것처럼 AUC를 계산하여 출력한다❹. 이 코드가 동작하려면 검증 데이터가 fit_generator()로 전달되어 콜백이 훈련 중에 self.validation_data에 액세스할 수 있어야 한다❺. 마지막으로, 모델이 새로운 콜백을 훈련시키고 명시하도록 지시한다❻. 결과는 그림 11-6과 같다.

```
Epoch 1/5
39/39 [==============================] - 7s 186ms/step - loss: 0.1148 - acc: 0.9515 - val_loss: 0.3693 - val_acc: 0.8630

        Epoch 0, Validation AUC = 0.922248
Epoch 2/5
39/39 [==============================] - 7s 175ms/step - loss: 0.1308 - acc: 0.9507 - val_loss: 0.2938 - val_acc: 0.8640

        Epoch 1, Validation AUC = 0.947984
Epoch 3/5
39/39 [==============================] - 7s 179ms/step - loss: 0.1120 - acc: 0.9599 - val_loss: 0.3064 - val_acc: 0.8730

        Epoch 2, Validation AUC = 0.949036
Epoch 4/5
39/39 [==============================] - 7s 179ms/step - loss: 0.1134 - acc: 0.9625 - val_loss: 0.3167 - val_acc: 0.8520

        Epoch 3, Validation AUC = 0.958548
Epoch 5/5
22/39 [=============>...............] - ETA: 2s - loss: 0.1336 - acc: 0.9474
```

그림 11-6 사용자 정의 AUC 콜백을 사용한 Keras 모델의 콘솔 출력

만약 당신에게 검증 AUC의 최소화가 중요하다면, 이 콜백이 도움이 될 것이다. 훈련 도중 모델의 행동을 쉽게 알 수 있어 훈련 과정을 중단해야 하는지 여부를 판단할 수 있기 때문이다(예를 들면, 시간이 지남에 따라 검증 정확도가 지속적으로 저하되는 경우).

요약

이 챕터에서는 Keras를 이용하여 자신만의 신경망을 구축하는 방법을 알아보았다. 또한, 훈련, 평가, 저장, 로드하는 방법도 학습했다. 그리고 내장 및 사용자 정의 콜백을 추가하여 모델 훈련 프로세스를 강화하는 방법에 대해서도 배웠다. 모델 구조와 특성 추출이 모델의 정확도에 어떤 영향을 줄 수 있는지 알아보려면 이 책에 첨부된 코드를 확인해 보자.

이 챕터는 발을 담그는 것을 도와줄 뿐, 참조 가이드는 아니다. 최신 공식 문서를 보려면 https://keras.io를 방문해 보자. 당신이 시간을 들여 흥미로운 Keras의 면면을 연구해 보기를 강력히 권장한다. 이 챕터가 당신의 보안 딥러닝 모험에 좋은 출발점이 되었길 기원한다.

12

데이터 과학자 되기

이제 한 걸음 물러나서 멀웨어 데이터 과학자 또는 보안 데이터 과학자로서의 삶과 경력을 구축하는 방법에 대해 논의하며 책을 마무리하려 한다. 이 챕터에서는 기술적인 내용을 다루지 않지만 다른 챕터들만큼이나 중요하다. 이 책의 주제를 이해하는 것만으로는 성공적인 보안 데이터 과학자가 될 수 없기 때문이다.

이 챕터에서는 저자들이 전문 보안 데이터 과학자가 되기 위한 커리어 패스를 공유한다. 보안 데이터 과학자로서의 삶은 어떤 모습인지, 유능한 데이터 과학자가 되기 위해서는 어떤 것이 필요한지 엿볼 수 있을 것이다. 또한, 데이터 과학 문제에 접근하는 방법과 피할 수 없는 도전에 직면했을 때 융통성을 발휘하는 방법에 대한 팁도 공유한다.

보안 데이터 과학자가 되는 방법

보안 데이터 과학은 새로운 분야인 만큼 보안 데이터 과학자가 되는 방법은 여러 가지가 있다. 많은 데이터 과학자들이 대학원에서 정식 교육을 받기도 하지만 독학으로 익히는 과학자들도 있다. 예를 들어, 나는 1990년대에 컴퓨터 해킹 씬에서 실력을 키웠는데, C와 어셈블리어로 프로그래밍을 하고 블랙햇 해킹 도구의 사용법을 배웠다. 이후 인문학 학사학위와 석사학위를 받고 보안 소프트웨어 개발자로서 기술 분야에 돌아왔다. 데이터 시각화와 머신러닝을 밤마다 독학했고, 마침내 보안 연구 개발 회사인 Sophos에서 공식적으로 보안 데이터 과학 업무를 수행했다. 이 책의 공동저자인 Hillary Sanders는 대학에서 통계와 경제학을 공부했고, 한동안 데이터 과학자로 일했으며, 이후 보안 회사에서 데이터 과학자로 일하면서 직업과 관련된 보안 지식을 습득했다.

Sophos에서 함께하게 된 팀은 다양한 분야의 지식을 갖추고 있다. 내 동료들은 심리학, 데이터 과학, 수학, 생화학, 통계학, 컴퓨터 과학 등 광범위한 분야에서 많은 학위를 가지고 있다. 보안 데이터 과학은 정식 과학 교육을 받은 사람들에게 훨씬 유리함에도 불구하고 이 분야에는 다양한 배경을 가진 사람들이 일하고 있다. 과학적이고 정석적인 교육이 보안 데이터 과학 학습에 도움이 되긴 하지만 내 경험에 비추어 볼 때, 의욕만 있다면 정석적이지 않은 배경을 가지고 있더라도 이 분야에 진출해 성공하는 것이 가능하다.

보안 데이터 과학 분야에서 성공하기 위한 열쇠는 끊임없이 새로운 것을 배우려는 의지이다. 실용적인 지식은 이 분야의 이론적인 지식만큼이나 중요하며, 당신은 학교 공부가 아니라 실천을 통해서 실용적인 지식을 습득하기 때문이다.

머신러닝, 네트워크 분석, 데이터 시각화는 끊임없이 변화하고 있으므로 새로운 것을 배우려는 의지가 중요하다. 학교에서 배우는 것들은 금세 시대에 뒤떨어진다. 예를 들어, 2012년 경부터 수년간 딥러닝은 하나의 트렌드로만 여겨지다가 급속히 발전했기 때문에, 그 전에 졸업한 데이터 과학 분야의 사람들은 대부분 이 강력한 지식을 스스로 공부해야만 했다. 이는 보안 데이터 과학에 전문적으로 진출하려는 사람들에게 좋은 소식이다. 이미 이 분야에 종사하고 있는 사람들 역시 끊임없이 새로운 기술을 배워야 하기 때문에, 이미 그러한 기술들을 습득한 당신도 슬쩍 한 발 담글 수 있는 것이다.

보안 데이터 과학자의 삶

보안 데이터 과학자의 직무는 이 책에서 배울 수 있는 기술들을 난해한 보안 문제들에 적용하는 것이다. 이러한 기술의 적용은 다른 기술을 포함하는 더 큰 규모의 워크플로우에 포함된다. 그림 12-1은 이 회사와 다른 회사에서 동료들의 경험을 바탕으로 만든 보안 데이터 과학자의 전형적인 워크플로우이다.

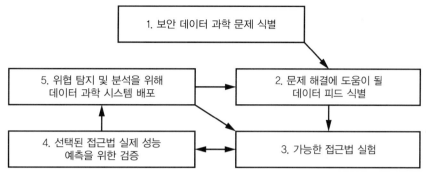

그림 12-1 보안 데이터 과학 워크플로우 모델

그림 12-1에서 알 수 있듯이, 보안 데이터 과학 워크플로우에는 다섯 개의 작업 영역 간 상호작용이 포함된다. 첫 번째 영역, 문제 식별은 데이터 과학을 이용할 수 있는 보안 문제의 식별을 포함한다. 예를 들어, 피싱 이메일을 식별하기 위해 데이터 과학 메서드를 사용할 수 있고, 알려진 멀웨어를 난독화시키는 데 사용되는 특정 메서드를 식별하는 것을 조사할 가치가 있는 문제로 가정할 수 있다.

이 단계에서 주어진 문제가 데이터 과학으로 해결될 수 있다는 가정은 가설에 불과하다. 망치(데이터 과학)를 들고 있으면 모든 문제가 못(머신러닝, 데이터 시각화 또는 네트워크 분석 문제)처럼 보일 수 있는 것이다. 실제로 데이터 과학 메서드가 해당 문제에 대한 최상의 솔루션을 제공할 수 있을지 알아보려면 프로토타입을 만들고 솔루션을 테스트해봐야 한다.

조직 내에서 일할 때 좋은 문제를 식별하는 일은 거의 데이터 과학자가 아닌 이해당사자들과의 상호작용으로 이루어진다. 예를 들어, 회사 내에서 우리는 종종 제품 관리자, 임원, 소프트웨어 개발자, 영업사원과 접촉한다. 그들은 데이터 과학이 문제를 해결할 수 있는 요술 지팡이라고 생각하거나, "인공지능"처럼 비현실적인 결과를 달성할 수 있는 능력을 지니고 있다고 생각한다.

이러한 이해당사자들을 상대할 때 기억해야 할 점은, 데이터 과학 기반 접근방식의 능력과 한계에 대해 정직하고, 잘못된 문제를 쫓지 않도록 빈틈없고 계산된 태도를 유지해야 한다는 것이다. 데이터 과학 알고리즘을 구동할 데이터가 없거나 데이터 과학 접근법의 실효성을 평가할 수 있는 방법이 없는 문제들, 그리고 수동적인 방법을 통해 해결하는 것이 명백히 나은 문제들은 버려야 한다.

우리가 거절했던 몇 가지 문제들은 다음과 같다.

- **경쟁사에 데이터를 유출할 가능성이 있는 직원 자동 식별.**
  머신러닝 알고리즘을 구동할 수 있는 데이터는 충분하지 않지만, 데이터 시각화 또는 네트워크 분석을 통해 달성할 수 있다.

- 네트워크 트래픽 복호화.

  머신러닝의 수학으로는 무기급으로 암호화된 데이터의 암호를 해독할 수 없다.

- 라이프스타일에 대한 자세한 배경 지식을 기반으로 하여 특정 직원을 대상으로 발송된 피싱 이메일 자동 식별.

  역시 머신러닝 알고리즘을 구동할 수 있는 데이터는 충분하지 않지만, 시계열이나 이메일 데이터의 시각화를 통해 가능할 수도 있다.

일단 잠재적인 보안 데이터 과학 문제를 성공적으로 식별하고 나면, 다음 과제는 이 책에서 설명한 데이터 과학 기술들을 사용하여 문제를 해결하는 데 사용할 수 있는 데이터 피드를 식별하는 것이다. 이는 그림 12-1의 2단계에서 확인할 수 있다. 머신러닝 모델을 훈련시키거나, 시각화를 제공하거나, 해당 보안 문제를 해결하기 위한 네트워크 분석에 사용할 수 있는 데이터 피드가 없다면, 아마도 데이터 과학은 도움이 되지 않을 것이다.

데이터 과학 기반 솔루션을 구축할 수 있는 문제를 선택하고 식별한 후에는 솔루션 구축을 시작해야 한다. 이는 그림 12-1의 3단계와 4단계 사이의 반복 루프에서 발생한다. 무언가를 만들고, 평가하고, 개선하고, 재평가하는 것을 반복한다.

마지막으로, 시스템이 준비되면 그림 12-1의 5단계처럼 시스템을 배포한다. 시스템이 배포되어 있는 동안에는 새로운 데이터 피드가 사용 가능해지면 통합시키고, 새로운 데이터 과학 메서드를 시도하고, 새로운 버전의 시스템을 재배포해야 한다.

효과적인 보안 데이터 과학자의 특징

보안 데이터 과학에서의 성공은 당신의 태도에 달려있다. 이 섹션에서는 보안 데이터 과학 업무의 성공에 중요한 몇 가지 마음가짐을 나열한다.

오픈마인드

데이터는 놀라움으로 가득 차 있고, 이는 우리가 문제에 대해 알고 있다고 믿었던 것들은 되돌아보게 만든다. 당신의 선입견이 틀렸다는 것을 증명하는 데이터에 오픈마인드를 유지하는 것이 중요하다. 그렇지 않으면 결국 데이터에서 배울 수 있는 중요한 것들을 놓치게 되고, 심지어 잘못된 이론을 증명하기 위해 수많은 무작위 노이즈를 읽게 될 것이다. 다행히 보안 데이터 과학을 오래 접할수록 데이터로부터 "배우는" 일에 더욱 오픈마인드를 갖게 될 것이며, 새로운 문제들로부터 얼마나 많은 것을 배울 수 있는지 잘 알게 될 것이다. 시간이 흐르면 데이터가 지닌 놀라움을 즐기고 기대하게 될 것이다.

경계 없는 호기심

데이터 과학 프로젝트는 패턴, 특이점, 추세를 찾기 위해 데이터를 탐색해야 한다는 점에서 소프트웨어 엔지니어링이나 여타 IT 프로젝트들과는 매우 다르다.

이러한 역학 관계를 파악하는 것은 쉽지 않다. 종종 데이터의 전체적인 형태와 그 안에 숨겨진 이야기를 이해하기 위해 수백 개의 실험이나 분석을 수행해야 한다. 어떤 사람들은 빈틈없이 설계된 실험을 수행하고 강박적으로 데이터를 파고드는 타고난 추진력을 가지고 있는 반면, 그렇지 않은 사람들도 있다. 전자는 데이터 과학에서 성공할 가능성이 높다. 호기심은 이 분야에서 요구조건이다. 그것이 데이터에 대한 이해의 깊이를 결정하기 때문이다. 데이터 모델과 시각화를 만들 때 더 많은 호기심을 유지할 수록, 당신의 시스템은 더 유용해질 것이다.

결과에 대한 집착

일단 당신이 좋은 보안 데이터 과학 문제를 정의하고, 반복적으로 시도하고, 평가하기 시작하면 결과에 대한 집착, 특히 머신러닝 프로젝트에 대한 집착이 당신을 사로잡을 수도 있다. 이것은 좋은 징조이다. 예를 들어, 머신러닝 프로젝트에 참여할 때에는 하루 24시간, 일주일 동안 수많은 실험을 수행한다. 이는 밤에 여러 번 일어나서 실험의 상태를 확인한다는 뜻이며, 종종 새벽 3시에 버그를 고치고 실험을 다시 시작할 때도 있다. 매일 밤 잠자리에 들기 전, 그리고 주말 내내 수차례 실험 내용을 체크한다.

최첨단 보안 데이터 과학 시스템을 구축하기 위해서는 종종 이런 24시간 워크플로우가 필요하다. 그렇지 않으면 데이터에 대한 잘못된 가정에 의해 발생된 장애물을 극복하지 못하거나 평범한 결과에 안주하기 쉽다.

결과에 대한 회의론적 시각

자신의 보안 데이터 과학 프로젝트가 성공하고 있다고 착각하기 쉽지만, 평가 설정을 잘못해서 시스템 정확도가 실제보다 훨씬 더 좋게 나타날 수도 있다. 훈련 데이터와 너무 비슷하거나 실제 데이터와 너무 다른 데이터를 가지고 시스템을 평가하는 것은 흔한 실수이다. 또한, 네트워크 시각화에서 당신은 유용하다고 생각하지만 대부분의 사용자들은 그다지 가치를 두지 않는 편리한 예시들만 선택했을 수도 있다. 어쩌면 당신이 선택한 접근법에 너무 심취한 나머지 평가 통계가 실제보다 훌륭하다고 믿을지도 모른다. 언젠가 난처한 상황에 처하지 않으려면 결과에 대해 건강한 회의론적 관점을 유지하는 것이 중요하다.

앞으로의 행보

우리는 이 책에서 많은 것을 다루었지만 겨우 겉핥기를 마친 수준이다. 이 책을 통해 보안 데이터 과학을 진지하게 배워볼 마음이 생겼다면, 두 가지를 권장한다. 첫째, 이 책에서 학습한 도구들을 당신이 관심을 갖는 문제에 즉시 적용해 볼 것. 둘째, 데이터 과학과 보안 데이터 과학에 관한 책을 더 많이 읽을 것. 다음은 새로 익힌 기술들을 적용해볼 수 있는 문제의 예시이다.

- 악의적인 도메인 이름 탐지

- 악의적인 URL 탐지

- 악의적인 전자 메일 첨부 파일 탐지

- 네트워크 트래픽 시각화를 통한 이상 징후 탐지

- 피싱 이메일 탐지를 위한 이메일 발신자/수신자 패턴 시각화

데이터 과학 메서드에 대한 지식을 넓히기 위해, 더 배우고자 하는 데이터 과학 알고리즘을 위키피디아에서 찾아볼 것을 권장한다. 데이터 과학에 관해서는 놀라울 정도로 접근성 좋고 신빙성 있는 자료들이 등재되어 있으며, 무료로 사용할 수 있다. 머신러닝에 관해 더 심층적으로 공부하고 싶다면, 선형대수학, 확률, 통계학, 그래프 분석, 다변수 미적분학에 관한 책을 읽거나 무료 온라인 강좌 수강을 권장한다. 기초 지식의 함양이야말로 당신의 기틀이 될 것이며, 앞으로의 데이터 과학 분야 커리어를 책임져 줄 것이다. 그렇다고 기초에만 초점을 두지는 말고, 파이썬, numpy, sklearn, matbplotlib, seaborn, Keras를 비롯하여 데이터 과학계에서 많이 사용되는 도구들에 관한 "응용" 강의를 듣거나 책을 읽을 것을 추천한다.

데이터셋 및 도구 개요

이 책의 모든 데이터 및 코드는 http://www.malware-datascience.com/에서 다운로드할 수 있다.

경고하자면, 데이터에 Windows 멀웨어가 포함되어 있다. 안티바이러스 엔진이 실행 중인 시스템에서 데이터의 압축을 풀면 많은 멀웨어 예제가 삭제되거나 검역소에 격리될 가능성이 높다.

> **NOTE** 각 멀웨어 실행 파일의 몇 바이트를 수정하여 실행하지 못하도록 했다. 그렇다고 해도 그것을 어디에 보관해야 하는지는 아무리 주의해도 지나치지 않다. 가정용 또는 비즈니스 네트워크에서 분리되어 있고, Windows 이외의 운영체제를 사용하는 컴퓨터에 저장할 것을 권장한다.

이상적으로는, 분리된 가상 시스템 내에서만 코드와 데이터를 실험해야 한다. 편의를 위해 http://www.malwaredatascience.com/에 필요한 모든 오픈 소스 라이브러리, 데이터와 코드가 사전 로드된 VirtualBox Ubuntu 인스턴스를 제공해 두었다.

데이터셋 개요

이제 이 책의 각 챕터와 함께 제공되는 데이터셋을 살펴보자.

챕터 1: 기본 정적 멀웨어 분석

챕터 1에서는 ircbot.exe라는 멀웨어 바이너리에 기본적인 정적 분석을 수행했다. 이 멀웨어는 사용자 시스템에 숨어 공격자의 명령을 기다리며 공격자가 피해자의 컴퓨터에서 개인 데이터를 수집하거나 하드 드라이브를 지우는 것과 같은 악의적인 목적을 달성할 수 있도록 돕는 임플란트이다. 이 바이너리는 이 책에 첨부된 데이터의 ch1/ircbot.exe에서 사용할 수 있다.

또한, 이 챕터에서는 fakepdfmalware.exe 예시도 사용한다(ch1/fakepdfmalware.exe). 이것은 어도비 아크로뱃/PDF 데스크탑 아이콘으로 사용자를 속여 실제로 멀웨어를 실행하고 시스템을 감염시킬 때 PDF 문서를 여는 것으로 착각하게 만든다.

챕터 2: 기본 정적 분석을 넘어: x86 디스어셈블리

이 챕터에서는 멀웨어 리버스 엔지니어링에 관한 심층적 주제인 x86 디스어셈블리 분석에 대해 살펴본다. 챕터 1의 ircbot.exe를 재사용한다.

챕터 3: 동적 분석 개요

챕터 3의 동적 멀웨어 분석에 관한 논의를 위해 이 책에 첨부된 데이터 중 ch3/d676d9dfab6a4242258362b8ff579cfe6e5e6db3f0cdd3e0069ace50f80af1c5 경로에 저장된 랜섬웨어 예제를 실험에 사용한다. 파일 이름은 파일의 SHA256 암호화 해시에 해당한다. 이 랜섬웨어는 VirusTotal.com에서 멀웨어 데이터베이스 검색을 통해 찾아낸 평범한 멀웨어 예시이다.

챕터 4: 멀웨어 네트워크를 이용한 캠페인 공격 식별

챕터 4에서는 네트워크 분석과 멀웨어 시각화 적용에 대해 소개한다. 이러한 기술들을 시연하기 위해 보안 커뮤니티에 고위험군 지속적 위협 1(줄여서 APT1)로 알려진 중국 군 내 그룹에 의해 생산되고 있을 가능성이 높은 일련의 멀웨어 샘플을 분석하면서 괄목 할 만한 공격에 사용되는 고품질 멀웨어 샘플 세트를 사용한다.

이 샘플들과 APT1 그룹은 사이버 보안 회사인 Mandiant에 의해 발견되고 알려졌다. "APT1: Exposing One of China's Cyber Espionage Units"라는 제목의 보고서 (https://www.fireeye.com/content/dam/fireeye-www/services/pdfs/mandiant-apt1-report.pdf)에서 다음과 같은 사실을 발표했다.

- 2006년부터 Mandiant는 APT1이 20개 주요 산업군에 걸쳐 141개 기업을 공격하는 것을 지켜보았다.

- APT1은 다량의 귀중한 지적 재산을 훔치기 위해 수년에 걸쳐 설계하고 연마한 체계 적인 공격 방법론을 가지고 있다.

- APT1이 접근 권한을 얻고 나면 수개월 또는 수년에 걸쳐 정기적으로 피해자의 네트 워크를 재방문하여 기술 청사진, 독점 제조 프로세스, 테스트 결과, 비즈니스 계획, 가격 정책, 파트너십 계약, 이메일 및 연락처 정보 등 광범위한 지적 재산을 훔친다.

- APT1은 이메일을 가로채도록 설계된 두 개의 유틸리티, GETMAIL과 MAPIGET을 비롯하여 우리가 아직 관측하지 못한 여러 도구들과 기술을 사용한다.

- APT1은 평균적으로 356일 동안 피해자의 네트워크 접속을 유지했다.

- APT1이 피해자의 네트워크 접속을 유지한 가장 긴 기간은 1,764일, 즉 4년 10개월 이었다.

- APT1이 저지른 대규모 지적 재산 절도 사건 중 하나는 10개월 동안 하나의 조직에서 6.5TB의 압축 데이터를 훔친 사건이었다.

- 2011년 1월, APT1은 10가지 산업군에서 적어도 17개의 새로운 피해자들을 성공적 으로 공격했다.

이 보고서 발췌에서 알 수 있듯이 APT1 샘플은 국가 차원에서 거행된 높은 수 준의 스파이 활동에 사용되었다. 이 샘플은 책에 첨부된 데이터 ch4/data/APT1_MALWARE_FAMILIES에서 확인할 수 있다.

챕터 5: 공유 코드 분석

챕터 5은 챕터 4에서 사용된 APT1 샘플들을 재사용한다. 편의를 위해 챕터 5 디렉토리 인 ch5/data/APT1_MALWARE_FAMILIES에 위치한다.

챕터 6: 머신러닝 기반 멀웨어 탐지 이해

챕터 7: 멀웨어 탐지 시스템 평가

이러한 개념 위주 챕터들은 샘플 데이터를 필요로 하지 않는다.

챕터 8: 머신러닝 탐지기 만들기

챕터 8에서는 머신러닝 기반 멀웨어 탐지기 제작에 대해 탐구하고 1,419개의 샘플 바이 너리를 샘플 데이터셋으로 사용하여 자신만의 머신러닝 탐지 시스템을 훈련시킨다. 양 성 바이너리는 ch8/data/benignware, 멀웨어 바이너리는 ch8/data/malware에 위치한다.

해당 데이터셋에는 VirusTotal.com에서 입수한 991개의 양성 프로그램 샘플과 428개 의 멀웨어 샘플이 포함되어 있다. 멀웨어 샘플은 2017년에 인터넷에서 관측된 것들이 며, 양성 샘플은 2017년에 VirusTotal.com에 업로드된 바이너리들로 구성되어 있다.

챕터 9: 멀웨어 추세 시각화

챕터 9은 데이터 시각화를 탐구하고 ch9/code/malware_data.csv 파일 내 샘플 데이터를 사용한다. 해당 파일에 있는 37,511개의 데이터 행에는 각자 개별 멀웨어 파일의 기록, 처음 발견된 시점, 탐지한 안티바이러스 제품 수, 그리고 멀웨어 유형(트로이 목마, 랜 섬웨어 등)이 표시된다. 이 데이터는 VirusTotal.com에서 수집되었다.

챕터 10: 딥러닝 기초

이 챕터에서는 딥 신경망을 소개하고 샘플 데이터는 사용하지 않는다.

챕터 11: Keras를 활용한 신경망 멀웨어 탐지기 만들기

이 챕터에서는 악성 및 양성 HTML 파일을 탐지하기 위한 신경망 멀웨어 탐지기의 구축 과정을 살펴본다. 양성 HTML 파일은 합법적인 웹페이지들에서 악성 웹페이지들은 웹브라우저를 통해 희생자들을 감염시키려고 시도하는 웹사이트들에서 온 것이다. 두 데이터셋 모두 VirusTotal.com에서 수백만 개의 악성 및 양성 HTML 페이지에 액세스할 수 있는 유료 구독을 통해 얻었다.

모든 데이터는 루트 디렉토리 ch11/data/html에 저장되어 있다. 양성 프로그램은 ch11/data/html/benign_files에 저장되며, 멀웨어는 ch11/data/html/malicious_files에 저장된다. 각 디렉토리에는 하위 디렉토리인 training 과 validation이 있다. training 디렉토리에는 이 챕터에서 신경망을 훈련시키는 데 사용하는 파일들이 들어있으며, validation 디렉토리에는 정확성을 평가하기 위해 신경망을 시험하는 파일이 들어 있다.

챕터 12: 데이터 과학자 되기

챕터 12에서는 데이터 과학자가 되는 방법에 대해 논의하며, 샘플 데이터는 사용하지 않는다.

도구 구현 가이드

이 책에 있는 모든 코드는 책에 등장하는 아이디어를 증명하기 위해서 만들어졌고 현실에서 사용하기에는 부족한 샘플 코드이지만, 제공된 코드 중 일부는 멀웨어 분석 작업을 할 때 도구로 사용할 수 있다. 특히 목적을 위해 코드를 확장할 의사가 있다면 말이다.

NOTE 멀웨어 데이터 과학 도구의 예시나 출발점으로서 만들어지는 도구들은 아주 견고하게 구현되지는 않는다. Ubuntu 17에서 테스트를 거치면 해당 플랫폼에서만 동작할 것 같지만, 약간의 작업을 거쳐 적절한 요구 사항들을 설치하고 나면 MacOS나 다른 Linux 같은 여타 플랫폼에서도 쉽게 사용할 수 있을 것이다.

이 섹션에서는 이 책에 제공된 초기 도구들을 순서대로 살펴본다.

공유 호스트 이름 네트워크 시각화

공유 호스트 이름 네트워크 시각화 도구는 챕터 4에 나와 있으며 ch4/code/listing-4-8.py 에서 찾을 수 있다. 이 도구는 대상 멀웨어 파일들에서 호스트 이름들을 추출한 뒤 포함된 공통 호스트 이름을 기반으로 파일 간 연결을 보여준다.

이 도구는 멀웨어의 디렉토리를 입력으로 받아 시각화할 수 있는 세 개의 GraphViz 파일을 출력한다. 이 도구의 요구 사항을 설치하려면 ch4/code 디렉토리에서 run bash install_requirements.sh 명령을 실행하면 된다. 보기 A-1은 이 도구의 "도움말" 출력이다. 매개변수들의 의미에 대해서는 뒤에서 논의한다.

```
usage: Visualize shared hostnames between a directory of malware samples
        [-h] target_path output_file malware_projection hostname_projection

positional arguments:
❶    target_path              directory with malware samples
❷    output_file              file to write DOT file to
❸    malware_projection       file to write DOT file to
❹    hostname_projection      file to write DOT file to

optional arguments:
    -h, --help               show this help message and exit
```

보기 A-1 챕터 4에 등장한 공유 호스트 이름 네트워크 시각화 도구의 도움말 출력

보기 A-1과 같이 공유 호스트 이름 시각화 도구에는 네 가지 커맨드 라인 인자가 필요하다: target_path❶, output_file❷, malware_projection❸, hostname_projection❹. target_path 매개변수는 분석하려는 멀웨어 샘플의 디렉토리 경로이다. output_file 매개변수는 프로그램에서 멀웨어 샘플들을 호스트 이름에 연결하는 네트워크를 나타내는 GraphViz .dot 파일을 쓰는 파일 경로이다.

malware_projection과 hostname_projection 매개변수 역시 파일 경로이며, 프로그램에서 이러한 파생 네트워크를 나타내는 .dot 파일을 쓸 위치를 나타낸다(네트워크 프로젝션에 대한 자세한 내용은 챕터 4 참조). 프로그램을 실행한 뒤에는 챕터 4와 챕터 5에서 설명한 GraphViz 제품군을 사용하여 네트워크를 시각화할 수 있다. 예를 들어, 당신의 멀웨어 데이터셋에 fdp malware_projection.dot -Tpng -o malware_projection.png 명령을 사용하여 그림 A-1에 있는 .png 파일 같은 파일을 생성할 수 있다.

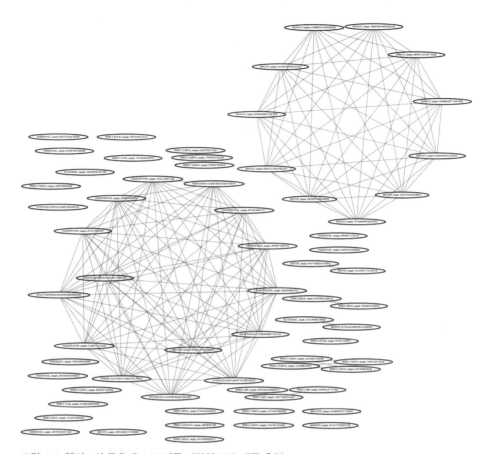

그림 A-1 챕터 4의 공유 호스트 이름 시각화 도구 샘플 출력

공유 이미지 네트워크 시각화

ch4/code/listing-4-12.py에서 챕터 4의 공유 이미지 네트워크 시각화 도구를 확인할 수 있다. 이 프로그램은 멀웨어 샘플 간의 네트워크 관계를 샘플들이 공유하는 임베디드 이미지를 기반으로 보여준다.

이 도구는 멀웨어의 디렉토리를 입력으로 받아 시각화할 수 있는 3개의 GraphViz 파일을 출력한다. 이 도구의 요구 사항을 설치하려면 ch4/code 디렉토리에서 run bash install_requirements.sh 명령을 실행하면 된다. 도구의 "도움말" 출력에서 보이는 매개변수를 살펴보자(보기 A-2 참조).

---

usage: Visualize shared image relationships between a directory of malware samples
        [-h] target_path output_file malware_projection resource_projection

positional arguments:
- ❶   target_path   directory with malware samples
- ❷   output_file   file to write DOT file to
- ❸   malware_projection   file to write DOT file to
- ❹   resource_projection   file to write DOT file to

optional arguments:
   -h, --help   show this help message and exit

보기 A-2 챕터 4의 공유 리소스 네트워크 시각화 도구 도움말 출력

보기 A-2와 같이 공유 이미지 관계 시각화 도구에는 네 가지 커맨드 라인 인자가 필요하다: target_path❶, output_file❷, malware_projection❸, resource_projection❹. 공유 호스트 이름 프로그램과 마찬가지로 target_path는 분석하고자 하는 멀웨어 샘플의 디렉토리 경로이고, output_file은 멀웨어 샘플을 샘플이 포함하는 이미지와 연결하는 멀웨어 그래프를 나타내는 GraphViz .dot 파일을 작성할 파일 경로이다(양분 그래프는 챕터 4에서 설명). malware_projection과 resource_projection 매개변수 역시 파일 경로이며, 프로그램이 이러한 네트워크를 나타내는 .dot 파일을 쓸 위치를 지정한다.

공유 호스트 이름 프로그램과 마찬가지로 프로그램을 실행한 뒤에는 GraphViz 제품군을 사용하여 네트워크를 시각화할 수 있다. 예를 들어, 당신의 멀웨어 데이터셋에 fdp resource_projection.dot -Tpng -o resource_projection.png 명령을 사용하여 55페이지의 그림 4-12에 있는 .png 파일과 같은 파일을 생성할 수 있다.

멀웨어 유사성 시각화

챕터 5에서는 멀웨어 유사성, 공유 코드 분석 및 시각화에 대해 논의한다. 첫 번째 샘플 도구는 ch5/code/listing_5_1.py에 제공된다. 이 도구는 멀웨어가 포함된 디렉토리를 입력으로 받아 디렉토리에 있는 멀웨어 샘플 간 공유 코드 관계를 시각화한다. 이 도구의 요구 사항을 설치하려면 ch5/code 디렉토리에서 run bash install_requirements.sh 명령을 실행하면 된다. 보기 A-3은 해당 도구의 도움말 출력이다.

---

usage: listing_5_1.py [-h] [--jaccard_index_threshold THRESHOLD]
                       target_directory output_dot_file

Identify similarities between malware samples and build similarity graph

positional arguments:
❶   target_directory   Directory containing malware
❷   output_dot_file   Where to save the output graph DOT file

optional arguments:
      -h, --help   show this help message and exit
❸   --jaccard_index_threshold THRESHOLD, -j THRESHOLD
                              Threshold above which to create an 'edge' between
                              samples

보기 A-3 챕터 5의 멀웨어 유사성 시각화 도구 도움말 출력

커맨드 라인에서 이 공유 코드 분석 도구를 실행할 때는 두 개의 커맨드 라인 인자를 전달해야 한다: target_directory❶, output_dot_file❷. 선택적 인자인 jaccard_index_threshold❸를 통해 두 샘플 간 자카드 지수 유사성과 프로그램이 사용할 임계값을 설정하여 샘플 간 엣지 생성 여부를 결정할 수 있다. 자카드 지수는 챕터 5에서 자세히 설명한다.

그림 A-2는 fdp output_dot_file.dot -Tpng -o similarity_network.png 명령을 사용하여 output_dot_file을 렌더링한 후 이 도구의 샘플 출력을 보여준다. 이것은 앞서 설명한 APT1 멀웨어 샘플에 대해 해당 도구로 추론한 공유 코드 네트워크이다.

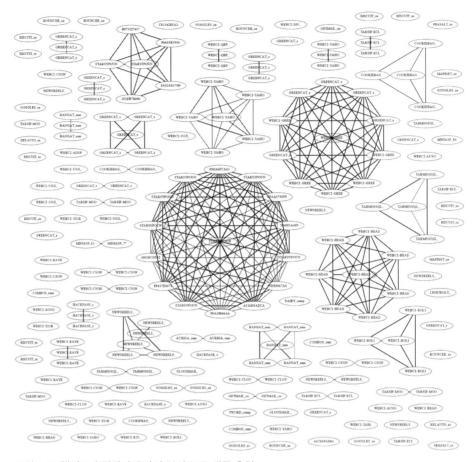

그림 A-2 챕터 5의 멀웨어 유사성 분석 도구 샘플 출력

멀웨어 유사성 검색 시스템

챕터 5에서 제공하는 두 번째 코드 공유 추정 도구는 ch5/code/listing_5_2.py에 제공된다. 이 도구를 사용하면 데이터베이스에서 수천 개의 샘플을 색인한 뒤 쿼리 멀웨어 샘플로 유사성 검색을 수행할 수 있으며, 해당 샘플과 코드를 공유할 가능성이 있는 멀웨어 샘플을 찾을 수 있다. 이 도구의 요구 사항을 설치하려면 ch5/code 디렉토리에서 run bash install_requirements.sh 명령을 실행하면 된다. 보기 A-4는 해당 도구의 도움말 출력이다.

usage: listing_5_2.py [-h] [-l LOAD] [-s SEARCH] [-c COMMENT] [-w]

Simple code-sharing search system which allows you to build up a database of malware samples (indexed by file paths) and then search for similar samples given some new sample

optional arguments:
```
    -h, --help                  show this help message and exit
❶  -l LOAD, --load LOAD  Path to directory containing malware, or individual
                                malware file, to store in database
❷  -s SEARCH, --search SEARCH
                                Individual malware file to perform similarity search
                                on
❸  -c COMMENT, --comment COMMENT
                                Comment on a malware sample path
❹  -w, --wipe                  Wipe sample database
```

보기 A-4 챕터 5의 멀웨어 유사성 검색 시스템 도움말 출력

이 도구는 실행 가능한 네 개의 모드를 가지고 있다. 첫 번째 모드인 LOAD❶는 유사성 검색 데이터베이스에 멀웨어를 로드하고 멀웨어가 포함된 디렉터리를 가리키는 경로를 매개변수로 삼는다. LOAD를 여러 번 실행하여 매번 새로운 멀웨어를 데이터베이스에 추가할 수 있다.

두 번째 모드인 SEARCH❷는 개별 멀웨어 파일 경로를 매개변수로 받아 데이터베이스에서 유사한 샘플을 검색한다. 세 번째 모드인 COMMENT❸는 멀웨어 샘플 경로를 인자로 받아 해당 샘플에 대한 짧은 텍스트 설명을 입력하라는 메시지를 표시한다. COMMENT를 사용하면 쿼리 멀웨어 샘플과 유사한 샘플을 검색할 때 해당하는 주석을 볼 수 있으므로, 쿼리 샘플에 대한 지식이 풍부해진다는 이점이 있다.

네 번째 모드인 wipe❹는 다시 시작하고 다른 멀웨어 데이터셋을 색인하려는 경우에 대비하여 유사성 검색 데이터베이스의 모든 데이터를 삭제한다. 보기 A-5에서 SEARCH 쿼리의 일부 샘플 출력을 확인할 수 있고 이 도구의 출력이 어떤 형태인지도 맛볼 수 있다. 앞서 LOAD 명령을 사용하여 설명했던 APT1 샘플을 색인한 뒤 데이터베이스에서 APT1 샘플 중 하나와 유사한 샘플을 검색했다.

```
Showing samples similar to WEBC2-GREENCAT_sample_E54CE5F0112C9FDFE86DB17E85A5E2C5
Sample name                                                      Shared code
[*] WEBC2-GREENCAT_sample_55FB1409170C91740359D1D96364F17B        0.9921875
[*] GREENCAT_sample_55FB1409170C91740359D1D96364F17B             0.9921875
[*] WEBC2-GREENCAT_sample_E83F60FB0E0396EA309FAF0AED64E53F 0.984375
   [comment] This sample was determined to definitely have come from the advanced persistent
          threat group observed last July on our West Coast network
[*] GREENCAT_sample_E83F60FB0E0396EA309FAF0AED64E53F             0.984375
```

보기 A-5 챕터 5의 멀웨어 유사성 검색 시스템 샘플 출력

머신러닝 멀웨어 탐지 시스템

멀웨어 분석 작업에 사용할 수 있는 최종 도구는 챕터 8에서 사용한 머신러닝 멀웨어 탐지기이다. 이것은 ch8/code/complete_detector.py에서 확인할 수 있다. 이 도구를 사용하면 멀웨어 및 양성 프로그램에 대한 멀웨어 탐지 시스템을 훈련시키고 해당 시스템을 사용하여 새로운 샘플의 악성 여부를 탐지할 수 있다. ch8/code 디렉토리에서 bash install.sh 명령을 실행하여 이 도구의 요구 사항을 설치할 수 있다. 보기 A-6는 해당 도구의 도움말 출력이다.

```
usage: Machine learning malware detection system [-h]
                                    [--malware_paths MALWARE_PATHS]
                                    [--benignware_paths BENIGNWARE_PATHS]
                                    [--scan_file_path SCAN_FILE_PATH]
                                    [--evaluate]

optional arguments:
  -h, --help                show this help message and exit
❶  --malware_paths MALWARE_PATHS
                            Path to malware training files
❷  --benignware_paths BENIGNWARE_PATHS
                            Path to benignware training files
❸  --scan_file_path SCAN_FILE_PATH
                            File to scan
❹  --evaluate                Perform cross-validation
```

보기 A-6 챕터 8의 머신러닝 멀웨어 탐지 도구 도움말 출력

이 도구는 실행 가능한 세 가지 모드를 가지고 있다. evaluate 모드❹는 시스템 훈련 및 평가를 위해 선택된 데이터에 대한 시스템의 정확도를 테스트한다. 이 모드를 호출하려면 python complete detector.py – malware_paths 〈멀웨어가 있는 디렉토리 경로〉 --benignware_paths 〈양성 프로그램이 있는 디렉토리 경로〉 --evaluate 명령을 실행하면 된다. 이 명령은 탐지기의 ROC 곡선을 보여주는 matplotlib 윈도우를 호출한다(ROC 곡선은 챕터 7에서 설명). 그림 A-3은 evaluate 모드의 샘플 출력 일부이다.

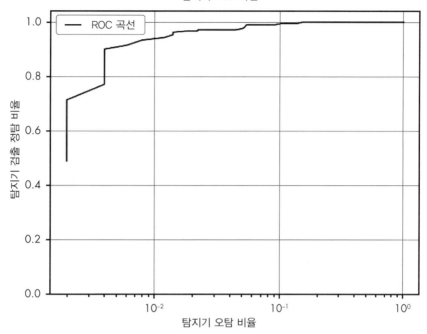

그림 A-3 챕터 8의 멀웨어 탐지 도구 샘플 출력, evaluate 모드에서 실행

훈련 모드는 멀웨어 탐지 모델을 훈련시켜 디스크에 저장한다. python complete_detector.py −malware_paths❶ 〈멀웨어가 있는 디렉토리 경로〉 --benignware_paths❷ 〈양성 프로그램이 있는 디렉토리 경로〉 명령을 실행하여 이 모드를 호출할 수 있다. 이 명령 호출과 evaluate 모드 호출의 유일한 차이점은 --evaluate 플래그가 없다는 점이다. 이 명령의 결과로 현재 작업 디렉토리에 저장되어 있는 saved_detector.pkl 파일로 저장되는 모델이 생성된다.

세 번째 모드인 scan❸은 saved_detector.pkl를 로드하고 대상 파일을 스캔하여 악성 여부를 예측한다. 검색을 실행하기 전에 훈련 모드를 실행했는지 확인하라. 시스템을 훈련했던 디렉토리에서 python complete_detector.py −scan_file_path 〈PE EXE 파일〉 명령을 실행하여 검색을 수행할 수 있다. 출력은 대상 파일이 악성일 확률이 된다.

멀웨어 데이러 과학
: 공격 탐지 및 원인 규명 :

1판 1쇄 발행　2020년 11월 13일

저　　자 | Joshua Saxe, Hillary Sanders
역　　자 | 전인표
발 행 인 | 김길수
발 행 처 | ㈜영진닷컴
주　　소 | ㈜08507 서울특별시 금천구 가산디지털1로 128
　　　　　 STX-V타워 4층 401호
등　　록 | 2007. 4. 27. 제16-4189

©2020. ㈜영진닷컴

ISBN | 978-89-314-6329-3

YoungJin.com **Y.**
영진닷컴

영진닷컴
프로그래밍 도서

영진닷컴에서 출간된 프로그래밍 분야의 다양한 도서들을 소개합니다.
파이썬, 인공지능, 알고리즘, 안드로이드 앱 제작, 개발 관련 도서 등 초보자를 위한 입문서부터
활용도 높은 고급서까지 독자 여러분께 도움이 될만한 다양한 분야, 난이도의 도서들이 있습니다.

스마트 스피커
앱 만들기

타카우마 히로노리 저 | 336쪽
24,000원

호기심을 풀어보는
신비한 파이썬
프로젝트

LEE Vaughan 저 | 416쪽
24,000원

나쁜 프로그래밍
습관

칼 비쳐 저 | 256쪽
18,000원

유니티를 이용한
VR앱 개발

코노 노부히로, 마츠시마 히로키,
오오시마 타케나오 저 | 452쪽
32,000원

하루만에 배우는
안드로이드 앱 만들기
2nd Edition

서창준 저 | 272쪽
20,000원

퍼즐로 배우는
알고리즘
with 파이썬

Srini Devadas 저 | 340쪽
20,000원

돈 되는
안드로이드
앱 만들기

조상철 저 | 512쪽 | 29,000원

IT 운용 체제 변화를 위한
데브옵스 DevOps

카와무라 세이고, 기타노 타로오,
나카야마 타카히로 저
400쪽 | 28,000원

게임으로 배우는
파이썬

다나카 겐이치로 저 | 288쪽
17,000원

수학으로 배우는
파이썬

다나카 카즈나리 저 | 168쪽
13,000원

텐서플로로 배우는
딥러닝

솔라리스 저 | 416쪽
26,000원

그들은 알고리즘을
알았을까?

Martin Erwig 저 | 336쪽
18,000원